境脉课堂

高中生物学问题化学习

张　燕◎著

华东师范大学出版社

·上海·

图书在版编目(CIP)数据

境脉课堂:高中生物学问题化学习/张燕著.
上海:华东师范大学出版社,2024. —(问题化学习丛
书). —ISBN 978 - 7 - 5760 - 5563 - 4

Ⅰ. G633.912

中国国家版本馆 CIP 数据核字第 2024R5U479 号

问题化学习丛书

境脉课堂——高中生物学问题化学习

著　者　张　燕
责任编辑　孙　娟
特约审读　潘家琳
责任校对　李琳琳
装帧设计　卢晓红

出版发行　华东师范大学出版社
社　　址　上海市中山北路 3663 号　邮编 200062
网　　址　www.ecnupress.com.cn
电　　话　021 - 60821666　行政传真 021 - 62572105
客服电话　021 - 62865537
门市(邮购)电话 021 - 62869887
地　　址　上海市中山北路 3663 号华东师范大学校内先锋路口
网　　店　http://hdsdcbs.tmall.com

印 刷 者　上海展强印刷有限公司
开　　本　787 毫米×1092 毫米　1/16
印　　张　19.75
字　　数　327 千字
版　　次　2025 年 1 月第 1 版
印　　次　2025 年 1 月第 1 次
书　　号　ISBN 978 - 7 - 5760 - 5563 - 4
定　　价　78.00 元

出版人　王　焰

(如发现本版图书有印订质量问题,请寄回本社客服中心调换或电话 021 - 62865537 联系)

序一

    我第一次了解问题化学习,是在 2011 年上海市第十届教育科研成果评审会上,王天蓉老师代表团队进行答辩,听后大家对这项成果的特质与王天蓉团队的研究精神,有了深刻的印象。最后这项成果获得了那一届科研成果一等奖。

    以转变学生的学习方式为出发点,问题化学习研究团队坚持研究和实践 21 年,他们以一份对教育改革的执着追求,感染并吸引了一大批不计名利的"追随者",创建了一支以第一线教师为主的教师活力团队。其研究成果《问题化学习:教师行动手册(第二版)》入选《中国教育报》2015 年度最受教师喜爱的 100 本书。

    21 年来,研究团队在"基于学习方式变革的课堂转型""单一学科改革与整体学校改进""基础教育科研成果的深化、转化与推广""教师活力团队的建设"等方面,积累了丰富的研究成果和实践经验。

    王天蓉与她的富有活力的研究团队,以及他们所研究的"问题化学习"是富有中国特色的,是伴随着上海二期课改成长起来的。这项研究强调在学习的过程中以学生对问题的自主发现与提出为开端,同时通过问题解决过程中学生持续地探索与追问,形成特定的问题系统。这一追问及问题系统建构的过程,就是学生学习经验及智慧生成的过程。从这个意义上说,问题化学习就是让学生从原来知识的接受获得,转化为亲身体验"知识的生成和建构",而这正是今天课改倡导的新的学习方式的主要价值追求。而且,问题化学习有很大的包容性,可以融合多种新的学习方式,如自主学习、合作学习和探究学习等。

21年前,问题化学习在一开始就直接推动基础型课程教与学的变革,突破最为艰难的所谓保证考试科目学习成绩的要求,并在实践过程中,通过学习方式转变倒逼教学方式变革,促进课堂变革,这一点尤为可贵。21年的研究形成了具有创新价值的两条中国经验,即强调核心问题和问题系统在学习者知识建构与问题解决中的意义;突破了PBL(基于项目/问题的学习)模式在基础型学科课程中的实施难题,构建了具有鲜明中国特色的新的学习方式。

　　"以学生的问题为起点,学科的问题为基础,教师的问题为引导",三位一体但不是简单的线性流程。问题的发现与解决是学生与教师的合作过程,学与教交织在一起。尤其是核心问题的解决必定是通过合作进行的。问题化学习中问题系统的建构不仅促进了知识结构优化,还促进了能力形成。从本丛书中大量的学科学习案例中可见,最初提问所建构的问题系统通常指向知识结构,而在问题解决的过程中,通过追问形成的问题系统更多指向思维过程,这就促进了能力形成。面向未来的学习,必须从知识为主逐步转向能力为主,而这正是问题化学习的核心价值所在。

　　问题化学习,有个"化"字在里面。什么叫"化",即彻头彻尾、彻里彻外。问题化不仅针对学校内的学习,也针对学校外的学习,不仅适合基础教育,也适合终身教育。2016年宝山区在成立问题化学习研究所、创建实验基地校时,研究团队提出了"培养问题化学习者",这个命题立意很好,就是要培养学生一种有效的终身学习能力和方式,为孩子的终身发展奠基。

　　十分重要的是,与这项研究同步,一支不可多得的研究和实践团队成长起来,这与研究本身具有同等的价值。迄今为止,问题化学习在全国各地有35个实验基地与学校、8个学科团队、15个教师研修工作坊,拥有35位问题化学习品牌教师,这个团队是"跨学科、跨学段、跨地域"的。这中间有行政的支持,但主要是"自组织、自运转、自创造、自传播"的。每个学科团队平均每周有2次以上的研究课,每年组织 2 次专题论坛,随时进行体验研修,每个人都主持或参与小课题研究,最终形成了 50 多个专题报告和 100 多个教师个人成果,累积了 1 000 多个研究课例,到目前为止整个团队在教育权威出版社已出版 9 本问题化学习研究著作。

这支充满活力的团队,有三句话令人印象深刻:一、一个人可以走得更快,但一群人可以走得更远;二、"激活每个细胞、擦亮每个品牌",团队的活力在于作为基础的个体活力的激发与碰撞;三、成就每一个人,一个优秀的团队"没有失败者"。"问题化学习"的研究与实践不仅改变了团队教师的教学行为,更坚定了团队对于教育理想的终身追求。教师个体活力与团队活力的生成与持续机制具有重大的理论和实践价值,同时也对基础教育研究成果的深化和推广提供了榜样。

活力团队建设也是教师成长模式的创新。任何一个教学改革要成功,必须要有教师的参与和成长,而且同时要营造一个能充分交流、合作和分享的生态环境,即要形成一个有活力的专业共同体。问题化学习活力团队的成长是一个很好的榜样,它既有研究更有实践;既校本又跨校,甚至跨区、跨省;不仅有领衔人,而且还有各个学科团队的主持人,以及更小规模教师工作坊的"坊主"等;其活动不仅有线下的,还有基于网络线上的。这是一个有生命的全时域互动的专业共同体,且还在不断地成长中。

大约 2014 年的时候,我曾经建议问题化学习研究团队出一套课堂应用的简明读本,以促进实践推广与应用。今天,我看到团队开发的课堂实践手册很是欣喜。21 年来活力团队形成了理论探索、实践指导以及课堂应用的三个层次的研究成果,同时开发了教师通识培训、课堂应用手册、教学专题研修三个层次的教师研修课程,而且这个开发工作还会伴随着研究的深入持续地进行下去。

21 年持久的研究,团队的教育精神是主要支柱,但也离不开宝山区区政府、区教育局、区教育学院以及兄弟学校的关心与支持,我们对他们为上海基础教育事业的发展所作的贡献表示衷心的感谢。最后祝愿问题化学习研究团队,坚持初心,勇于创新,立足基层,成事成人。

张民生

2024 年 7 月 8 日

序 二

大家认为中国的基础教育的优势是"基础知识比较扎实"。当然关于基础知识比较扎实的问题,也有争议,比如:"信息化社会,百度上都能查到,还要不要学那么多知识?"对于这个问题,我个人认为应该持辩证的态度。撇开知识论对知识的概念界定和分类,在当前背景下,即便我们从知识为本的课堂转变为素养为本的课堂,这个课堂恐怕依然离不开对学科知识的学习与掌握,知识都搞不明白,怎么在知识的学习中形成素养呢? 不管将来机器人取代人类的工作到什么程度,作为自然人,成为社会人之后最基础的知识一定是需要的。因此,在我们现在的认识还不清楚或不完全清楚的情况下,需要思考和探索的是,如何将学科知识体系的建构与学生学科素养的发展以及学生真实的问题解决能力的培养统筹好。

但是,即便是"优势",我们也依然必须清醒地认识到这样一个问题:在当下的教学中,知识灌输和技能训练仍然是教师在教学实践中的基本方式。在高利害考试评价的导向和作用下,教师们往往陷入纯粹的对"知识点"落实的追求,学科内容被碎片化、断点化。许多教师的课堂教学内容既不反映学科内容的逻辑完整性,也不反映知识体系的要素关联性,导致学生仅仅关心知识点的局部结论和考试要求,忽略了很多属于学科知识意义的内容。

因此,在落实立德树人的根本任务,进一步深化课程改革的今天,我们的课堂要把"知识为本"的教学转变为"核心素养为本"的教学,把以讲授为中心的课堂转变为以学习为中心的课堂,必须大力推进学习方式和教学模式的改变。这是因为学科素养的落实不仅仅是教学内容的选择和变更,而且是必须以学习方式和教学模式变革为保障的系统改进与深化。

要真正实现学习方式和教学模式的改变,需要深刻理解人是如何学习的,回归学习的本质,回归对于问题的探求。并且在这个过程中,学习者能够对外部世界有一个探求,同时实现对自己的精神家园的一种建构,这应该是我们学习的本意。因为学习不再只是"把外部世界的知识装进我的脑袋里去",而更应该是在持续地自我发现问题和自主解决问题中,探索世界、认知自我、发展理性。

这就让我想到问题化学习,问题化学习在学科知识的建构与问题解决能力之间找到了一条结合之路。纵观国际国内的课程改革,我们要解决好学习的内容、学生的学习方式,以及老师在学生学习过程中的作用这三者之间的关系,并建立起"学习的意义",这是一个关键问题。

问题化学习让我们看到了教学是以学生学习为主线去设计的,必须让学生真实的学习过程能够发生并且展开。问题化学习试图让我们的孩子在学习中,在对系列问题的追寻中慢慢形成知识结构与认知结构,从低结构到高结构,从本学科的结构到跨学科的结构,从知识世界到真实世界。以认知建构的方式去重组问题、重组内容,在问题与问题的联系中,在综合地带和边缘地带进行知识的碰撞,进行知识与知识之间、知识与经验之间的联系,进而慢慢地形成一个能力结构,这就是问题化学习作为一种方式变革课堂、实施课程的独特价值。

今天,我们在思考教育改革的过程中,要坚持扎根中国与融通中外相结合,既要"扎根中国",也要"融通中外"。在这样的背景下,我们来追溯问题化学习的历史渊源。中国古代的教育家孟子有个主张——"自求、自学、自得",这是在学生讨论问题的时候他提出来的。《礼记·中庸》中关于学习的五个方面"博学之,审问之,慎思之,明辨之,笃行之"被称为"为学之治"。朱熹曾经说过:"读书无疑者,须教有疑。"可谓小疑则小进,大疑则大进,无疑则无进。朱熹认为:"指引者,师之功也。"近代教育家蔡元培说:"最好让学生自己去研究,教员不讲也可以;等到学生实在不能用自己的力量了解功课时,才去帮助他。"陶行知也说过:"发明千千万,起点是一问。"叶圣陶说:"学生不甚了解的文章、书本,要使他们运用自己的心力,尝试去了解。"我们重温先贤关于人的学习的论断和思想,敬畏之心油然而生!

我们生活在一个充满问题的世界中,问题无处不在。人类思维的价值主要体现在"发现问题"以及"解决问题"上。一个人能不能成功,体现在他/她能不能面对问题,有多大的潜能去发现问题,现有的答案能否满足他/她的好奇心。苏格拉底说:"没有一种方式比师生之间的对话,更能提高沟通能力,更能启发思维技能。"如果我们在课堂上形成了很多问题去激发学生的思维和讨论,或者说学生自己在真实情景中发现了很多问题,而且问题往往没有固定的所谓"正确答案",那么学生可以各抒己见,教师乐于评论,师生界限就趋于模糊。我们的教师更像一位引导者、助学者。这样的情景,中外教育先贤都是倡导的。

所以我们从孟子、苏格拉底这些大哲学家、大教育家的教育实践中,可以寻找一点"问题化学习"的历史与文化渊源。亚里士多德曾经说过:"思维是从疑问和惊奇开始的。"爱因斯坦也认为提出问题比解决问题更重要。没有问题,就没有进步。可见提出问题,对于我们个人的成长与进步、社会的发展与创新,多么重要。这是因为提出一个问题往往可能预示了一个伟大的发现,至少能让学习者建立起主动的"学习的意义"。

大家都说中国的学生在与国际学生共同学习的过程中,总是没有问题,我们总是等着老师讲解、给答案。如果提不出问题,对知识的把握肯定是肤浅的,并且缺乏主动的学习意义。苏霍姆林斯基认为,在人的心灵深处,有一种根深蒂固的需要,这就是希望自己是一个发现者、研究者、探索者。而在儿童的精神世界上,这种需要特别强烈。所以我们要回归孩子的天性并进一步生长他们的智慧。问题是所有科学发展的起点，是科学研究的灵魂，也是人探索世界、认识社会、发现自己的动力源泉，是实现自我觉醒与心灵成长的原生力量。

中央一台节目《开讲啦》有一期邀请了南京紫金山天文台副台长常进研究员讲解暗物质，他是中国暗物质卫星的设计者。有人问："搞清楚暗物质，对于我们今天的生活会带来什么影响？"他说："我不知道。"当初爱因斯坦发现相对论与量子力学的时候，大家都不知道这两个发现会对人类带来什么样的影响。但是今天人类社会的大量成果都是由这两个最基础的科学发现所带来的。因此他说："我是准备失败的。"但是现在他的研究已经走在整个世界的前列。如果一旦破译了暗物质的秘密，这个发现将会对今后人类社会的发展，带来不可估量的巨大影响。所以说科学和知识的增长，永远来自于问题，越来越深化的问题，越来越能够启发新问题的问题。正是这些源源不断的问题，更新了我们对世界的发现。所以说，这些人类重要的思想与问题化学习有着历史的渊源。

再来谈谈问题化学习的现实价值。人工智能时代，大家在预测："有多少个岗位，可能未来会不存在？"人类重复的劳动、机械的劳动，按照一定规则去进行的劳动，都有可能被替代。因此在这个时候，全世界的人都在考虑："我们的教育要培养人的什么能力与素养，未来才能立于不败之地？"未来我们要培养学生解决复杂问题的能力、社会与情感的能力、批判性的思维和创造力。而问题化学习，正是在源源不断的新视角、新发现、新思考、新行动中释放学习者无穷无尽的创造力。

问题化学习不仅需要贯穿于学科的知识结构形成过程中、学习的认知结构建立过程中，问题解决的能力结构建构过程中，更重要的是问题化学习回归了教育的本源，那就是学习者主体精神的确立。因为一个面向未来的问题化学习者，不是冷淡的旁观者，而是主动的探索者，当他/她发现许许多多的为什么，并且通过行动，寻找到这些问题答案的时候，就像由火花燃成火焰一样，会产生许许多多属于他/她自己的思想和情感火花,形成独立思考的习惯。

问题化学习研究已经坚持了 21 年。一项教育研究真正要体现它的成果,肯定不是短时间的。我非常钦佩坚持 21 年做这项研究的问题化学习研究团队。这个团队是一个攀登"珠穆朗玛峰"的团队,在新的时代,面对我们的课堂从"知识为本"转变为"核心素养为本"这样一个在基础教育教学改革珠穆朗玛峰上插上国旗的光荣而艰巨的任务,他们是在追寻教育的规律,追寻人的学习规律,让我们今天的学习、有限时空里面的学习能够获得更大的成果。而这个学习成果,不仅仅是从一般意义上去了解知识的描述性意义,而是从"人"的发展角度去把握人类知识背后的文化精神,让我们每一个孩子通过这样的学习,实现他们人生的价值,我想这是非常有意义的一项研究。

尹后庆

2024 年 7 月 8 日

目 录

第一部分 原理概述

第二部分 课堂行动

第三部分　课程视野

主编寄语

一次《市民与生活》的节目上，上海人民广播电台的秦畅老师问："能说说你们培育'问题化学习者'的意义在哪里?"我说："打个比方吧，我们是想孩子将来在遇到问题的时候，是把问题当成一个麻烦，还是将问题看作是对自己的一个挑战? 当他(她)面对一个新情境时，是沿用老的套路来解决问题，还是享受这个新问题所带来的全新生命体验?"这是两种不同的生命状态，我们希望他(她)是积极的并且是乐在其中的。

我们着力培养的是面向未来的"问题化学习者"，也就是面对不可预测的世界时表现出"主动适应性能力"的人。"问题化学习者"的关键能力包括自主发现与提出问题的能力、聚焦与解决核心问题的能力、持续探索与自我追问的能力、深度建构问题系统的能力，最终学会自主规划学习任务与步骤，持续思考行动与合作创造学习成果。因此，"问题化学习者"是学习的自主建构者、问题的合作解决者与人生的自我教育者。

撬动以"教"为中心的课堂

21年来，问题化学习实践的聚焦点在于基于学习方式变革来实现课堂转型。然而，这一切并非容易，更确切地说，这是一条非常艰难的道路。二期课改初始，面对有限时间内自主探究的学习较难实现学科知识体系建构的问题，问题化学习直面基础型课程学习方式转变，即通过学生自主提出问题来撬动以"教"为中心的课堂，通过学生持续追问形成的学习过程重建课堂结构，通过学生自主建构问题系统形成的学习路径个性化引发教学支持的全面调整,通过学生合作解决问题改变师生互动方式,优化课堂生态。

21 年课堂变革之路

21 年来,问题化学习的研究从教学设计起步,深入学科的实践,探索课堂形态、研究学生学习、学校的整体实践、区域研究的整体架构与推进、母体学校的全面实验。

2003 年,国家基金课题立项,教学设计起步;2004 年,建立区域学科团队,开展基于设计的研究,深入学科实践;2008 年,基于典型课例分析技术,探索多元课堂实践形态;2011 年,基于"读懂学生"课堂,开展田野研究,研究学生学习;2012 年,立足行动研究范式,确立"实验学校"整体推进;2014 年,建立区域项目组,进行全面推广实验;2015 年,举办首届"问题化学习"全国教育研讨会,全国 16 个省与直辖市实践问题化学习的学校与教师代表参与了本次会议。2016 年 9 月 1 日,问题化学习母体实验学校——上海市教育学会宝山实验学校正式开学,问题化学习从着力于课堂转型走向培育"面向未来的问题化学习者"的学校整体改革实验。2016 年 9 月 10 日,宝山区问题化学习研究所成立,担负起问题化学习研究、培训与推广的重任。

建立课堂新的逻辑起点

与一般意义上"基于问题的学习"的区别是,问题化学习是广义的问题解决,最显著的特征是:通过系列的问题来引发持续性学习活动,它要求学习活动以学习者对问题的自主发现与提出为开端,用有层次、结构化、可扩展、可持续的问题系统贯穿学习过程和整合各种知识,通过系列问题的解决,实现知识的整体建构、学习的有效迁移与能力的逐步形成。

问题化学习有一条首要原理，即"以学生的问题为起点，以学科的问题为基础，以教师的问题为引导"，"三位一体"产生有效学习问题。问题化学习有一个核心特征，即是一种"基于问题系统优化的学习"，学生在老师与同伴的帮助下持续提出问题，自主建构问题系统，在问题系统化、系统图式化、图式可视化中建构知识体系，寻找学习路径，发展学科思维。这两点构成了课堂实施的逻辑起点。

　　"学生的问题""学科的问题""教师的问题"，以及"解决问题的学习环境"构成了问题化学习课堂的基本要素。"学生的问题"是课堂的关键要素。以学生问题为起点，表现为学生主动提出问题，对于问题化学习的课堂，做到这一点是最难的，但要突破传授式的课堂，这恰恰又是最关键的。通常学生的问题提出来后，老师往往会面临失控的课堂，那么，问题化学习是通过一个怎样的课堂机制，把失控的课堂逐步建构为一个高度自组织的课堂，而不是一个由教师主控的课堂呢？这是基于问题化学习这一学习方式变革课堂的路径探索的关键。

　　首先，以学生的问题为起点，在任务之初，学生先行提出问题，动机系统启动。在解决问题过程中，学生生成新的问题，不断追问。在问题解决之后，学生反思与拓展新的问题，元认知系统、认知系统综合发生作用。其次，以教师的问题为引导，表现为教师的驱动性问题、推进性问题与引申的问题。教师的问题不仅仅只是通过设问去启发学生思考，更多时候是勾出学生的问题，辅助学生解决问题，培养学生的能力。教师关键是要摸到学生的真问题，并把学生的问题当问题，在学生的问题与学科的问题之间作对接与转化。

　　自组织的路径之一是课堂"核心问题的聚焦"。对于"以学生的问题为起点，以学科的问题为基础，以教师的问题为引导"三位一体的课堂而言，聚焦核心问题既是面对混乱局面的自然选择过程，也是课堂集体学习的价值体现。核心问题的聚焦即是"三位一体"中的"体",问题化学习三位一体原理体现了学生、教师、教材（文本的作者、故事中的角色、历史人物、历史学家、自然定律的科学发现者等）之间基于核心问题不断进行对话的过程。

自组织的路径之二是"问题系统的建构"。问题化学习强调连续性地提出问题，系统化地解决问题。问题"化"表示一种基本状态，同时也是一个矛盾运动的过程，是在发现问题中解决问题，又在解决问题中发现新的问题；小问题的提出化解大问题的解决，新问题的提出深化老问题的理解。问题化是问题与问题之间的连接，问题化学习是问题与问题解决之间的连接所形成的无穷无尽的新发现、新思考，从而生成智慧。问题与问题之间形成具有内在关系的问题系统，不是罗列而是逻辑的关系。问题系统从一开始"知识的问题系统"逐步成为通过追问而产生的"思维的问题系统"，问题化学习从优化知识结构逐步走向促进能力形成。

自组织的路径之三是"合作解决问题"。合作是问题化学习的课堂的自然选择，合作支持并促进问题的发现与提出、组织与聚焦、解决与分享、反思与拓展。课堂作为一个复杂系统，合作成为其从无序走向有序的自组织路径。问题化学习以孩子们在学习中真实产生的问题作为学习的起点，并在一个学习共同体的自主对话与交往中，深化问题的解决，增值学习成果。合作改变了课堂互动的方式，从而建构了新的课堂生态。

我们积累了具有本土创新价值的两条中国经验，即强调核心问题和问题系统在知识建构与问题解决中的意义，突破了PBL（基于项目/问题的学习）模式在基础型课程中的实施困境，建立了具有鲜明特色的中国式PBL。问题化学习不仅是认知的，还是元认知的，更是主体精神的培育。在学生"自主发现与提出问题、聚焦与解决核心问题、持续探索与自我追问、深度建构问题系统"中，问题系统的形成过程以及基于问题系统优化的学习过程，同时是动机系统激发，元认知系统发展和认知系统优化协同作用的过程。学科的逻辑顺序与学生的心理顺序，通过"问题系统化""三位统筹"的过程统一为"学习的认知逻辑"。

"问题化学习"在课堂上让我们看到了所有的教学是必须以学生学习为主线去设计的,必须让学生真实的学习过程能够发生并且展开。课堂以"问题的发现与提出、问题的组织与聚焦、问题的实施与解决、问题的反思与拓展"为基本线索形成学习的基本过程与课堂的一般流程。

然而在实践层面,这些课堂结构与课堂机制的形成并不是一蹴而就的。学生有一个培育的过程,教师自己也有一个成长的过程,课堂就在这个过程中不断生成。学生从一开始仅仅提出自己感兴趣的问题,到提出有探讨价值的问题,到逐步学会判断核心问题,还能够提出一系列的问题,再到能够为核心问题的解决自构问题系统,为解决问题设计学习任务,乃至为完成任务设计学习步骤,这是学生围绕着问题化学习实现自主学习的进阶路径。

21年来基于学习方式的变革经历了三阶段演进:变教师设问启发学生思考为让学生自己提出问题——让学习主动发生;变教师组织问题推进为培养学生自主建构问题系统——让学习深度发生;变教师追问为培养学生相互追问,自我追问——让学习持续发生。

21年来基于问题化学习的课堂实施经历了三阶段推进:2004年基础型分科课程先行,突破了高考考试科目课堂学习方式的转变;2012年开始进行"基于单元学材的问题化学习"课堂实施,突破了单课时实施在课堂结构、教学时间、教学流程上的桎梏;2015年开始利用问题系统连接三类课程的教学实施,探索在课程视野下基于问题化学习的分科课程、综合课程、跨学科项目的整体实施与课堂转型。

所以说学生提问、学生追问、学生建构问题系统,解构了传统以"教"为中心的课堂,而三位一体产生有效学习问题,核心问题的聚焦与解决、问题系统的形成与优化,以及合作解决问题,又建构了以"学"为中心的课堂新结构,从而促使孩子们的学习主动发生、深度发生、持续发生。

实施问题化学习课堂的八条建议

一、真正地做到以学生的问题为起点，让学生的问题推着课堂往前走，教师推着学生往前走。二、通过引导聚焦核心问题的解决，确保课堂有大空间的核心问题，核心问题体现学生的真实疑难与学科的核心素养，所以要逐步培养学生聚焦核心问题的能力。三、设计合适的学习活动有效解决问题，把传统课堂中教师主导的问题解决转化为学生自主合作解决问题。四、通过师生、生生互动追问深化问题的解决，培养学生通过追问破解核心问题，寻找学习路径，并在解决问题的过程中丰富学习经历与体验，发展学科思维与元认知。五、问题系统的建构体现学科学习的逻辑与思维，培育学生自主建构问题系统促进深度学习。六、通过协同分享使成果增值。七、在课程视野下实践问题化学习的课堂，从课时走向单元，从学科走向育人，从课堂走向全时域学习。八、通过合作支持问题化学习的全过程，建立合作学习的课堂生态与学习共同体的文化。

对于问题化学习的研究与实践，我们既要有进入各门学科教学课堂实践的务实态度，也要有超越具体学科教学的理论视野；既要有进入课堂进行变革的实践勇气，又不局限于课堂教学的研究视域。对于问题化学习研究团队而言，这只是一个开始，任重而道远。

王天蓉

于 2024 年 6 月

第一部分

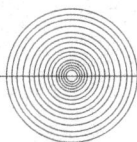

原理概述

第一章

认识问题化学习
——变革学习方式

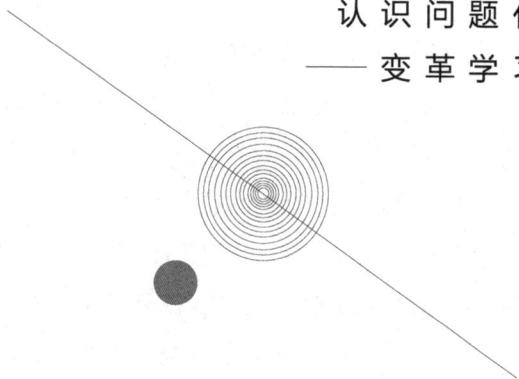

堂前燕问

◎ 如何迈出关注学生"学"的第一步？

◎ 什么是问题化学习？

◎ 如何实践问题化学习？

第一节
问题化学习的概念

一、从"问题"说起

在国外,关于"问题"的教学,最早可追溯至古希腊时期苏格拉底的"产婆术",也可叫作"问答术",它是指教师通过一系列的提问或者追问的方式,激发、诱导学生思考,最终由学生经过自身的思辨,发现真理。20世纪初现代教育学代表人物杜威认为思维蕴含于经验之中,好的教学要能激活学生进行思维,使学生的问题解决思维得到培养,并总结出了问题解决思维的五步模式,依次为:困难、问题、假设、验证、结论。到了20世纪以后,问题教学受到普遍关注,在美国生物科学课程研究会(The Biological Sciences Curriculum Study)所编写的《生物学教师手册》中,提倡教师基于科学探究的方法进行问题教学,教会学生经历科学家研究生物学问题的过程,在获取并分析信息、运用信息解决问题中领悟学科探究方法,从而获得生物学知识。

我国自古以来都重视"问题"对学习的重要性。在春秋时期,孔子强调教学需要启发诱导,提出了"不愤不启,不悱不发"的教学思想。东汉学者王充在《论衡》中提出,"不学自知,不问自晓,古今行事,未之有也",强调了提出问题、请教他人对做学问的必要性。南宋时期的朱熹在论述读书方法时也强调:"读书无疑者须教有疑,有疑,却要无疑,到这里方是长进。"我国近代的教育家胡适曾强调提倡怀疑精神,不能过于盲目听从,要在充分地证实后,再进行确认。人民教育家陶行知先生提出了"教学做合一""生活教育"等教育理念,认为教学要促进学生从生活中发现问题、解决问题并能从中得到成长。可见,从古至今,教育中的问题意识一直受到教育家和相关学者的重视。

在高中生物学教学中,有很多围绕"问题"进行的教学理论和教学探索,如KWL教学法、PBL教学等,教师也倾向于通过设置问题情境、问题串、问题导学、问题驱动等方法进行教学设计。在这些围绕"问题"开展的教学活动中,设计者的问题多数用于寻找合适的教学途径,以问题设计带动课堂教学的开展。

教育部于 2017 年印发、2020 年修订了《普通高中生物学课程标准》(以下简称"新课程标准")。新课程标准要求学生主动地参与学习,在亲历提出问题、获取信息、寻找证据、检验假设、发现规律等过程中习得生物学知识,养成科学思维的习惯,形成积极的科学态度,发展终身学习及创新实践能力。[①] 提出问题和解决问题的能力在新课程标准中被纳入核心素养的定义中并反复提及,如以生命观念指导解决实际问题,运用科学的思维方法解决实际问题的思维习惯和能力,针对特定的生物学现象进行观察、提问等探究活动,有解决生产生活问题的担当和能力。

在新课程标准的指导下,上海科技出版社的《普通高中教科书·生物学》(以下简称"沪教版新教材")于 2021 年开始使用。新教材同样注重教学中问题的引导,促进学生问题的发生。新教材每章的"章首页"栏目对章节的关键问题进行了聚焦,每节的"小金鱼"(课前活动)栏目以学科情境激发学生问题,"学习提示"栏目以方法引导、知识补充等方式深化问题解决的过程。

显然,在生物学教学中,与"问题"相关的学科教法和学法将成为"双新"背景下广大生物学教师关注和实践的重点。

二、什么是"问题化学习"

问题化学习是指学习者在情境中自主发现并提出问题,聚焦核心问题,持续探索追问,形成问题系统,独立及合作解决问题的自我建构学习。其显著特征就是通过系列问题来引发持续性的学习活动,它要求学习活动以学习者对问题的自主发现与提出为开端,用有层次、结构化、可扩展、可持续的问题系统贯穿学习过程和整合各种知识,通过系列问题的解决,实现知识的整体建构、学习的有效迁移与能力素养的逐步形成。[②]

从上述定义中,我们可以关注到,问题化学习是基于学习科学提出的学习原理,关

① 中华人民共和国教育部.普通高中生物学课程标准(2017 年版 2020 年修订)[M].北京:人民教育出版社,2020:1—2.
② 王天蓉,徐谊.问题化学习[M].北京:教育科学出版社,2023:25.

注的是学生如何在问题的引领下发生有效的学习,提出的是激发学生主动学、持续学和深入学的途径和方法。我们可以就此对问题化学习先做一些初步理解。

1. 问题化学习是对学习者学习规律的研究

长久以来,学生"发现问题"并不在我们教学关注的范围内,这造成了学生总是一无所知地走进课堂,被动地从教师那里接受知识,最后按照要求完成作业以检测教师教的效果。学习是如何主动开始的? 学习又是如何不断发展的? 大多数教师站在"高高的讲台"上,看不到"矮矮的课桌"上究竟发生了什么。

问题化学习在认同学科问题的根本地位的同时,强调了学生问题的重要性。课堂中听到学生的问题,容许学生自我判断问题的重要性,在试错中尝试问题的解决,这些教学行为是教师走下讲台,揣摩"学习是如何发生"的关键。

2. 问题化学习是对学习者主体地位的确认

为什么很多学生认为学习是"老师要我学""爸妈催我学""考试逼我学"? 显然在这样的学生心中,自己并不是学习的主体。一个人把学习某一学科的过程排除在自己身心之外,又怎么能真正把外部的知识纳入到他(她)原有的认知体系中去呢? 学习又怎么可能真正发生?

在问题化学习中,我们强调学生的问题是学习的起点,学习过程是由师生不断追问促成的,学习结果是解决学生自己的问题。因此,学习是实现学生丰富自我、成就自我的过程。学生的学习主体地位通过问题化学习的路径得到了师生共同的认可。

3. 问题化学习是发展学生关键能力的途径

在 2014 年《教育部关于全面深化课程改革落实立德树人根本任务的意见》中,教育部提出要研究制订各学段的学生发展核心素养体系,明确学生应具备的适应终身发展和社会发展需要的必备品格和关键能力,突出强调个人修养、社会关爱、家国情怀、更加注重自主发展、合作参与、创新实践。广义的关键能力即指学生自主发展、合作参与以及创新实践的能力。

问题化学习与基于问题的教学的最显著区别是,教与学始于学生自主发现问题并提出问题,由解决问题和发生追问来促进学习的持续发生和深度发生。这里强调了自主发现问题的能力,这是学生摆脱唯"教"、开启自主发展的第一步。其次,问题化学习提倡在合作中解决问题,在个体间的相互追问中产生更多的新问题,形成结构化的问题系统,这有效锻炼了学生的合作参与能力。此外,从基于提问技巧提出常规的问题,到在学科范围内发现隐藏的问题,再到从学科实践中提出现实的问题,渗透进入具体学科领域的问题化学习有助于学生更好地理解学科学习的价值所在——学以致用,以提问促进实践,以问题引领创新。

三、为什么在生物学教学中实施"问题化学习"

在教育改革和高考改革如火如荼的今天,我们时常还能听到教师们这样的烦恼:"我都讲过几遍了,还是不会!"或者这样的感叹:"能力不是我们能教出来的啊!"

这些烦恼和感叹的根源在于教师对学科教学知识(Pedagogical Content Knowledge, PCK)认识的不足或匮乏,表现为教师对个人"教"的能力的关切远重于学生"学"的能力。

1985 年,舒尔曼在美国教育研究协会年会报告《那些理解教学中知识增长的人》(*Those Who Understand: Knowledge Growthin Teaching*)中首次提出 PCK。简单来说,PCK 是学科知识(Content Knowledge)和教学知识(Pedagogical Knowledge)的融合性知识。

是"教不会"还是"不会教",这个长久以来被整个社会争论的话题,实际上并没有否定教师的学科知识,质疑的是教师的教学知识。那么,在实际的教学中,教师是否真的关注教学知识呢?

我们来比较一下以下两种学科教学。

第一种:教师掌握教材上的学科知识后,对教学内容进行处理(如加入情境、辅以例证等),然后规划这部分学科知识的教学环节,在形成教学设计后进行课堂实施。

第二种:教师掌握教材上的学科知识后,调查了学生关于这部分知识的前认知、前概念,结合学情设计学习情境,确定学习路径,在形成教学设计后进行课堂实施。

显然,采用第二种教学的教师在理解教学知识时,已经意识到了教的预设和学的生成是需要协调的。教的最终目的是学,学习成果不是"教会"的,而是"学会"的。

"我们应使学习者成为教育活动的中心",这是联合国教科文组织(UNESCO)二十多年前在《学会生存——教育世界的今天和明天》一书中提出的教育革新策略。① 然而审视已经走过的路,大多数教师仍然挣扎在"教不会"的困惑和苦恼中,缺乏学习视角去分析和解决学生的"不会"。

以问题化学习开展生物学课堂教学的探索意义在于,将教师教学关注的重心从教师自身如何创设情境、提出问题、完成教学任务,转移到学生如何在情境中提出自己的问题并形成持续有效的学习行为。

问题化学习有助于我们真正理解学生的认知起点、学习需求,促进我们对学生学习行为的观察,准确评价学生的学习成果,使教师转变角色,成为学科与学生之间的桥梁。问题化学习最终将融合教与学的方法,实现生物学课堂的转型与发展。

---

① 联合国教科文组织国际教育发展委员会.学会生存———教育世界的今天和明天[M].华东师范大学比较教育研究所,译.北京:教育科学出版社,1996:263.

第二节
三位一体的课堂首要原理

"三位一体"是问题化学习的首要原理(见图1-1)。[①]"三位一体"的问题观是"以学科问题为基础、以学生问题为起点、以教师问题为引导"的"三位一体"的问题设计。从设计取向上讲,问题化学习是以"学"为中心的,它既不是学科中心主义,也不是教师中心主义,更不是学生中心主义,而是兼顾学科课程目标、教师引导的以"学"为中心的教学设计。[②]

图1-1 问题化学习的首要原理

一、从概念到观念的学科问题

学科问题是对学科本质的理解,新课程标准将这些学科内容以大概念、重要概念、次位概念的形式形成概念体系,这是高中生物学教学的基本内容。如果将这些学习内容转化成问题形式,可以凝练为:围绕着回答生命"是什么""怎么样"和"为什么"的三个基本问题。[③]

1. 关于"生命是什么"的问题

"生命是什么"这是一个指向探索生命本质的问题。在高中生物学教学中,我们需要基于学科课程标准来梳理关于"生命是什么"这一大类的问题,以减少问题扩大或缩小对教学实践造成的困扰。

第一,生命系统的结构层次。"分子→细胞→组织→器官→系统→个体→种群和

---

① 王天蓉,徐谊.问题化学习[M].北京:教育科学出版社,2023:148.
② 王天蓉,徐谊,冯吉,等.问题化学习教师行动手册(第二版)[M].上海:华东师范大学出版社,2015:153.
③ 谭永平.生物学课程哲学[M].杭州:浙江教育出版社,2020:78.

群落→生态系统"是生命系统的层次结构。根据学科课程标准,高中阶段关于生命系统的结构层次问题,包括在以下两个大概念中:

表1-1 高中阶段生命系统的结构层次中涉及"生命是什么?"的大概念及知识

大概念	回答"生命是什么?"的生物学知识
细胞是生物体结构与生命活动的基本单位	组成细胞的分子
	组成细胞的结构
	细胞的功能
生态系统中的各种成分互相影响,共同实现系统的物质循环、能量流动和信息传递,生态系统通过自我调节保持相对稳定的状态	种群
	群落
	生态系统

第二,生命的本质特征。生命的本质问题是一个集合问题,即生命的特征是什么?新陈代谢、生长、发育、遗传、进化、应激性、自组织、自稳态等都是生命的本质特征。当然,如恩斯特·迈尔在《生物学思想的发展历史》一书中所说"生物学中的概括几乎完全是几率性的。生物学中只有一条普遍定律,那就是一切生物学定律都有例外",生命的本质特征是有例外的。细胞是生物的基本组成单位,但是病毒没有细胞结构;一般生物都能进行新陈代谢,但是病毒没有独立的代谢能力……这些规律和规律的例外性,为"生命是什么"这一学科问题的回答提供更为丰富的答案。

2. 关于"生命活动怎样进行"的问题

"生命活动怎样进行"是对"生命是什么"这一问题的进一步追问。如:

分子水平的遗传是怎样进行的? ——基因的复制、基因控制蛋白质合成的过程。

新陈代谢是怎样进行的? ——细胞中物质的合成与分解的过程、能量的储存和释放的过程。

人体是如何保持体温相对稳定的? ——人体通过神经调节和体液调节保持产热和散热平衡的过程。

从上述问题及答案中,不难发现"生命活动怎样进行"是指向研究生命过程的问题。关于生命过程的问题及问题解决,高中生物学课程标准中有多个大概念对此进行了回答。若对这些学科大概念再进行凝练,我们会发现,生命活动的研究,主要是研究生命的结构、功能、物质、能量和信息的问题——这就意味着,进一步提升对概念问题的认识,将促进生命观念的形成。

3. 关于"生命为什么是这样"的问题

"生命为什么是这样",这一问题研究的第一层次是具体的生物学原理。如:

为什么松树等很多树的形状是宝塔形的?——松树中顶芽合成的生长素向下运输抑制侧芽生长,形成顶端优势,而根部合成的细胞分裂素向上运输促进侧芽的生长,导致松树生长成了宝塔形。

倘若要进一步追问:"为什么植物内部的生长素要如此分布?为什么会有时候起到促进作用,有时候起到抑制作用?"那么,问题就提升到了第二层次——基因与环境的相互作用问题。若进一步追问:"何以松树有这样的基因呢?"这就触及了问题的第三层次——生物进化的机制。

任何一个生物现象背后的原因,经过层层剖析,都指向了内因(基因)和外因(环境)的共同作用,最终必须向生物长久以来为适应环境而形成的进化机制寻求答案。在追寻答案、构建概念的过程中,稳态与平衡、适应与进化等生命观念就自然而然形成了。

当然,在高中阶段的"生命为什么是这样",主要指向的是第一层次——研究的是具体的某一生物学原理。对第二层次和第三层次问题的追寻,从学习要求来看,是期望学生能在潜移默化中形成生命观念。是否诉诸笔端并不是重点,重要的是在学习者心中留下生物学特有的观念和思想认识,从而指导他们对未知生命现象的认识和判断。

二、从知识到素养的学生问题

很多时候,我们更重视如何引导学生思考问题和解决问题,却不太重视学生自己的问题是什么。由于我们解决的问题并不一定是他(她)想知道的问题,学生难免处于被动学习的状态。而在真实生活中发现问题并提出疑问,恰恰是生物学开展学习研究的原动力。

学生的问题是带有独特的学习者视角的问题,是教师了解具体学情的途径。不同的学生、不同的班级对同样的学习内容,思考的切入点和方向未必相同,这决定了不同学习群体的学习起点具有差异性。面对具体的教学环节,学生的障碍在哪里? 可能进一步提出什么问题? 教师若对学生问题没有充分的认识和相应的教学策略,教学只能建立在学科基础上——仅仅关注了教学重点,而非基于学生的认识起点,因此难以把握教学难点。我们将在第三章中具体讨论如何结合学科情境孕育问题,以及学生问题对学习的重要作用。

学生问题可以分为四个层次。

1. 关于知识的问题

学生通常能提出"是什么""怎么样"以及"为什么"这三类基本问题。那么这三种问题是否就是学科问题呢?

在以下两种情况下,学生问题有可能直接成为学科问题:第一,学生本身具有较为扎实的学科基础,能立足于学科研究的视角提出问题;第二,初学者在具体的学习进程中渐入佳境,已经能从具体的情境问题中抽象出更为概念化、本质化的学科问题(追问的一种)。

而从现有的高中生物学课程实施来说,学生大多数情况下并不具有以上两种学习水平。因此,学生的这三类问题通常指向具体、细碎的生物学事实或知识点。虽然这不能满足课程基本理念中"内容聚焦大概念"的要求,但是概念的构建离不开这些事实性知识的支撑,教师应该鼓励学生提出这些问题,引导学生合理有序地探索这些问题。

2. 关于方法的问题

当学生进入主动学习的状态时,就会产生"解决问题"的问题——关于方法的问题。以基因工程为例,课前以一段转基因抗虫棉的视频作为学生提问的情境基础:棉铃虫对我国棉花生产造成了巨大损失,中国科学家通过研发转基因抗虫棉来解决棉铃虫问题。教师收集的学生问题中,较多的问题是:

怎么从细菌中找到抗虫基因?

怎么把抗虫基因取出来?

怎样把抗虫基因导入棉花中去?

这些问题是关于基因工程过程与步骤的问题,指向了生物学技术方法的学习。学生能够提出问题,意味着学生有一定的学科实践意识,问题有利于学生程序性知识的学习。

3. 关于思维的问题

关于事实性知识和程序性知识的问题，都有感性、具体的属性。学生若能从感性认识出发，基于生物学概念进行推理和分析，提出溯因、论证等类型的问题，则说明问题化学习中的"学生问题"促进了学生科学思维的发展。例如：

为什么能把抗虫基因转移到棉花里？

细菌的抗虫基因到了棉花体内也能杀虫吗？

任何基因都能转入别的生物中吗？

这三个问题是探究基因工程原理的问题，问题指向了对概念的理解以及应用概念进行思维的过程。相对于"基因工程怎样实施"这类程序性问题，学生提出的基因工程原理的问题较少，这说明大多数学生仍停留在对基因工程的具象的认识上，教师需要思考如何联系 DNA 结构、中心法则等一些老问题来认识基因工程原理这一新问题，以推动学生科学思维的深入发展。

4. 关于创造的问题

学生思维的发散性、创造性以及辩证性比较突出，他们的问题带着创新和创造的特点，是有"生命力"的问题。例如：

能把优秀的基因转入人体内，实现对人的改造吗？

虽然从整体来看，能提出上述问题的学生不多，但是问题的提出和分享促进了全体学生或广泛或深入地思考基因工程的意义，对基因工程的应用前景有了创造性的想象。

三、从引导到转化的教师问题

基于对学科问题的充分理解和学生问题的预估、收集、分析，教师才能在课堂上提出有意义的问题，为学习起到"穿针引线"的作用。教师的引导问题是帮助学生生成问题、扩展问题、聚焦问题与解决问题的问题，也是最终为形成问题系统服务的问题。[1] 对学习者来说，教师的引导性问题在问题化学习的初级阶段有重要的指引和推

---

① 王天蓉,徐谊,冯吉,等.问题化学习教师行动手册(第二版)[M].上海:华东师范大学出版社,2015:155.

进作用。

以"学"为中心的问题化学习,并不代表将课堂上教师的作用边缘化,也不是要把提问的权力完全让位于学生。教师的引导作用连接着学生问题和学科问题,在"三位一体产生核心问题"的问题化学习首要原理中,教师问题的基础是教师对学科知识的深刻理解,对学生认知起点和难点的充分认识。在一个师生、生生对话的课堂中,教师是学生和学科的最初连接者。但随着学生从提出问题到聚焦核心问题,再到构建问题系统,教师问题的功能逐渐从引导问题转变为激发学生进一步追问,从而促进学习的深度发生。

1. 驱动性问题引导学生入门

学生在学习之初提出的问题往往是具象的、情境化的、指向现实问题的,学科问题是抽象的、严谨的,指向学科知识、原理和技能。课堂中,教师如果选择直接把学生问题导向学科知识中的问题答案,学生就失去了探索知识、主动学习的过程;教师如果选择让学生"漫游"问题的各个角落,最终在某一个问题中走向学科学习的道路,这又受限于学科学习的课时容量,难以实现。我们的选择是,以教师的驱动性问题给学生恰如其分的引导,在学习目标的范围内完成课堂学习任务,对其他的问题待课后进行研究和问题解决。

为什么导入抗虫基因后棉花能够抗虫?

棉花获得的抗虫基因能遗传吗?

抗虫基因在棉花的哪些部位表达?

抗虫基因表达受到哪些因素的影响?

抗虫基因整合到棉花染色体上,会影响棉花自身基因的表达吗?

抗虫棉的长期种植是否会导致棉铃虫产生抗药性?

这些问题中,有的指向基因表达的调控,有的指向生物的变异,也有的需要用生物进化的概念和原理解释。生物教师在这些五花八门的学科问题中,应该提出怎样的问题来引导学生开展"遗传的分子基础"单元复习呢?

直截了当:今天生物课复习的主题是什么?

启发深入:我发现同学们问题的共同关键词是"基因"和"性状表达",这需要我们从哪部分的学习内容入手逐个解决问题呢?

显然，第二个问题引导更能理顺学生散乱的问题思路，转向学科问题。所以教师的驱动性问题，不能是表面化引导，而是要成为一种有效连接，激发学习者学习和思辨的欲望。

　　2. 推进性问题推动思维深入

　　教师问题除了帮助学生将问题连接学科知识，还需要起到由问题转变学生思维方式的作用。这是我们通常说的"授之以鱼，不如授之以渔"。在问题化学习中，我们可以理解为教师"问"之以"鱼"，不如"问"之以"渔"。我们希望培养出的学生，是能在复杂多变的现实环境中灵活、综合运用所学知识的人。以此为目标，教学如果框死在学科的知识层面上，这样成就的学习者是无法面对未来社会对人才的需求的。

　　以光合作用的产物学习为例，如果要探究光合作用是否产生了氧气，学生最可能有的思路是借鉴课本实验，如通过测定密闭容器中植物光合作用前后的氧含量变化来证明。这就是学科内章节知识下的问题视野，我们可以把这种问题解决的思维看作是常规的植物生理研究的思路。

　　但如果给学生这样一个问题："作为一个植物进化史的研究者，你在野外地质考察时，会怎样探索光合作用产生氧气的问题？"在这个问题中，教师提供了新的研究方向，"进化"——使人想到化石，"地质考察"——使人想到地理知识。学生就会想到地球环境的变化，再查阅一些资料的话，会获知植物光合作用导致地球大氧化事件。这就是对光合作用产生氧气的两种不同认识思路，一种是跟着现有教材实验走的设计思路，一种是研究进化的思路。

　　教师如果再问："你能用化学的方法来证明大氧化事件吗？"学生的思维就会由宽泛走向聚拢和深入：想到地理学科中沉积岩的元素含量、同位素组成等能直接记录了大气、海水中氧含量变化的矿石证据，这是不是能说明植物在远古时期产生氧气？如何用化学的方法证明远古时期植物光合作用能产生氧气呢？结合地理知识，学生也许会想到挖掘的铁矿石——氧化铁可以通过化学反应把氧释放出来。而这些数亿年前的铁矿中获得的氧气，记录的不正是植物的光合作用产物吗？

　　发现了吗？学习者的问题一开始常常是"漫游"式的，但是随着学习的深入，会逐渐被专业的学科知识聚拢，这并没有问题。但是我们要注意的是，聚拢的是知识，而非获取知识的方式方法。学习者一旦丧失了探索学科知识途径、方法的自由和意识，学习的灵活性和价值就会大打折扣。作为学科教师,我们虽然要有明确的知识目标,但是通向知识的道路并非只有一条,教师问题的作用之一就是尽可能地打开这不同的道路,让学习真正地发生!

所以,在问题化学习中,无论是促进学生关注点向核心问题聚拢,还是引导学生由核心问题扩散形成问题系统,对问题化学习者来说,教师的推进性问题仍然是必要的。

3. 转化性问题辅助问题解决

问题是学习发生的开始,怎么解决问题呢? 王天蓉老师在实施问题化学习课堂的八条建议中指出"设计合适的学习活动有效解决问题,把传统课堂中教师主导的问题解决转化为学生自主合作解决问题"[①]。在自主、合作为前提的问题解决过程中,教师可以提出转化性问题促使学生生发解决问题的途径。

例如,在"内分泌系统中信息的传递和调节"的教学中,以糖皮质激素的临床应用为情境引导学生提出问题。

糖皮质激素是临床上使用最为广泛而有效的抗炎和免疫抑制剂。在病情紧急或危重情况下,糖皮质激素往往为治疗首选。有人认为用激素有效,但也有人担心使用激素后会产生后遗症,因而抵触激素治疗。

教师提问:在使用激素前,作为患者或患者家属,会想知道哪些问题?

学生提出的问题主要有:

激素的作用是什么?

激素有什么副作用?

激素药物价格贵不贵?

用了激素会不会有后遗症?

激素的成分是什么?

作为一课时的问题系统来说,排除一些课堂学习无关的问题,在组织学生对问题进行梳理排序后,要落实本节课的知识点,是没有问题的。但是学科学习的不仅是事实性知识和概念原理,还需要获得一些程序性知识和策略性知识,科学思维才能得到提升,否则就是就事论事,无法实现对问题的反思和迁移。

---

① 顾雉冶,王天蓉,王达.合作解决问题[M].上海:华东师范大学出版社,2018:5.

对孩子们来说,无论是大孩子还是小孩子,未来都有无限的可能,可能会从事不同的工作,接触不同的人和事。而生物学科相关的行业和工种非常之多,有我们比较熟悉的职业比如医生、园艺师,也有小众的职业,比如农业上的育种师、遗传咨询师、营养师等。即便到了高中阶段,学生也喜欢扮演专业的成人角色,为自己无限可能的未来而跃跃欲试。

因此在实施问题化学习的教学中,教师设计了一个转化性的问题:"作为……我们如何(怎样)……"(图1-2),形成真实角色下的问题提出和解决。当学生把自己代入一个真实的角色时,很容易产生怎样做的问题。这既需要程序性知识,也需要策略性知识的支持。学生基于这样一个转化性问题,再思考自己提出的问题,解决问题的视野就被打开了。学生不再是只关注激素的作用,还关注了获取激素知识的方法。

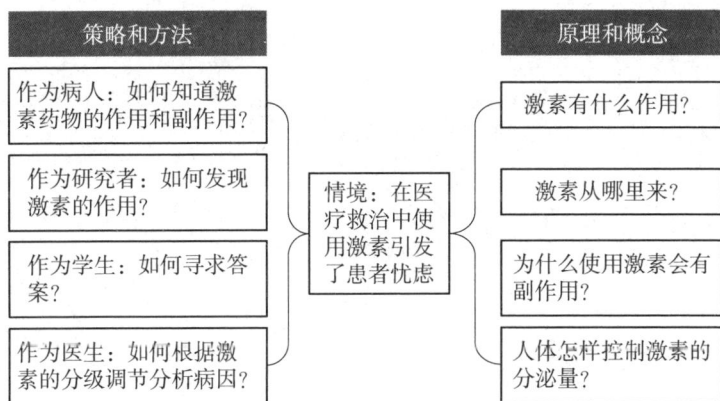

图1-2 激素治疗情境下的问题转化

这节课以四种角色来寻找解决问题的途径。第一个角色是患者:患者的问题就是这节课的知识问题"激素的作用是什么",解决问题的途径是咨询医生(专家)。第二个角色是激素研究者(科学家):怎样探究激素的作用? 我们又如何学习这种方式去设计实验探究其他激素的作用? 解决问题的途径是通过实验进行探究,这落实了本节课核心素养中的科学探究能力的培养。第三个角色是学生本人,我们在日常生活中,也会听到一些关于激素的话题,比如这种瓜果是打过激素的,吃了会对健康不利。当我们没有实验条件时,又该如何辨别真伪呢? 是盲从盲信,还是查阅权威的可信的资料,寻求答案？因此解决问题的途径主要是文献搜索和阅读。最后一个角色是医生，在学习了激素的分级调节模型后，这个模型对生活实际、疾病诊治有用吗？学生代入医生角色，此时解决问题的途径是建模分析，判断病人激素分泌异常的原因。

在本案例中，教师问题的作用是转化学生问题，引导学生站在不同的角色中去寻找解决问题的答案。也就是说，教师不是对学生问题直接予以回答，而是启发学生自己去寻找解决问题的途径。在你（学生）问我（教师）再问的思想乒乓球中，促进学生在问题化学习中实现思维的深化。

第三节
问题化学习的过程与方式

一、自主提出问题

爱因斯坦说过："提出一个问题，往往比解决一个问题更重要，因为解决一个问题也许仅仅是一个数学上或实验上的技能而已，而提出新的问题、新的可能性，从新的角度去看旧的问题，都需要有创新性的想象力，而且标志着科学的真正的进步。"在问题化学习中，学习开始于学生对问题的自主发现和提出。

发现问题并提出疑问，同样也是生物学研究的原动力。通过具体的情境设计激发学生的学习兴趣后，最为关键的一步是引导学生自主发现问题，然后才能进行假设和预测，开展综合探究活动并收集实验信息、分析实验结果……经历科学探究活动，是获得解决问题的知识与能力，提高科学素养的主要途径。由此可见，生物学教学中学生问题是非常重要的。

1. 培育学生主体精神

学生如果没有出于内心需求想要知道的东西，是很难有真正的内驱力促使他（她）进入学习状态的。

强调学生自主提出问题，其意义在于从教学实施上进一步明确学习的主体、课堂的主体。生物学教学是以概念建构形成章节规划的，每一个概念的形成需要生物学知识的支撑，而生物学知识的产生又离不开具体的生物学现象。从现象到知识到概念的课时容量，使得教师常常因为担心上不完既定课时内容或学生知识掌握不够牢固而不知不觉地自己掌握住了课堂的主动权，通过把学习变成教师的单方面输出来把控课堂节奏。而教师的输出并不等同于学生的输入，学生在没有产生"自我"的学习需求前，"输入"和"输出"的比值显然是很低的。有效"输入"的阻碍在于学生并不是真心想知道，只是因为课堂纪律和学习的常态要求使得他（她）必须坐在课堂中听教师讲，这样被动的学习方式无法产生有意义的学习。

2. 提高教师教学能力

问题化学习的开端在于学生乐于提出自己的问题,拥有课堂学习的主动权。这不仅仅是学生发生学习变化的第一步,同样也是生物教师在探索问题化学习中要迈出的第一步。教师敢不敢把问题的提出权让给学生呢?可能迎接你的是一片沉默,可能你会发现本节课中像金子一样珍贵的问题,也可能你会听到一些脱离学科的离奇的问题,还可能遇到一个高水平的、无法确切回答的问题——在生物学快速发展而又仍有许多未知领域的今天,这是完全有可能的。

请接受这些挑战,在生物学课堂上培养学生乐于思考、敢于提问的学习态度,促进学生提出有思维深度的问题,并在探索问题解决的过程中不断地追问,使学习持续发生。当教师不畏惧学生自主提出的问题时,意味着我们能更游刃有余地面对不时生成问题、需要及时解决问题的课堂常态,从而修炼自己的教学技能,提高教学素养,迎接教学挑战!

二、聚焦核心问题

如果说把提出问题的权力还给学生是问题化学习的第一步,那么聚焦核心问题则是问题化学习的关键一步。我们来做一个辨析:沪科版高中《生命科学》(老教材)的每章节前有一个栏目"关键问题",如"内分泌系统是如何调节动物生命活动的?"沪科版高中《生物学》(新教材)的每个章首页文字中,也有类似的"关键问题",如"什么是基因?基因与DNA具有怎样的关系?基因如何实现其功能?遗传信息怎样传递?"这是问题化学习中的核心问题吗?

1. 认识核心问题

"核心问题"是指在学科基本问题的观照下,依据学科在本课时的重点问题,在充分考虑学生的起点问题(生活经验、知识基础与认知冲突、学习动机与兴趣点)后,产生的课堂的统领性问题,它最能集中体现"以学生问题为起点,以学科问题为基础,以教师问题为引导"的"三位一体"的设计取向。[①]

---

① 王天蓉,徐谊. 问题化学习[M]. 北京:教育科学出版社,2023:81.

在立足于问题解决的教学中,核心问题的设计尤为重要,确立核心问题即确立了课时或单元学习的核心概念。

核心问题是处于学习核心地位的问题,可以在学习的过程中反复链接、回归,实现子问题向核心概念的聚焦。

核心问题既是学生的问题——体现学生的学习需求,也是学科的问题——体现课程的学习要求,同时还是教师的问题——体现教师在学生和学科间的问题引导、转化及聚焦能力。

核心问题是综合性的问题。核心问题是培养学生生物学生命观念、科学思维、科学探究以及社会责任各方面核心素养的落脚点。

前文所述两版教材中的问题,是从学科视角出发,引领本章内容的学科关键问题。然而缺乏学科基础的学习者多数情况下并不能提出这样的问题,学习者视角的初期问题一般是基于生活经验、知识基础与认知冲突产生的。比如:"为什么有的糖尿病病人可以通过注射胰岛素进行治疗有的却不可以?"学生问题和学科问题的交集是"胰岛素是怎样调节血糖的?"将此问题作为核心问题去解决,既可以回答学生问题,也可以从聚焦点再扩散、迁移学科学习的关键问题"激素是怎么调节动物生命活动的?"这就是核心问题既面向学生也面向学科的作用。

2. 学习中确立核心问题的必要性

在经过"学会提出问题"的讨论后,如果我们把关注重心真的转移到学生问题上,相信每一位这样做的教师都会挖到"宝藏",看到更为真实的学生内在。你是不是会思索:"学生为什么会有这样一个我觉得不是问题的问题?"是不是会感叹:"学生提问的这个角度真有意思,我都没想到!"……不仅是教师,互相分享各自问题的学生,可能比教师更踊跃,更有话要讲。想象一下这样的备课,思绪万千;想象一下这样的课堂,热闹开心。但是既定的学习目标还能完成吗?很难!所以我们需要聚拢问题,聚焦核心问题。

确立核心问题,既是对一课时或一单元学习目标的确定,也是为了避免以"学"为中心的问题化学习理念在具体实施过程中矫枉过正,被学生发散式的提问带离教学主旨。如何聚焦核心问题,这是一个需要凝聚教学者和学习者智慧的问题,有待我们在后续章节中进一步探讨。

聚焦核心问题,是学与教的共同行为。核心问题是情境中的学生问题,是学生问题中的学科问题。学生基于情境产生学习问题,教师和学生基于单元或课时的具体内容共同筛选学生问题,完成核心问题的初步聚焦。每个班级每个学习小组,提出和组织问题的角度不尽相同,因此一班一课,不同学情下的核心问题并不唯一。顺应学习脉络,才能确立核心问题是指向过程的问题还是指向结论的问题。同一课时,不同的核心问题也应匹配不同的学习组织方式,形成不同的学习脉络。

三、持续探索追问

追问是问题解决过程中或之后进一步提出的后继问题,学习由此深入并持续发生。[①] 追问思维的深入,包含了学科思维和解决问题的一般性思维。

1. 不同的追问者

追问者可以是教师。作为学习活动的引导者和推动者,教师的专业性决定了教师的追问更容易加深学生的思维深度。我们更期待学生的自主追问,学生的追问意味着学习正在进入自组织、自更新的课堂新生态中。

2. 不同的追问方向

追问,可以是对问题的深度剖析。在追问中厘清新问题、老问题等众多问题间的逻辑关系,通过追问将核心问题解构为支撑问题解决的子问题。

追问,可以是独立学习与合作学习的共同途径。在对自我的追问中反省自身的学习方法,提高元认知,在对同伴的追问中表明自己的观点,启发对方的学习思路。

追问,可以是质疑精神和创新精神的培养。例如面对科学家实验时,是否有勇气问一句:"结论真的合理吗?"面对既有实验设计方案,是否有热情问一句:"是否只能这样?还有没有其他的方法?"

3. 多样的追问意义

经历自主提出问题和聚焦核心问题后,学生心中的学习目标暂时可以形成静态的文本。然而学习本身却是不断生长发展的过程,课堂是学生和自我、学生和学生、学生

---

① 王天蓉.问题化学习的原理与方式——问题化学习之二[J].现代教学,2019(19):27—28.

和教师之间鲜活的、充满个性的对话,这并非静态的文本可以涵盖或约束。问题的活力需要通过追问来注入新鲜血液,学习本身需要通过追问来持续深入,生物学的概念体系需要通过追问来扩展建构。

四、建构问题系统

问题系统是提问和追问后,对诸多问题的梳理,是基于核心问题的拓展,也是实现持续性学习活动的支架。

1. 从知识系统到问题系统

生物学教学中不常见建构问题系统,与之关系密切的是建构知识系统。从生物学现象到生物学知识再到生物概念的学科知识体系,促使大多数教师善于引导和帮助学生以概念图的形式把某个章节或主题单元以知识的内在联系构建知识体系,其目的是避免学科学习出现"只见树木,不见森林"的问题。既然我们大多有建构知识系统的经验,那么何必先建构一个问题系统呢? 因为构建知识系统是学习的结果之一,而构建问题系统则是学习过程的系统呈现。

2. 建构问题系统的意义

问题系统是指在一个整体中具有内在关系的诸多问题所构成的问题集合。问题系统具有整体性、层次性和从属性,其表现形态有问题集、问题链或问题网等。[①]

组成问题系统,依据的不仅仅是知识的内在联系,还有学生的认知规律。在问题化学习中,学生自主提出的问题中蕴含着学生想知道的学科知识,而学生自主建构的问题系统中则蕴含着学生自我设计的认知逻辑和实践逻辑。

所以,问题系统不仅仅是对知识系统的支持,更是对形成学科概念路径的规划,也蕴含着对科学思维的锻炼。

五、合作解决问题

集体学习离不开对话和交流。如果对话和交流有明确的组织形式和组织策略,就

---

① 王天蓉. 问题化学习的原理与方式——问题化学习之二[J]. 现代教学,2019(19):27—28.

形成了合作。而一般学习中,对话和交流都有明确的目的,也就是解决问题。合作解决问题是问题化学习的重要过程。

1. 合作的价值

合作解决问题的本质是合作学习。问题化学习的课堂离不开对话、交流与互学,因此合作是问题化学习的重要途径。合作解决问题并不仅仅指向解决问题,还包括了发现问题、澄清问题和聚焦问题的合作。

合作对于提问和解决问题来说,首先为学生提供了良好的学习心理环境,使性格趋于内向的学生能借助非正式的交流表达自己的想法,为个性要强、性格独立的学生提供学会倾听和谦让的机会。其次是有益于问题内容的澄清、问题价值的判断以及问题视角的拓展。"众人拾柴火焰高""三个臭皮匠顶个诸葛亮",这些中国古代谚语无一不在告诉我们集体智慧的重要性。此外,合作解决问题还意味着学习成果的集体展示和分享,从"小组小合作"向"班级大合作"的信息增值和知识增值,这是共建共享理念在学习中的渗透。

2. 生物学课堂中的合作解决问题

新课程标准在基本理念中指出:"通过探究性活动或完成工程学任务,加深对生物学概念的理解,提升应用知识的能力,培养创新精神,进而能用科学的观点、知识、思路和方法,探讨或解决现实生活中的某些问题。"现实生活中的问题,多为开放性的劣构问题,更需要用团队的集体智慧,来共同探索生物学现象,优化解决方案或创造多种解决方案。

解决复杂问题和劣构问题是"合作"这一方式在具体单元或课时中的结果,而形成学习共同体则是"合作"在长期的问题化学习中建构的课堂生态。在生物学教学中运用问题化学习,我们既要关注如何在合作中实现短期目标,更要关注"学生—学科—教师"这一学习共同体所形成的课堂自组织生态。在学生与学科知识的互动中,实现新知识的不断内化;在学生与学生、学生与教师的互动中,实现个体间不同观点、认识的碰撞与融合;在学生与自我的互动中,实现对问题解决方式和合作学习技能的反思与自我矫正。

第四节
问题化学习的五力模型

一、认识学习的关键能力

"关键能力"指的是与学生的专业技能不直接产生联系,但是对个体的终身发展起到关键作用的知识、能力和技能。[1] 关键能力是学习者处于复杂多变的真实情境时,表现出来的问题解决能力和应变能力,是学习者胜任高阶学习任务的必备条件。关键能力不仅仅是为现在的学习做准备,也是为未来的终身学习埋下伏笔,是学习者在离开学校、离开课堂后仍能终身受益的能力。

我国教育部考试中心在2019年发布了"一核四层四翼"为核心的中国高考评价体系,该体系的"四层"是指"核心价值、学科素养、关键能力、必备知识"。

基于学科素养导向,承接学科素养要求,结合学生认知发展实际,高考评价体系确立了符合考试评价规律的三个方面的关键能力群:第一方面是以认识世界为核心的知识获取能力群;第二方面是以解决实际问题为核心的实践操作能力群;第三方面是涵盖了各种关键思维能力的思维认知能力群。[2]

高考评价体系中的三大关键能力群无疑将会对我们的教学产生深刻的指导意义。在致力于教、学、评一致性的当下,高中学生的关键能力既需要从落实学科素养的角度进行观测,还需要从学习的角度进行细化分解和解释。

二、认识问题化学习五力模型

围绕学习中问题的提出、深入、解决及反思,问题化学习构建了问题化学习五力模

---

[1] 徐朔. 论关键能力和行动导向教学——概念发展、理论基础与教学原则[J]. 职业技术教育,2006,27(28):11—14.

[2] 教育部考试中心. 中国高考评价体系[M]. 北京:人民教育出版社,2019:23.

型,我们将从问题化学习力的角度认识学习的关键能力。

问题化学习的关键能力包括了问题的发现力、问题的建构力、问题的解决力、问题的反思力与问题化学习的设计力五个方面。[①]

1. 问题的发现力

问题的发现力是关于学习者发现问题的能力,是学生发生主动学习行为的开端。

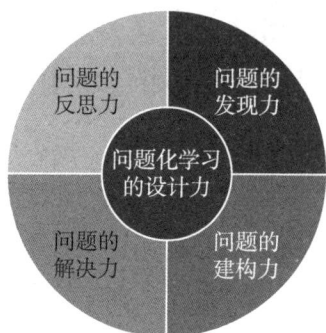

图 1-3　问题化学习五力模型图

问题的发现力包括三个方面。首先是提问的态度和情感维度,即是否"敢"问。第二个是问题的质量,包括问题对于学习的价值,问题间的逻辑关系。第三是关于问题的交流,即面向他人进行问题表达和审视自己是否能倾听、理解别人的问题。问题的发现力虽然与学习者自身的兴趣、好奇心、性格等内在因素有关,但更大程度上体现了学科教学中问题情境的导向和学生问题意识的增强。

2. 问题的建构力

问题的建构力是关于学习者理解和组织问题的能力,是学生持续学习和深入学习的能力体现。

问题的建构力首先需要学习者结合问题间的关系和学科学习的关键内容判断核心问题,再围绕核心问题梳理各子问题间的逻辑关系,建构出问题系统。同时,能将学习过程中不断追问产生的新问题融入原有的问题系统中,最终完善问题系统。

3. 问题的解决力

问题的解决力是学科学习方法与追问、合作学习等问题化学习方法相互融通的能力,是问题化学习的阶段性结果。

问题的解决力包括了学习者能对问题作出预测或假设,寻找问题解决的方法与路径,对问题进行持续地追问与深究,对问题解决形成结论或成果,学会交流与汇报学习成果。问题的解决力一般是学科化的,即不同的学科在问题化学习共同途径的基础上,能结合学科思想、学科观念、学科思维方法形成的特定途径的问题解决能力。

---

① 王天蓉,徐谊.问题化学习[M].北京:教育科学出版社,2023:235.

4. 问题的反思力

问题的反思力是批判性地认识问题及问题解决的能力,是问题化学习的新的起点。

问题的反思力是指在问题化学习中反思学习过程总结学习方法,反思结果研究未来。反思常常出现在学习的收尾阶段,学生往往看重问题的解决而忽视反思。

5. 问题化学习的设计力

问题化学习的设计力是优化学习生态、实现学习自组织的能力,是问题化学习力的核心能力。

问题化学习的设计力包括设计学习任务、制定学习步骤、调控学习过程。作为学习的高阶能力,问题化学习的设计力将有利于学生适应社会发展,培养终身学习的能力。

本章小结

◎ 问题化学习是广义的问题解决,最显著的特征是通过系列的问题来引发持续性学习行为的活动,它要求学习活动以学习者对问题的自主发现与提出为开端,用有层次、结构化、可扩展、可持续的问题系统贯穿学习过程和整合各种知识,通过系列问题的解决,实现知识的整体建构、学习的有效迁移与能力的逐步形成。

◎ "三位一体"是问题化学习的首要原理。"三位一体"是指以学科问题为基础、以学生问题为起点、以教师问题为引导,三位一体聚焦核心问题。

◎ 问题化学习提倡在学习过程中学生能自主提出问题,"三位一体"聚焦核心问题,通过追问持续探索问题,形成问题系统,经历合作学习解决问题。

◎ 问题化学习的五力模型包括:问题的发现力、问题的建构力、问题的解决力、问题的反思力及问题化学习的设计力。

第二章

境脉中的问题化学习课堂
——涵育核心素养

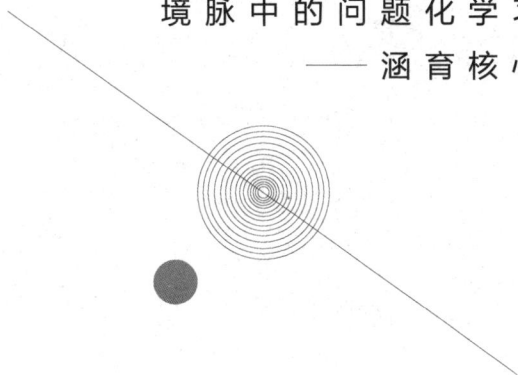

堂前燕问

◎ 什么是学习境脉?

◎ 什么是境脉课堂?

◎ 基于问题化学习的境脉课堂如何涵育学科核心素养?

本章图示导读

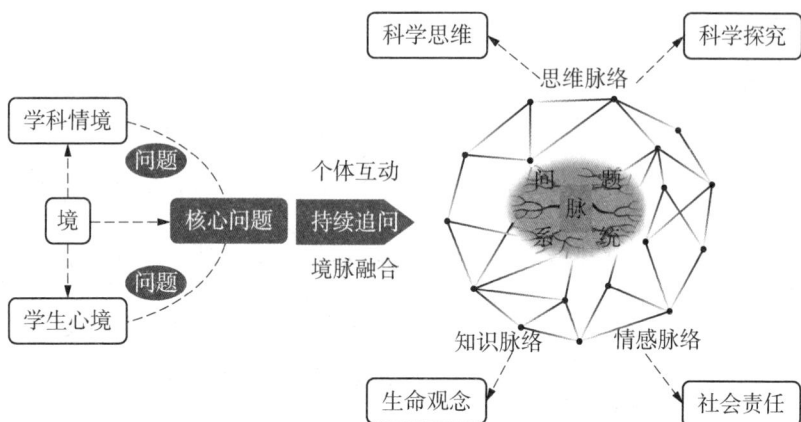

第一节
国内外学习境脉的研究历程

一、国外学习境脉研究的发展概况

"境脉"一词源于英文"context""contextual",解释为"事件发生的背景、环境""上下文;语境",进一步引申为"背景、环境、来龙去脉"。境脉研究早期多见于移动计算机、语言编程等应用领域,后来向网络学习、整合技术的学科教学知识(TPACK)、学习科学等领域发展。

1. 学习境脉的释义发展

境脉主义认为,任何事物都可以解释为一种与其当前和历史的境脉不可分割的、正在进行的行为。在教学中,学习是一个复杂多变的动态过程,是无法用线性的标准进行预测的行为,不能忽视环境和经验在学习者行动或变化中的重要作用。[①] 因此,境脉的释义一般围绕着"有哪些具体的境脉"展开。

在计算机应用方面,戴伊(Dey)等人将"境脉"解释为"包含用户及与这个用户相关应用本身在内的,可以用来确定当前主体比如人、地点、物质等的所在周围环境的信息"。[②] 这一概念被应用和发展到信息化教学的浪潮中去。

2005 年,美国密歇根大学的克里尔(Koehler)和米什拉(Mishra)提出了整合技术的学科教学知识(TPACK 理论),该理论认为,"境脉"是构建 TPACK 框架的重要因素,境脉是"学科内容、教学法和技术"三个知识要素之间相互融合的新知识形式。[③] 随后,在《整合技

---

① [美]J. Michael Spector, M. David Merrill, Jeroen van Merrienboer,等. 教育传播与技术研究手册[M]. 任友群,焦建利,刘美凤,等,译. 上海:华东师范大学出版社,2011:39,66.

② Dey K A, Abowd D G, Salber D. A Conceptual Framework and a Toolkit for Supporting the Rapid Prototyping of Context-Aware Applications [J]. Human-Computer Interaction, 2001, 16(2 - 4):97 - 166.

③ 何克抗. TPACK——美国"信息技术与课程整合"途径与方法研究的新发展(下)[J]. 电化教育研究, 2012,33(06):47—56.

术的学科教学知识:教育者手册》一书中,凯利(Kelly)博士提出:"TPACK境脉因子是指学生和教师组成的一个具体班级中,由包括课堂的物理环境(软硬件基础设施)、学生的家庭背景、认知特点、心理素质和班级的精神面貌等诸多因素结合在一起的协同作用。"①

2. 学习科学对学习境脉的研究

学科教学对"境脉"的研究源自学习科学的兴起。

认知科学的困境在于认知科学文献中有太多来自"纯净"研究的报告,而缺少那些"琐碎拉杂"但却包含了真实境脉的视角进行的研究②,这导致了学习科学的崛起。正如达菲(T. Duffy)所言,学习科学是认知科学的一部分,重点关注真实世界的境脉中的思维。每个学习者都会在生命进程中发展出独一无二的知识序列和认知资源,它们由学习者的文化、社会、认知及生物等境脉的相互作用所塑造③,因此倡导教师到家庭、学校、社区等各种真实境脉中去研究学习。

2018年的第13届学习科学国际大会提出了"不同境脉下的学习研究"这一热点研究,并将"始终关注真实境脉特别是教育创新进程中的学习"作为当前国际学习科学研究的趋势。④ 2018年,美国国家科学、工程与医学院推出《人是如何学习的Ⅱ:学习者、境脉与文化》一书。该书概括了近20年来学习科学研究呈现四大趋势:重视文化境脉对学习的重要影响;强调学习持续发展并贯穿一生;重视学习过程和机制研究尤其是学习者的主动学习机制;重视技术对各种社会文化境脉下学习的支持。⑤

二、国内教学中学习境脉研究的热点分析

随着我国基础教育改革中对学习方式变革的关注,"境脉"一词逐渐走进了中小学

---

① [美]全美教师教育学院协会创新与技术委员会.整合技术的学科教学知识:教育者手册[M].任友群,詹艺,译.北京:教育科学出版社,2011:16.

② 赵健,郑太年,任友群,等.学习科学研究之发展综述[J].开放教育研究,2007(02):15—20.

③ [美]科拉·巴格利·马雷特,等.人是如何学习的Ⅱ:学习者、境脉与文化[M].裴新宁,王美,郑太年,译.上海:华东师范大学出版社,2021:3.

④ 王美,廖媛,黄璐,等.数字时代重思学习:赋予学习科学重要使命——第13届学习科学国际大会综述[J].开放教育研究,2018,24(05):108—120.

⑤ 王美,郑太年,裴新宁,等.重新认识学习:学习者、境脉与文化——从《人是如何学习的Ⅱ》看学习科学研究新进展[J].开放教育研究,2019,25(06):46—57.

教学研究的视野,本书关注的重点是学科教学中对学习境脉(简称"境脉")的理解和应用。我们以 CNKI 数据库为文献来源,以"境脉"为主题,选择"中等教育""初等教育"为文献分类范围,设置文献起止时间为 2014 年到 2023 年 11 月检索期刊类论文。通过上述条件筛选并检索到期刊类文献 202 篇。在逐篇查阅文献的来源、摘要、关键词等信息进行人工筛选后,去除理论研究、综合实践活动研究、德育研究、教师教育研究等类型的文献共 52 篇,最终得到中小学学科实践类的有效文献 150 篇。

研究基于 CNKI 数据库和 Citespace 软件,采用文献计量法和科学知识图谱可视化呈现的方法,对 150 篇有效文献进行处理和分析,统计年度发文量变化、作者合作网络、机构合作网络、关键词等信息。由于 2014 年、2015 年没有符合检索条件的文献,因此研究中各类可视化图像呈现的时间数据为 2016 年至 2023 年。本研究基于国内中小学学科教学中有关学习境脉的 150 篇文献,认识当前学习境脉的研究概况。150 篇有效文献的发文量趋势如图 2-1 所示,2016 年至 2018 年,中小学教学实践中关于境脉的研究处于尚萌芽状态,发文量极少;2019 年成为境脉研究的数量拐点,发文量增速明显上升。总体来看,各类核心期刊上有关境脉研究的教学实践类论文有 22 篇,占本研究中总发文量的 14.7%。查阅相关背景可知,2018 年学习科学的著作《人是如何学习的Ⅱ:学习者、境脉与文化》在美国出版,"境脉"概念逐步在国内教学研究领域受到关注;2021 年,裴新宁、王美、郑太年将该书译成中文版后,进一步扩大了国内教育学界对学习境脉的研究。

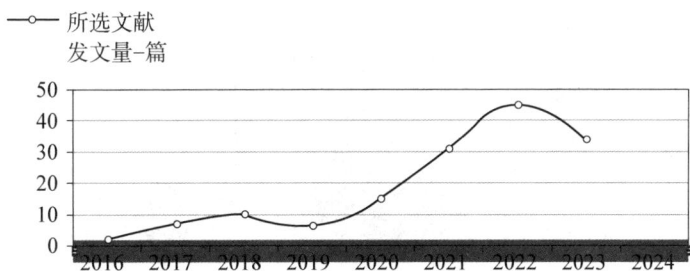

图 2-1　有效文献的发文趋势图

关键词是对文献主旨和中心内容的高度概括,能反映研究的实质意义和研究热点。本研究首先通过 Citespace 形成关键词共现图谱(图 2-2),再对关键词进行聚类分析,从而获得近十年内"境脉"概念在国内中小学学科教学中实践研究的 8 个有意义的聚类(图 2 - 3),具体包括:"境脉""境脉学习""课堂教学""核心素养""单元教学""境脉课堂""教学设计""深度学习"等。

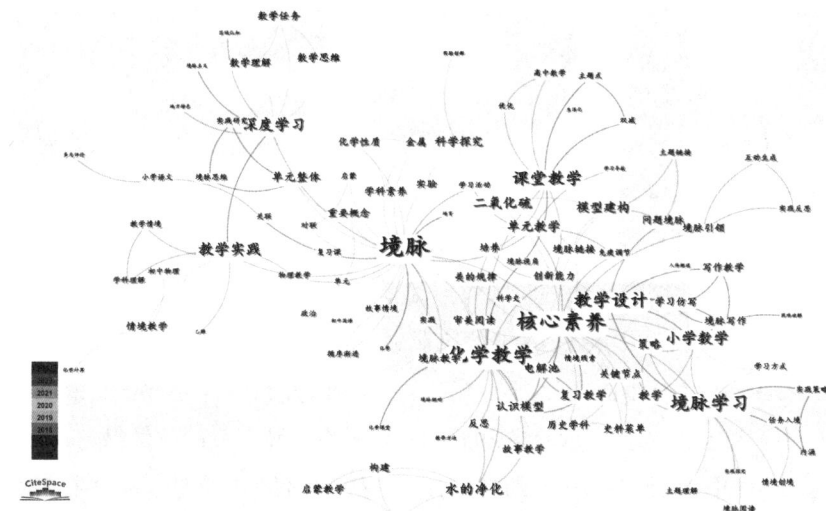

图 2 - 2　关键词共现图谱

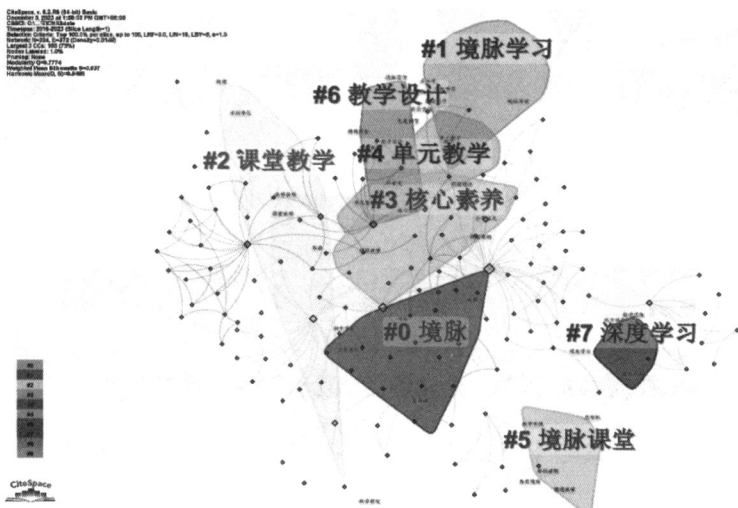

图 2 - 3　聚类图

1. 研究境脉及境脉学习的内涵

150篇文献研究的第一热点是对境脉内涵的理解。聚类"♯0境脉"和聚类"♯1境脉学习"分别反映了研究者基于教学实践对境脉概念的理解以及如何在境脉中学习的认识。

聚类"♯0境脉"是本研究的最大聚类。作为每一个实践研究的起点,该聚类聚焦的是对"境脉"概念的教学理解。目前主要有两种观点,观点①:分解"境脉"的字面含义为情境和脉络。如周初霞等人认为,境脉中的"境"即创设真实情境,"脉"即设置情境教学主线与脉络。① 观点②:认为"境脉"包含了学习发生时学习者的记忆、经验、动机和情感等内部世界,以及学习环境、学习内容等外部世界。如李秋石、杨志远将生物学学习的境脉分为文化境脉、社会境脉及学科本体知识境脉。②

聚类"♯1境脉学习"聚焦了研究者对如何在具体境脉中学习的理解。依据观点①,研究者主要通过"境"的动态发展形成学习脉络,如李科霞将古诗词教学分为四个板块:巧抓切口来导入,合理"造境";紧扣诗眼感诗意,初读"启境";搭建脉络品诗心,逐层"入境";链接生活抒诗情,迁移"出境"。③ 依据观点②,研究者认为境脉实施的重点是学习内容、学习外部条件和学习者内在经验、情感等的有机融合,如张平阐述小学数学的境脉学习时,提出关注数学知识的境脉,追溯知识的本源,把握知识体系中的核心概念;关注学习者的数学现实的境脉,以已有知识结构和经验为基础,建立与数学知识间非人为的、实质性的联系,依循数学知识发生发展的历程,实现"再创造"。④

2. 研究境脉学习的实践意义

聚类"♯3核心素养"和聚类"♯7深度学习"说明了境脉学习的实践意义指向了学生核心素养的发展和深度学习的开展,这反映了当前一线教师对国家课程改革在具体实施层面上的意义理解和具体作为。

聚类"♯3核心素养"聚焦了通过境脉学习的设计落实学科核心素养的实践案例,

---

① 周初霞,王红梅,李艳华.聚焦生物学重要概念的单元境脉架构[J].中学生物教学,2021(07):15—18.
② 李秋石,杨志远.境脉视角下《义务教育生物学课程标准(2022年版)》中"情境素材建议"的思考[J].课程·教材·教法,2023,43(03):140—145.
③ 李科霞."境脉学习"视域下古诗词教学策略的探索——以统编版语文五年级上册《山居秋暝》的教学为例[J].小学教学研究,2023(19):53—54,61.
④ 张平.境脉:素养导向下的数学教学视角[J].上海教育科研,2018(10):87—92.

这类研究倾向于将核心素养的培养脉络化,以此实现与其他学习要素的有机融合。如梅国红、何雪梅以地理复习课"桥"为例,以"为何修→在哪修→如何修"为"思路脉络",将"情境脉络""知识脉络"和"素养脉络"融会贯通,让学生在"境脉"中掌握知识、提升技能、落实核心素养。[①] 房金宝、凌一洲认为,"境脉"式教学突出情境脉络的预设,并把情境脉络与活动脉络、知识脉络、素养脉络四者有机结合,指向化学核心素养的培育,是核心素养目标在实践层面的呼应。[②]

聚类"♯7 深度学习"聚焦了境脉研究在深度学习中的应用。该聚类下的研究普遍认为,深度学习往往是在具体境脉中产生的,[③]境脉学习指在特定的历史、现实和未来的变化时空中认知事物的文化实践,是一种深度学习的价值观。[④] 如蔡永梅在《植物的果实》教学中,提出有意识地构建有主题、有逻辑、有连续性的脉络,那么学生就会在境脉中实现多元性和整体性学习,从而完成发展性学习进阶,成为智慧行动的实践者。[⑤] 叶志娟提出通过建构学生自我认知脉络、创设结构化的情境脉络、解构学习议题活动脉络、培育知识能力素养脉络等路径,有效建构指向学生深度学习的境脉式思政课堂。[⑥]

3. 研究境脉设计的方法策略

境脉设计的实施策略主要集中在"如何学"和"如何教"上,尽管二者在实际教学中相辅相成,但研究者研究和论述的侧重点不同,使关键词的热点分析形成了"♯5 境脉课堂"和"♯6 教学设计"两个聚类。

聚类"♯5 境脉课堂"聚焦了学习科学影响下教师对课堂教学模式的创新。该聚类下的境脉设计一般从学习发生的机制出发,关注学生既有经验、情感体验等,形成关于"学习活动"或"学习任务"的策略。如邓蓓等人在地理学科中提出"一核二界三境四

① 梅国红,何雪梅.指向地理学科核心素养的"境脉"式教学——以复习课"桥"为例[J].地理教学,2022 (04):21—22,8.

② 房金宝,凌一洲.指向化学核心素养的"境脉"式教学——以"铁及其化合物"为例[J].中国教师,2019 (03):56—58.

③ 钟启泉.深度学习:课堂转型的标识[J].全球教育展望,2021,50(01):14—33.

④ 杨明媚.境脉主义:小学数学思想方法深度学习的新视角——以"认识一个整体的几分之一"学习为例[J].数学之友,2023,37(04):53—54,57.

⑤ 蔡永梅.基于境脉理念教学《植物的果实》[J].湖北教育(科学课),2023(09):50—53.

⑥ 叶志娟.指向深度学习的境脉式思政课堂[J].思想政治课教学,2023(03):36—39.

脉五步"的教学模式,以"心境、学境、知境"三境为教学基点,将"素养、情境、知识、活动"四脉作为显性动力把课程内容整合成可操作的紧密学习链条,通过五步项目式教学活动建立起理论联系现实的路径,促进学生内外世界贯通,以达到学习者真正内化知识与能力的教学目的,促进地理学科核心素养培育的真实落地。①

聚类"♯6教学设计"聚焦了研究者基于学习境脉的教学设计的认识和实践。与聚类"♯5境脉课堂"不同的是,这一聚类下的研究视角和措辞比较重视"教"的论述,出现了"教学境脉""教学脉络"等关键词。例如,徐敏(2020)认为化学教学中,"境"即主题情境,"脉"即教,"境脉"即创设一个主题情境作为教学脉络并贯穿首尾、前后呼应。② 吴举宏(2023)认为,教学境脉旨在建立促进学生学习的知识境脉和认知境脉的课堂教学支持系统,它一方面强调教学的系统性和结构化,另一方面强调学习过程中的对话与交互的情境作用。教学境脉是知识境脉和认知境脉在激动人心情境中的拥抱,教学设计时教师需要研究的重大课题之一就是如何调动情感的伟大力量。③

4. 研究境脉设计的应用方向

在已有的实践研究中,绝大多数研究阐述了以课时为教学单位的境脉设计,也有部分研究者基于境脉特征的认识,认为境脉设计有助于单元教学的实施。

聚类"♯2课堂教学"反映了学习境脉在其他教学研究主题中的应用,这类研究的共同点是将"境脉"作为教学设计的一项要素,用以支持某一教学策略的形成。如李宏亮在研究课堂教学"生活化"的实践异化与重构时,认为走向生活化的政治课教学不仅要呈现生活、研习生活,更要引领生活、建构生活,使学生的日常生活与课堂生活融为一体,呈现出高延展度的生活境脉,课堂学习也主要表现为指向学生从环境中获取内部世界意义发生与发展的境脉学习。④

聚类"♯4单元教学"聚焦了境脉的整体性、系统性、发展性等特征在单元教学设计中的作用。如周初霞等人在聚焦生物学重要概念的单元整体教学研究与实践中,基

① 邓蓓,张宝歌,高梅香.境脉学习理论视域下初中地理跨学科教学探究——以"西溪湿地:探索人与自然和谐密码"为例[J].地理教学.2022(16):33—36.
② 徐敏.以"境脉"驱动化学课堂——《金属的冶炼与利用》复习课教学设计与反思[J].教育研究与评论(中学教育教学),2020(03):84—88.
③ 吴举宏.基于境脉学习的生物学教学设计[J].生物学教学,2023,48(05):8—11.
④ 李宏亮.课堂教学"生活化"的实践异化与重构[J].思想政治课教学,2020(11):14—17.

于真实的整合性情境创设单元境脉，提出单元核心问题或任务；从单元情境与核心问题或任务衍生出系统化、结构化、进阶性、连续性的课时情境与具体问题或任务；形成了"递进式"任务解决型、"并联式"问题分析型和"支架式"问题探究型三种单元境脉架构的具体路径。①

三、国内教学中学习境脉研究的展望

结合 Citespace 关键词时间线图谱所呈现的信息（图 2‑4），分析境脉在我国中小学学科教学中实践研究的现状和趋势，探索今后研究中值得关注的方向。

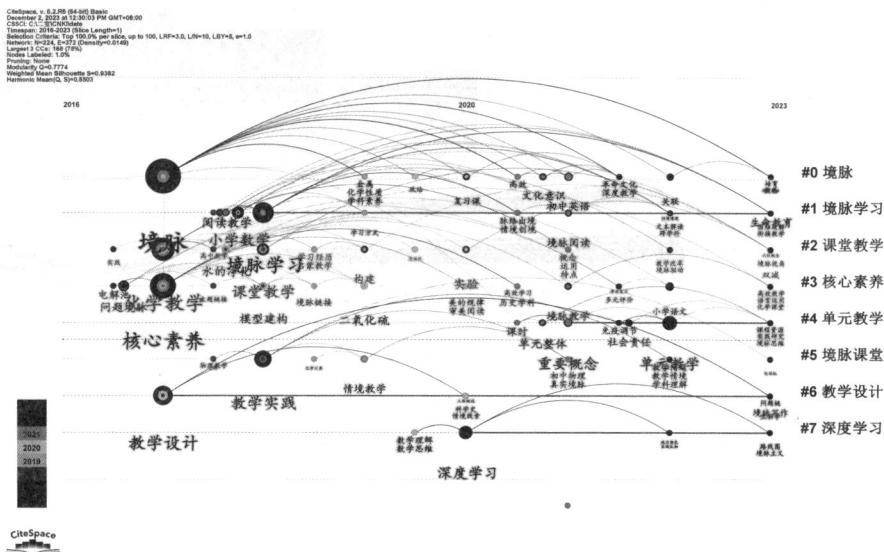

图 2‑4　关键词时间线图谱

1. 深入理解境脉内涵，关注境脉学习的全要素

图 2‑4 中，聚类"♯0 境脉"和聚类"♯1 境脉学习"几乎贯穿了整个时间线，且节点大、连线密集，说明这两者的出现频次高、中介中心性强，可见研究者很重视境脉内

---

① 周初霞，王红梅，李艳华.生物学单元整体教学中境脉架构模式的实践探索[J].生物学教学，2021，46（07）：29‑31.

涵的研究。从引证文献追溯境脉内涵的认识来源,黎加厚在《中国现代教育装备》上的论文"创感时代的境脉思维"作为被引证文献出现了 27 次,作为被二级引证的文献出现了 80 次。CNKI 显示,该文的"研究去脉"主要有"核心素养""教学设计""教学实践""教学策略"等,可见它对教学实践中境脉内涵的研究有重要的参考价值。但是,相当一部分研究没有重视该文献中"从学习环境设计来考虑教学"的理论基础以及"人—技术—社会"等三重境脉的主要观点,只是引用了文献中的一段转述:"将'情境'与'脉络'合并成为一个新的词汇'境脉',即整体把握事物全部情的意思。"①境脉的内涵因此在部分研究中被简化为情境和脉络,对境脉学习的研究也出现了类似情境教学的理解——重点研究发展性情境与知识建构的关系。

当然,也有部分研究者根据学习科学的主张——学习发生在经验、社会关系和认知机会组成的境脉中②,认为"境脉"是自然的境域,是生命的脉络,兼具时间和空间的延展性,为学习、认知和成长提供了普适、泛在的交互性。③ 如对于单元境脉,要考虑单元情境应符合整体教学需要、学习脉络应遵循学生认知逻辑、学习场域应满足学科实践需求、情感体验应体现育人价值等。④ 简而言之,境脉及境脉学习的内涵研究,需要进一步明确情境与境脉的联系和区别,基于情境而超越情境,关注学习者的内部世界和学习的外部世界等学习全要素。

2. 深化境脉研究意义,促进学科学习与社会联结

"♯3 核心素养"和"♯7 深度学习"的聚类反映了当前教学中境脉研究的意义追求——于学生是在真实情境、真实问题解决中落实学科核心素养,于教师是以条理分明、进阶式的学习脉络研究深度学习的发生机制。图 2-4 中两个聚类的节点大小,以及在研究时间上的先后顺序和延续时间表明,中小学教学中境脉研究的轨迹与《普通高中课程方案和语文等学科课程标准(2017 年版)》《义务教育课程方案和课程标准(2022 年版)》的发布,以及"以核心素养为导向"课程宗旨的提出密切相关。对图 2-4

---

① 黎加厚. 创感时代的境脉思维[J]. 中国现代教育装备,2009(10):3—4.
② [美]科拉・巴格利・马雷特,等. 人是如何学习的 Ⅱ:学习者、境脉与文化[M]. 裴新宁,王美,郑太年,译. 上海:华东师范大学出版社,2021:29.
③ 邢晔. 境脉、社会与适应性存在——教育情境的三种路向[J]. 教育研究与评论,2020(01):29—35.
④ 张燕. 高中生物单元学习活动中的境脉设计及实践研究[J]. 上海课程教学研究,2022(01):45—49.

"♯3核心素养"进行文献追溯和阅读发现,学科教学中的境脉设计基本都指向了学科核心素养的具体内容,如构建生物学概念以形成生命观念、培养化学学科的科学探究能力、提高地理学科的综合思维及地理实践力等。这表明境脉学习对各学科核心素养的培养具有普适意义。

仍需注意的是,学习者的真实境脉具有社会属性和文化属性。我们必须思考:人工智能、数字化浪潮等社会现实发展对当下学科学习的影响是什么? 学生如何在学习中与这些现实境脉发生交互,通过境脉学习来适应社会变革? 也就是说,境脉学习的另一个重要意义在于检验学习中所形成的核心素养能否有效支持学生在社会中的生存与发展,而目前此类研究尚无突出的实践案例呈现。正如钟启泉教授指出,培养每一个学习者超越狭小的课堂空间,以更广阔的世界和社会的"场"与"情境",亦即以社区与整个学校作为学习者学习的"舞台",建构有意义的学习——学习者潜心自己的体验与活动,从而不断有所"发现",同时不断建构"脉络化的学习课题"的能力。[①] 境脉学习的意义研究还需破除学科教学有形无形之藩篱,融入社会大环境,基于学科并超越学科,从学校学习出发追求学生适应社会、适应未来的素养和能力。

3. 辨析境脉设计取向,提倡学习方式的多样化

在关键词聚类的时间线上,"学习"和"教学"反复交替出现,因此有必要辨析境脉设计的两种取向:境脉设计更适合学的设计还是教的设计? 毋庸置疑,学的设计理念符合境脉内涵的理解——学习发生在具体的境脉中,境脉设计抽取了学习境脉中与具体教学内容有关的部分要素,用以促进学习主动、持续和深入地发生。而在教的设计中,大多数研究者同样关注了学习中的活动线、情感线等学习视角的设计,并以教的脉络顺应和服务于学的脉络。可见两种设计取向最终能达成一致:境脉研究的目的指向了当下以学为中心的课堂转型。

但是,在关于学习境脉的实践研究中,鲜少出现其他学习理论或学习方式的身影。此处产生了境脉设计的第二个辨析:境脉设计探索的一定是教与学的独立模式吗? 境脉设计是否也能支持各种学习方式的开展? 在现有文献中,多数境脉设计的步骤是"基于教材内容→选取具体情境→形成学习脉络",这种实践研究本质上追求的是适合

---

① 钟启泉.从"知识本位"转向"素养本位"——课程改革的挑战性课题[J].基础教育课程,2021(11):5—20.

教材的学习设计。但是,如果将境脉视为学习发生的"土壤",研究不同的"土壤"中学习"萌发""生长"的不同方式,那么研究步骤就转变为"基于学习境脉→整合或重构教材内容→选择适合的学习方式",这种研究追求的是教学如何适应学习者的真实境脉。学习科学认为,个体学习者有意无意地不断整合各种学习类型,以回应其遇到的各种情况和挑战。学习者整合学习机能的方式受到其所处的社会和物理环境的影响,同时这种方式也影响其未来的学习。[①] 这说明,学无定法,有意义的学习将使人获得灵活应对问题、适应环境的重要能力。因此,关于如何基于具体的学习境脉,选择、支持或融合不同的学习方式,可成为今后境脉研究的重要方向。

4. 扩展境脉研究视野,实践研究从课堂走向课程

从境脉研究在中小学教学中的应用方向来看,聚类"♯2 课堂教学"与"♯1 境脉学习"在研究中几乎是同时出现,这说明研究者最初集中于研究一堂课的境脉,并设计境脉中的教与学。随着近年来单元教学在中小学各学科的研究热度的提升,境脉研究中出现了新的聚类"♯4 单元教学",这是因为境脉的时空结构,横向关联、纵向贯通等特点[②]契合了单元教学知识结构网络化、教学情境整体化、学习任务结构化等要求。研究者由此拓宽了境脉研究的视野,如在高中生物学的"免疫调节"单元,将境脉理念引入单元整体设计,将知识形成的情境脉络、活动开展的任务脉络和概念建构的思维脉络有机结合形成统一整体。[③]

但是,无论从课时还是单元来研究学习境脉对教学的影响,研究者的研究视野始终在具体的教学内容和学科概念的范畴内。而从学习科学中对境脉的释义来看,境脉是学习发生的时空,时间是影响学习的重要变量,学习是持续发展并变化的。因此,境脉研究的视野可以超越课时教学或单元教学,关注同一学科不同学段的课程内容演进或同学段某一学科课程的系统学习。因此,实践中的境脉研究视野应基于课堂并走向课程,探索由学习境脉进行学科课程建设的路径,使境脉研究融入国家课程的区域化实施、校本化实施的研究中。

---

① [美]科拉·巴格利·马雷特,等.人是如何学习的 II:学习者、境脉与文化[M].裴新宁,王美,郑太年,译. 上海:华东师范大学出版社,2021:4.
② 成尚荣.境脉学习回答了三个关于学习的基本问题[J].江苏教育,2022(66):75—77.
③ 程国胜.基于境脉思维的"种群及其动态"单元教学设计[J].中学生物学,2022,38(02):40—42,55.

第二节
高中生物学中学习境脉的研究方向

一、基于学习境脉培育学科核心素养

随着新一轮课程改革的开展,高中生物学教学正在对如何培养学生核心素养进行深入的探索,在学习境脉中培育学科核心素养的相关研究也日益增多。

1. 基于知识脉络构建概念落实生命观念

研究者普遍认为,真实、连贯、变化的情境是设计学习境脉的必要因素,而隐藏在情境任务下的是学习的知识脉络,知识脉络指向了生物学概念的构建,从而达到了渗透生命观念的目的。

如张伟健创设"糖尿病患者的问诊过程"的学习境脉,以"递进式"任务解决为主要活动方式,引导学生运用所学知识解决糖尿病诊断及治疗过程中的实际问题,达到了"运用稳态与平衡观,阐释机体血糖稳态的维持和调节机制"的生命观念四级水平要求。[①]

2. 基于境脉问题加强科学思维和科学探究

学习境脉的研究强调学习应发生在真实的社会情境中,而真实情境容易激发真实的学习问题。不少研究者很关注境脉中的学习问题,研究境脉中的问题激发和问题解决过程,从而加强学生的科学思维和科学探究能力。

马丽以"神经调节"复习教学中的境脉设计为例,设计问题解决模型建构学习脉络。她认为,借助真实情境,提出有效问题,通过不同形式的问题解决锻炼学生的科学思维,能涵养学科核心素养,处理生活中更复杂的问题。问题解决模型包括:基于真实感受,创设境脉问题串;助力知识点理解,提出"并联式"基本问题;锻炼科学思维,设计

---

① 张伟健.指向高阶素养培养的学习境脉设计——以"血糖调节"复习为例[J].生物学教学,2024,49(02):20—23.

"递进式"组合问题;深化学习脉络,追问创新问题;完善知识储备体系,建立知识框架。①

徐建认为,在"境脉"视角下的高中生物课堂教学应该围绕"学科核心素养",设计出能突出学生主体性、激发学生学习兴趣、发展学生思维、贯彻课堂且具有空间动态生成的教学情境,并从情境中衍生出问题和任务,学生因"境"生疑,教师借"境"设"问",师生"境"交流。②

3. 基于社会境脉培育社会责任

基于生物学学科与社会、自然、科技发展的密切关系,社会境脉是很多研究者非常重视的境脉要素。从社会境脉出发的学习,最终也将学生的目光引向了对社会问题的关注。

如汪甜、吴思来在"生物多样性为人类生存提供资源与适宜的环境"一课中,以电影《可可西里》为境脉提出问题:影片中的巡山队员们为什么要保护藏羚羊? 引发学生的情感冲突。通过创设境脉,激发学生情感共鸣;因境生疑,感受社会责任,主动关爱生命;借境设问,深化社会责任,构建生态文明;生"境"交流,回归主题,培育社会责任。③

二、基于学习境脉优化课堂教学设计

很多生物学教师意识到,当今生物学研究正在对社会、经济和人类生活产生越来越大的影响,这些丰富的情境资源总能与学生的先验知识、兴趣爱好产生联系,因此有必要在课堂中引入真实的学习境脉,使学科教学更好地与社会现实发生联系,使学生通过学科学习适应社会发展。同时,生物学学习内容具有历史性、过程性、网络性等脉络特征,蕴含着科学家在认识自然现象和探索生物学规律时逐渐发展形成的独特的思维方式和探究方法。探索知识脉络与情境结合的学习方式,有利于学生理解学科本质,也有利于核心素养的培养。因此,从境脉研究的"脉络化"出发,目前的课堂教学设

① 马丽.例析境脉下的问题解决模型在高效复习中的应用[J].生物学教学,2024,49(05):12—15.
② 徐建."境脉"视角下的生物学教学实践与思考[J].中学生物学,2021,37(10):78—80.
③ 汪甜,吴思来."境脉"视角下的中学生物学教学设计[J].中学生物学,2022,38(06):29—30.

计研究中很重视基于境脉的课堂教学流程优化。

例如,姜宇在"植物细胞吸水和失水"的实验课中融合了5E教学模式,形成了教学境脉设计的流程。境脉起点:以热点问题吸引学生具身参与;境脉延续:以模拟实验诱发学生深度探究;境脉纵深:以方法应用助力学生阐释原因;境脉回应:以表现评价促进学生概念澄清;境脉升华:以迁移应用涵育学生责任意识。[1]

钱敏艳、张佳星在"探究环境因素对光合作用强度的影响"一课的设计中,通过创设群体情趣境脉,诱发问题参与;构建学习资料境脉,设计探究报告;延伸具身操作境脉,构建数学模型;精致实验多变境脉,溯源科学本质。[2] 由情境催生问题,在科学探究过程中不断延伸学习脉络,使课堂教学思路流畅,结构合理。

高祥玉、李露艳提出了从情境走向境脉的主题式教学,文章整合多年来我国在保护大熊猫及其生境方面的挑战和经验,以"保护大熊猫及其生境"这一主题为线索设计脉络化情境,引导学生在解决真实问题的过程中获取直接经验,构建相关概念,形成生态保护意识。主题式教学背景下的境脉具备整体性、连续性和动态性,其创设的关键在于以事物发展的真实路径为架构,收集、筛选、组织丰富的图文资料作为一个个情境,并用恰当的方式呈现在每个教学环节中。[3]

三、基于学习境脉构建单元教学脉络

单元教学是高中生物学学习境脉研究的热点之一。研究者的主要关注点是如何运用境脉设计落实单元教学设计中大情境下大任务的组织和大概念的脉络化学习。这是基于研究者对学习境脉的共同见解:境脉中的"境"一般指学习的外部环境或情境,"脉"包含了学习的外部世界等"情境脉络"、学生需内化的"素养脉络"、梳理学科知识的"知识脉络"、联结学习外部世界和内部世界的"任务脉络"等。

如吴依妮以"稳态与调节"模块为例,设计指向高中生物学重要概念的单元境脉架

---

① 姜宇.基于5E教学模式的高中生物学实验教学境脉设计[J].中学生物学,2023,39(11):28—30.
② 钱敏艳,张佳星.基于学习境脉的高中生物学实验教学设计[J].中学生物学,2023,39(12):49—50,54.
③ 高祥玉,李露艳.从情境走向境脉的主题式教学初探——以"生物多样性及其保护"为例[J].中学生物教学,2022(16):59—62.

构。突出了不同课时之间情境的关联性,以形成统一的单元情境;通过层层递进的主干问题,使问题导向的若干个活动之间有显性或隐性的关联,并形成多样化的评价及时进行反馈,构建各课时的次位概念,最终完成单元的重要概念建构。①

钱仁凯、程国胜在"免疫调节"的单元教学中,从整体情境贯穿、单元任务开展、重要概念建构3个维度出发,将境脉思维应用于生物学单元教学实践。单元教学基于重要概念创设单元整体情境,提出核心问题,同时依据学生的认知水平和认知规律将单元整体情境及核心问题解构、衍生,形成关联性强和进阶性高的子任务群;教学过程中基于子任务开展以学生为主体的情境活动,并提炼次位概念;最后统整次位概念提升形成重要概念,并通过解释核心问题,实现学习效果评测。②

现有的单元教学学习境脉研究对后人的研究提供了一些启示:挖掘和梳理生物学学习中的情境资源,关注和分析情境的时序性、动态性和复杂性,如科学史发生发展的历史情境,有利于学生从情境中联系并构建学科学习的脉络,加强元认知能力;生物学的发展历史及生物学思想的发展是伴随着物理、化学等学科的发展协同进步的,因此学科教学也就带有了跨学科思想、方法和知识的属性,真实的情境问题往往不是单学科学习能够完全解决的。跨学科梳理学习脉络,用以解决真实、复杂情境下的生物学问题,满足学生的成长需要,也是生物学中境脉学习可探索的方向。

---

① 吴依妮.指向高中生物学重要概念的单元境脉架构——以"稳态与调节"模块重要概念为例[J].中学生物学,2023,39(12):7—11.
② 钱仁凯,程国胜.境脉引领下的"免疫调节"单元整体教学设计[J].中学生物学,2022,38(06):14—17.

第三节
基于问题化学习的境脉课堂

一、联结"境"与"脉"的问题化学习

1. 生物学境脉课堂的构成要素

学习境脉是学习发生的时空,境脉课堂是关于学习的设计。对于生物学学习而言,境脉课堂的设计需要根据生物学学习的内容,提取当前学习境脉中与之相关的、能促进学习发生的要素(图 2 - 5),通过学习者与这些要素的互动,整合成特定的学习脉络。

在境脉课堂的设计中,"境"包含了学习的外部世界——学科学习的真实情境,以及学习者的内部世界——学习者的"心境"。

情境的发生包含了事件、时序和空间因素。事件是指与学科学习相关的真实事件,如疫苗接种、人工智能下的温室种植等;时序是指情境中事件的发展过程、动态变化;空间是指情境相关的学习场域如教室、实验室、家庭、市场、田间、现代农场等。

图 2 - 5　境脉课堂与学习境脉的关系

心境原指个体持续的内在情绪状态,在这里指学习者的内部世界。境脉课堂的设计中,主要关注了以下三个方面的学习者心境:

一是学习者的文化认同及由此产生的信念观点。文化认同的本质是对所在群体的认同,对于境脉课堂来说,对班级群体的认同是开展合作学习的基础,而地域性的文化认同常常决定了情境中提问的方向和学习活动对学习者的意义。例如我国某些传统的饮食文化是否能在生物学学习中得到科学的解释和论证,这会是饮食文化的认同

者在学习中非常关心且愿意努力探究的问题。

二是学习者从个人经验出发,对特定学习内容已有的认知、态度以及评价等,具体反映为对学习的外部世界中特定情境事件的态度,如对疾病预防等健康问题的关注,对转基因食品的疑虑等。这一方面的心境是境脉课堂中学生问题产生的主要来源。

三是学习者受当时课堂学习环境的影响,对生物学学习的态度、兴趣和倾向。例如,课堂的学习气氛沉闷,周围的同伴都沉默不语,此时学习者提问和交流的兴趣就会相对较低,反之,如果教师创设了一个"动人"的情境,同伴提出了一个"激动人心"的问题,学习者受到氛围的感染,表现为情绪高昂、精力集中,在学习中容易产生愉悦的情感体验。

"脉"包括了知识脉络、思维脉络和情感脉络。

知识脉络:在伴随情境发展的学习中,逐步构建学科知识体系,形成生物学概念,渗透生命观念。

思维脉络:基于情境问题的提出和解决,形成循序的学习任务,实现科学思维、科学探究能力的进阶发展。

情感脉络:情境中的文化认同或信念感召;在系列情境问题及问题解决过程中经历的情感变化;对生物学相关社会问题的态度转变。

境脉具有稳定性。学习者成长背景中的文化意识和习俗是稳定存在的,这是境脉课堂中形成认同或冲突的问题来源。比如在学习细胞的分子组成时,以网络传言某知名医生认为"早上喝粥不好"为单元情境引入,探索细胞所含有的各类物质及作用。中国人习惯早晨喝粥,认为这是养身的饮食习惯,难道这种习俗传承是错的吗?这很容易引起很多学习者共同的疑问,其本质就是稳定的饮食文化观念与科学观点不一致引发的境脉冲突。

境脉具有实时性。教学过程中可能发生一些对大多数人产生影响的社会大事件,这些事件如果与学习主题有关,就很容易促进学习者产生学习动机。例如2021年学习内环境稳态时,与之相关的社会事件是国内一次马拉松比赛中,因天气骤变引发了多名运动员患"失温症"死亡;到了2022年学习相同内容时,大多数学习者印象最深刻的事件是七月高温引发的多起"热射病"问题。同样是内环境稳态问题,教学中选择的外部境脉就会有所更改。

境脉具有局限性。学习环境作为外部境脉的要素之一,其中教室、实验室以及特定空间内的仪器和设备,一般是客观存在无法经常变更的。这意味着单元主要学习活动的场域受到了制约,不是所有理想中的学习任务都能开展。如学习生物工程时,尽管学生对生物技术有好奇心和实践操作的欲望,但是我们的学习环境多数情况下不能支持分子水平的实验操作。教学中遇到此类情况,需要我们通过模型模拟、视频展示等方式加以化解。

境脉具有拓展性。境脉包含了学习空间和时间的有序发展,因此有合理拓展的可能。当我们拓展学习者的学习空间,使他们不被教室所局限时,城市、农村、湖泊、高山等都将是学习者学习的空间。拓展的学习境脉丰富了学生的认知机会,是单元教学关注境脉分析的重要原因。

我们通过以下学生提问实录来感受境脉对问题提出的影响。

在学习"有性生殖中遗传信息通过配子遗传给子代"(新教材必修第二册内容)时,学生提出了以下问题:

什么是配子?

什么是子代?

遗传信息怎样通过配子遗传给子代?

提出问题后学生能很快判断出"遗传信息怎样通过配子遗传给子代?"是这节内容的核心问题。但是事实上,学生对"有性生殖"并不理解,那么为什么他们不提问?

我们来分析一下文化境脉对学生提问的影响。

传统的文化习俗使我们习惯于不在公开场合讨论与性知识有关的话题,处于青春期的高中学生更是如此,所以他们略过了这个问题,而这个问题恰恰是本课的驱动性问题——只有理解有性生殖中父本和母本各自向子代提供了一半的染色体,才能进入学习主题:减数分裂,也就是回答"遗传信息怎样通过配子遗传给子代?"这一核心问题。

如果教师预先体察到了本节学习中文化因素造成的特有境脉,那就不太会因为学生提不出"有性生殖"的问题而感到不满意。相反,作为学科学习的引导者,教师会直接补充"什么是有性生殖?"的问题,让学生意识到在生物学学习中,有性生殖并不是一个难以启齿的问题,而是一个科学的、值得探究的问题。这就是境脉对问题化学习的生物学课堂的影响。

2. 联结"境"与"脉"的问题化学习

任何一门学科的知识，都是对人类生产实践活动的经验总结和理论提炼，因此真实的社会情境、自然情境中蕴含着学科知识的生成逻辑。面对宽泛的、动态的、发展的各种情境，我们需要顺应教学的需要，选择出适合学习的情境内容供学生探讨，再现知识的生成过程。从备课的角度来说，教师要选择何种情境，首先应基于学科课程内容要求以及学科核心素养制定教学目标，整理课时或单元的概念体系，形成学科逻辑。在这样的基础之上，选择的情境才能贴合学生学科学习的需求。

学生的"心境"起始于个体对学科情境的前感知、前认识，是学生产生学习内在动机的基础。若面对教师创设的情境，学生心如止水没有一点自己的想法，那么后续的学习必然成为单方向输出的"满堂灌"。因此，察觉学生的"心境"是一节课的起点。学生应在情境中形成主动学习生物学的学习兴趣，在情境探索中有所收获，感受解惑释疑带来的愉悦满足。

脉络化的学习遵循的是学生学习的逻辑，是促进学习系统化发生的过程。系统化的学习促进了学生在知识技能、科学思维、情感态度方面的发展。从生物学学习的目的来看，知识脉络的形成实现了概念构建，指向生命观念的培养；思维脉络的铺展需要借助信息提取、论证、归纳、分析等科学思维方法，以探究活动为主要的学习方式，指向科学思维和科学探究的培养；情感脉络反映了学生对情境问题的态度和认识，因此越是真实的情境越能培养个体的社会责任，形成基于学科的个人立场。

许多教师之所以在情境创设后不能有效地使用情境信息、解决真实问题，使情境沦为"课引"和"噱头"，是因为不能在"境"和"脉"之间形成有效的联结。

那么，从"境"到"脉"应该如何联结呢？从教的角度来说，任何一种教学方法都要在把握学生学习某一内容的内在规律的基础上加以选择。从学的立场对教师提出要求：教师在深刻理解所教内容的基础上，对学生加工新知识的过程加以分析，对学生已拥有的知识进行系统而科学的评估，找出学生遭遇的困难并据此调整学习内容、方式及策略等。

也就是说，我们要观察、引导、鼓励、记录、研究"境"和"脉"之间的"学"的发生。顺应"学"的内在机制形成"境"和"脉"的桥梁。问题化学习则起到了联结教与学的桥梁作用。

以学生的问题为起点，开启学生的"心境"，是学生自主形成学习逻辑的开端；以学科的问题为基础，确保了学习情境中学科逻辑的存在，避免了发展性情境下学习目标不明确或出现转移等问题的发生；以教师的问题为引导，是梳理"学科之问"和"学生之问"的过程，保证了学习脉络的科学有序。从自发、自主地提出问题到聚焦核心问题，实现了情境中的主动学习。

围绕核心问题的解决，在合作与互动中发生的持续追问使问题系统化、逻辑化。问题系统是对学科情境中真实问题的梳理和探究，蕴含着学生思维发展的脉络，需要发展和运用科学思维和科学探究来构建问题系统。问题解决的结果是将问题系统转化为知识系统，知识的脉络化是概念构建、生命观念形成的基础。真实的、发展的外部情境和持续学习的进程影响着学生心境的变化，形成了学习的情感脉络，蕴含着社会责任的意识和担当。

问题化学习以主动学、持续学、深入学的问题化驱动联结了学科的"境"与"脉"，实现境脉融合，涵育学科核心素养，促进学生解决真实境脉问题，适应社会发展。

二、在境脉中涵育生物学核心素养

发展生物学核心素养，是学科育人价值的集中体现，是学生通过学科学习逐步形成的正确价值观念、必备品格和关键能力。高中生物学核心素养由生命观念、科学思维、科学探究和社会责任 4 个部分构成。

1. 形成生命观念

生命观念是生物学学科所独有的核心素养，是发展学科核心素养的关键。吴成军老师以"事实或证据—概念—生命观念的形成模式"阐述生命观念的形成。生命观念，如结构与功能观、进化与适应观、稳态与平衡观、物质与能量观等，都是在理解生物学概念的基础上形成的。[1] 概念是对生物学现象、事实和证据的认识和抽象。概念不可能孤立存在，它总是处于多个相关概念构成的大概念（生命观念）中。

---

[1] 吴成军.生物学学科核心素养的教学与评价[M].上海：华东师范大学出版社，2020：29.

从学习方法的角度出发,如何从事实或证据逐步形成生命观念呢?有效的方法是基于事实或证据形成问题驱动,构建知识脉络。

问题的发现力是学习者主动形成一般概念的起点。基于情境中的各类生物学事实或证据,才能提出自己真实的问题,并从中筛选出有价值的问题,这促使学习者主动寻求概念的形成,而非被动地接受概念。情境是多样的、复杂的、发展的,因此学习者的问题是多角度的、一系列的,这使学习者头脑中构建的概念更全面。

例如,概念的形成需要从事实或证据中抽象。但事实不能完全等同于证据,和论题直接相关的事实才能成为证据。如何从很多的生物学现象即事实中筛选出指向概念构建的证据? 真实情境的复杂性使学习者可以从种种事实中产生问题,根据议题判断和筛选出有价值的问题,这种问题的发现力对概念构建起到了从事实中遴选证据的作用。

问题的建构力,是联系诸多概念形成知识脉络的途径。学习者对核心问题的判断,以及围绕核心问题对问题系统的建构和完善,为形成结构化的知识体系打下了基础,结构化的知识才能形成概念体系,最终凝练为生命观念(图2-6)。而问题的解决力,是运用概念深刻理解生物学现象,解决实际问题的能力。

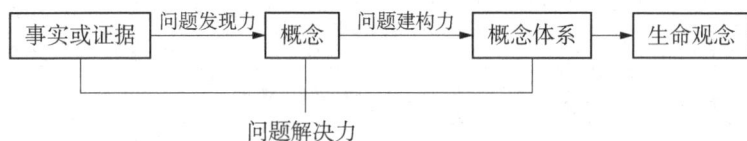

图2-6 问题发现力、问题建构力与生命观念的形成

2. 发展科学思维和科学探究

发展科学思维和科学探究离不开对问题的关注。科学思维的发生,是在具体的情境中提出相关的问题,为解决问题而经历的分析、推理、归纳、综合、抽象与概括等思维活动的过程。科学探究的本源是提出问题,探究的结果是解决了问题,提出问题从本质上看就是对生命活动规律的一种探寻设问,解决问题则是对生命活动规律的找寻和确认。[1]

---

[1] 吴成军.试论在建构概念中发展生物学学科核心素养[J].生物学教学.2021,46(09):26—28.

对接问题化学习关键能力中的问题解决力和问题反思力,将科学思维、科学探究的能力目标和情意目标细化如下。

表 2-1 问题解决力、问题反思力与发展科学思维、科学探究素养的关系

问题化学习能力		科学思维	科学探究
问题解决力	对问题作出预测或假设	尊重事实和证据 直觉 想象	观察 作出假设 乐于探究
	寻找问题解决的方法与路径	归纳与概括 演绎与推理 模型与建模 讲求逻辑分析	实验设计 方案实施 善于合作
	对问题持续追问与深究	质疑和批判 创新	方案实施 勇于提出不同观点
	对问题解决形成结论或成果	批判性思维 创造性思维	对结果的交流与讨论 勇于提出不同观点 不迷信不盲从
	学会交流与汇报学习成果	批判性思维 创造性思维	对结果的交流与讨论 对不同观点开放包容 勇于提出不同观点
问题反思力	反思过程总结方法	运用科学思维审视或论证	在探究过程中起组织和引领作用
	反思结果研究未来	运用科学思维评价或决策	

从表 2-1 可以发现,通过与问题解决力、问题反思力的二级目标的对接,落实科学思维和科学探究能力被逐步分解和细化到了学习过程中。如关于科学思维的情意目标"尊重证据"的细化落实:在对问题进行预测的时候,需要培养学生的证据意识和获取证据的能力,而寻找问题解决的方法与路径时,要培养学生评价证据和运用证据的能力。问题化学习产生了能力落实的具体路径,为如何做到"尊重证据"提供了实施示范。

3. 担当社会责任

新课程标准中指出,社会责任是指基于生物学的认识,参与个人与社会事务的讨

论,作出理性解释和判断,解决生产生活问题的担当和能力。^① 社会责任是最能体现学习者主观意志的学科核心素养,也是学科学习的最终价值。

当学习者经历问题化学习,形成知识结构(生命观念)、建立认知结构(科学思维)、建构解决问题的结构(科学探究)时,这些关键能力最终表现为学习者"心境"的脉络化发展,将学科学习的关键能力运用于社会问题的解决,服务于社会发展,形成社会责任的担当意识。可见,基于真实境脉的教学设计,关注了学生的情感变化,能促进学生与社会现实的联系,有利于社会责任的培养。

本章小结

◎ 学习境脉是学习者所处的时空,是学习生根发芽的土壤。它既包含了学习的外部因素——学习者所处的真实、发展的学习环境,也包含了学习的内部因素,如学习者的已有知识经验、学习情感、文化认同等。研究学习境脉,其意义在于找到联结这些学习外因和内因之间的通路,打破学习中学科本体及学校场域的禁锢,使学习具有适应社会的意义。

◎ 境脉课堂是基于学习境脉的教学设计。"境"包含了学习的外部世界——学科学习的真实情境,以及学习者的内部世界——学习者的"心境"。"脉"包括了知识脉络、思维脉络和情感脉络。境脉课堂的设计更关注学习者对新信息、新知识、新意义和新处境的理解,关注学习怎样成为主体的需要和主动的行为。

◎ 问题化学习以主动学、持续学、深入学的问题化驱动,联结学科的"境"与"脉",实现境脉融合,促进学生解决真实境脉问题,适应社会发展。问题系统是对学科情境中真实问题的梳理和探究,蕴含着学生思维发展的脉络,需要发展和运用科学思维和科学探究来构建问题系统。问题解决的结果是将问题系统转化为知识系统,知识的脉络化是概念构建、生命观念形成的基础。真实的、发展的外部情境和持续学习的进程影响着学生心境的变化,形成了学习的情感脉络,蕴含着社会责任的意识和担当。

---

① 中华人民共和国教育部.普通高中生物学课程标准(2017年版2020年修订)[M].北京:人民教育出版社,2020:5.

第二部分

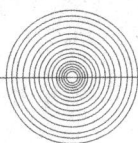

课堂行动

第三章

学会在情境中提问
—— 激发学习心境

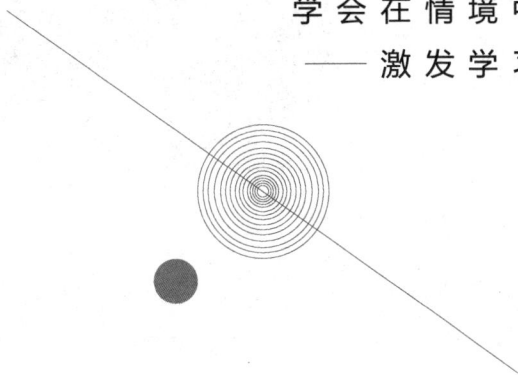

堂前燕问

◎ 哪些学科情境能帮助学生迈出提问的第一步?

◎ 学生学会提出问题对明确学习目标有什么帮助?

◎ 问题是如何促进学习的有效性的?

本章图示导读

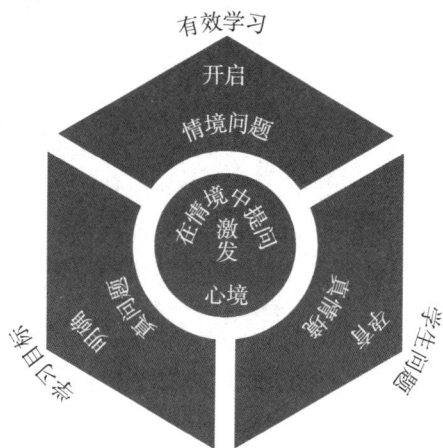

第一节
真情境中孕育学生问题

一、发现自然中的问题

课程标准中对自然与生物学有如下论述:"生物科学有着与其他自然科学相同的性质。它不仅是一个结论丰富的知识体系,也包括了人类认识自然现象和规律的一些特有的思维方式和探究过程。生物科学的发展需要许多人的共同努力和不断探索。这些是生物学课程性质的重要决定因素。"

自然界是自然科学的研究对象。某个方面的认识成果只有在结构化并形成知识体系后才能成为一门科学。因此,科学首先是关于自然界的知识体系,这种知识体系是开放的、动态的,会不断有新概念、新观点、新思想涌现,过时的观点、概念可能会得到修正甚至剔除。换句话说,科学知识只是人们在一定阶段对自然界的认识,固然具有相对稳定性,但并不意味着是终极真理,因此在科学领域里倡导合理的怀疑,"以怀疑作审视的出发点",合理的怀疑是科学进步的动力。[①]

1. 从接触到的自然中产生问题

自然是每个人无法离开的生活环境,夏日骄阳下的蝉鸣,冬日落雪中的寒鸦,熟视无睹的人不会觉得有问题,而葆有一颗"问之心"的学习者,却能从中展开寻"问"之旅。

如在学习光合作用的内容时正值秋季,校园内银杏树金灿灿,鸡爪槭色艳如红花,松柏却仍是郁郁葱葱一片常绿。这触发了学生的问题:

黄叶、红叶能和绿叶一样进行光合作用吗?

黄叶、红叶中还有没有叶绿素呢?

掉光了叶子的银杏树是如何活过一个冬天的呢?

我们来分析一下上述问题:首先问题出现得非常自然,校园里一草一树,都是在学

[①] 赵占良. 试论中学生物学的学科本质[J]. 中学生物教学,2016,(Z1):4—8.

生视野范围内的,可作为观察和研究的对象;其次,问题又非常可贵,年年岁岁都有红叶、黄叶和绿叶,何以此时就成了问题?因为学习者的目光是起源于生物学课堂,或许就在去食堂的路上,某个学生在头脑中浮现出刚才课堂的内容,就此产生了疑惑。最后,问题能反馈到教师这里又是另一层可贵之处,这是学生向"问"之心、向"学"之心的萌发!

学生的问题如果能在自然变化和季节更替中不断出现,生物学学习就有了连续不断的主题。如:"掉光了叶子的银杏树是如何活过一个冬天的呢?"这个问题不仅连接着光合作用,更延伸到了下一个学习主题——呼吸作用。由此可见,自然中蕴藏着很多生物学的知识和待探索、可引入课堂的问题。我们需要的是一双发现问题的眼睛!

2. 从阅读到的自然中产生问题

在接触自然的过程中,学生逐渐培养出了发现自然中各种生物问题的敏锐性。然而世界之大,非学习者的亲历可以穷尽。当学生有了从自然中生发问题的意识之后,作为问题之源的自然,也可以是抽象的,诉诸笔端的。动物惟妙惟肖的拟态,古木千年不朽的传奇,古今文人借景抒情……这些自然界的神奇和美丽很多时候是出现在文字中的,是否能生发学生问题呢?请读唐朝诗人白居易所作《忆江南》的如下片段:

江南好,风景旧曾谙。

日出江花红胜火,

春来江水绿如蓝。

能不忆江南?

诗人笔下的"红胜火""绿如蓝"色彩对比鲜明,一幅江南春景仿佛就在读者的眼前。而北京林业大学环境科学与工程学院教授洪喻在这首诗里,又读到了什么呢?

"第一句是白居易的诗,他里面讲到'春来江水绿如蓝'。绿到了什么程度? 还有一点蓝。……但我的工作是环境工程,我是'微藻人',我看到这样的诗句就犯职业病了。我就想,这句诗后面是什么样的现象呢? 大家可以跟着我的思路想一想,我觉得它应该是暴发水华了。"(选自 2021 年 3 月 28 日"科普中国——我是科学家"第 32 期演讲)

当学科思维浸润一个人的头脑时,凡借一点生命之美、生物之痕描绘成的文字,都能被学习者、研究者反向挖掘出学科的问题和探索的方向。水面绿如蓝,是光影的作用还是水藻繁殖过快? 科学家敏锐的问题意识给了我们很多启示,文学作品常常是描绘自然的力作,我们需要的是一个能被问题激活的学科头脑!

3. 从社会焦点中产生问题

随着环境保护意识深入人心,自然问题常常成为新闻媒体上的"头条"。社会焦点中的自然问题既通向学科学习的课堂,也通向更深层次的学科价值思考。

我们来看2021年的一则云南日报的新闻报道。

云南北移象群转场从易门迁移进入峨山

人民网玉溪6月19日电(程浩)据云南北移亚洲象安全防范工作省级指挥部消息,6月17日18时至6月18日18时,15头北移亚洲象均在监测范围内,人象平安。象群于6月17日21时48分进入玉溪市峨山县辖区,向西偏北方向迁移13.5公里,在峨山县大龙潭乡附近活动。独象离群13天,于6月17日22时7分进入安宁市辖区,位于象群正东方向,与象群直线距离24.7公里,在安宁市八街街道附近活动。①

学生在关注该新闻后,提出了很多问题:

大象原有的生活环境是怎样的? 西双版纳的生活环境对大象来说是否宜居?

大象为什么要离开家乡?

大象会影响所到之处的食物链和生态系统的稳定吗?

几乎没有大敌的大象为什么数量并不多?

野象所到之处造成的经济损失谁来承担?

怎样看待人与象的相处?

对象的步步退让是否侵害了当地居民的权益?

为什么不能用麻醉的方式把大象遣返?

显然,云南西双版纳亚洲野象"一路象北"的现象形成了一个丰富的自然类问题集。这里不仅涉及了生物与环境的问题、动物生理问题,还需要回答由此带来的社会、经济、民生等一系列跨学科问题。当教师将这些热点问题作为学习资源时,学生的问题发现力更容易被激发起来,活跃起来。因为像成年人一样参与社会事务的讨论,是

---

① 摘自《云南日报》(2021-06-19)新闻报道《象群从易门迁移进入峨山》。

学生成长中的心理需求。教师理解和欣赏的态度能为他们提供更宽广的学习视野,也能更好地发掘学生问题,促进他们对社会热点勇敢地提出自己的问题和看法!

二、发现生活中的问题

生活中的生物学问题,是最受学生关注的生物学问题。这是生物学研究对象的特殊性决定的。人民教育出版社的赵占良老师对此有这样的概括:(生物学)研究的对象包括人,换句话说,人既是研究的主体,又是研究的客体,这在其他学科是罕有的,这就决定了这门学科跟学生的心理是最贴近的,也决定了其育人价值的不可替代性①。人离不开生活,生活中的人离不开吃、穿、住、行、工作、学习和娱乐等。这些日常活动都与生物学有着密切的关系,有很多学问可以研究,更有很多问题可作为学习的开端。

1. 关注营养与健康的问题

美食、营养、健康、瘦身、美容……这些和膳食营养有关的问题天然地吸引着处于青春期的少男少女们。作为生物老师,提出此类话题,就能吸引几乎全部学生的目光,并在课后被当成营养"咨询师",迎接他们层出不穷的问题。来看一份关于牛奶的学生问题集。

冷藏牛奶比常温牛奶营养更好吗?

脱脂奶就比全脂奶更好吗?

减肥是不是要喝脱脂奶?

为什么我一喝牛奶就腹泻?

有的牛奶包装上写着灭菌奶,有的写着巴氏杀菌,区别是什么?

乳酸菌饮料和酸奶的营养价值差别大吗?

牛奶可以代替水吗?

快过期的牛奶可以当面膜用吗?

豆浆可以替代牛奶吗?

---

① 赵占良.试论中学生物学的学科本质[J].中学生物教学,2016,(Z1):4—8.

广告说一天一斤奶，需要喝这么多吗？

可以空腹喝牛奶吗？

可以发现，以这些问题开展的学习，涉及了必修和选择性必修课程中的很多内容，如有机物中的蛋白质和脂肪、微生物的消毒和灭菌、营养物质的吸收和相互转化等。学生天马行空的问题有时候很难在一个常规的教学单元中完全解决，所以在问题化学习中，要对问题进行梳理、排序……但是这些从营养健康话题中喷涌而出的问题也给了我们一些启示：在复习阶段，是否可以围绕一个情境下的各类问题，组织形成新的复习单元主题，使我们的学科学习进一步指向现实问题的解决呢？这种由学生问题组织形成的复习教学模式，有些类似学科内"微缩版"的现象教学，是我们在高中生物学问题化学习过程中可尝试的新探索。

2. 关注家务与劳动中的问题

日常家务劳动是培养学生独立生存和生活能力的重要途径，而运用学科知识去解决家务劳动中出现的问题，是促进学生从机械劳动到智慧劳动的过程。高中生物学的很多内容都与生活实际息息相关，可以通过劳动的形式对所学内容加以实践和探索。有劳动习惯和劳动意识的学生，通常会有三类问题："怎么做？""为什么要这样做？""怎样做得更好？"

如在学习生物催化剂酶的时候，要求学生在家中先经历一次用加酶洗衣粉洗衣服的劳动体验，劳动中自然会产生"怎么使用加酶洗衣粉能把衣服洗得更干净？"的问题。

再通过课堂问题"为什么温水和适当浸泡能使衣服洗得更干净？"思考劳动原理，关联学科问题：理解洗衣粉中酶的作用是什么，酶在什么条件下能更好地发挥作用。

而课后问题"还能洗得更干净吗？"进一步探索了提高劳动效率的科学方法。如设计实验探究同种加酶洗衣粉对不同有机物污染的洗涤效果、不同用水量对加酶洗衣粉浸泡效果的影响或加酶洗衣粉和普通洗衣粉洗涤效果的比较等。

劳动三连问，能促进学生在学科知识的支持下提高家务劳动的效率，问题促进了学生对科学劳动意义的认识，提升了创造性劳动的能力。但是，学生直接从劳动现象中提出的问题，反而没有自然中提出的问题那么多。这一定程度上与学生是否亲历劳动有关。对实践性的生活劳动提出"怎么做""为什么"的问题并不难,难在学生是否能全身心地投入。投入了,自然有各种各样的"不会""不知"以问题的形式呈现出来并进行转化解决;解决了,自然能体会到运用学科知识解决劳动难题的乐趣和成功感。二者相辅相成,有待我们在教与学的过程中进行创造性的设计与实施。

3. 关注运动与健康中的问题

篮球、足球、马拉松、武术……现在的孩子从小涉猎的运动很丰富,运动与健康是他们非常关注的问题。运动是神经调节和激素调节相配合的过程,既涉及人体的新陈代谢过程,也和人体内环境的自稳态有关。这是生物学学习中另一个丰富的问题资源库。

剧烈运动后的肌肉抽搐的原因是什么?

运动后感到肌肉酸胀是为什么?

这类问题是学生在运动中切身感受到的问题,可以作为学习人体中无机盐离子的作用、骨骼肌无氧呼吸等内容的"引子"问题,也可以将运动安全问题形成学科研究课题。

又如2021年宁夏野外马拉松运动中气温骤降造成了多名运动员失温甚至死亡。专家表示,处于一定程度失温状态的人喝热水会造成进一步的失温休克。学生在看到这则新闻后立即产生了疑惑:

为什么热水不能挽救低温寒冷的运动员,反而更可能让他们丧命?

这些与社会热点、运动安全关系密切又有悖于一般常识的运动问题,激发了学生的问题意识,教师必须要给学生提供问出这些问题的机会,以及结合学科学习内容解决问题的时间和空间,从而培养学生的科学运动的意识。

三、发现实验中的问题

实验法是研究生物学的最基本方法。但是长久以来,我们的实验教学常常就事论事,为了做实验而做实验,学生学会的是一套实验的流程和技能,而没有从实验中获得科学探究能力。在实验中,观察是引发高层次思维活动的第一步,在观察的基础上,我们可以比较、分析、推理,进一步实验……而停留于观察,教学的意义就止步于知识点的落实,错失了培养学科理性思维的机会。什么是观察和比较、分析、推理之间的桥梁呢? 是学生的疑问。这是我们提出在实验中促进学生发现问题的初衷,希望我们的学生能像科学家一样,在实验中发现问题、提出问题,带着问题做实验。

以有丝分裂的观察实验为例,既有的实验教学目标围绕着认识不同分裂时期的细胞展开,是一个通过具体观察认识生命现象的过程。而认识细胞有丝分裂各时期特征的最终目的是解释"细胞分裂是如何实现遗传物质平均分配的"。为推动学生自主解开上述命题,首先组织学生在显微镜下观察到洋葱根尖分生区细胞并作图记录,然后分小组展示自己的镜检绘图结果(如图 3-1)。

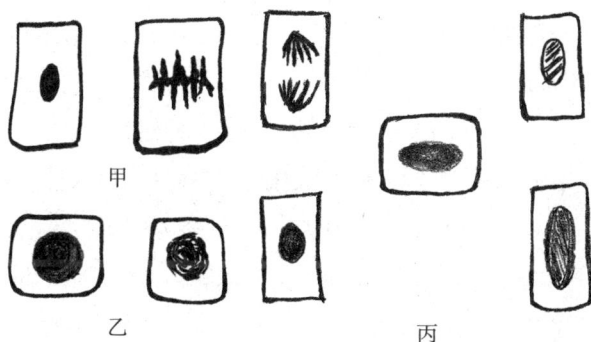

图 3-1 三组学生的有丝分裂绘图

在常规的课堂上,教师会带领学生一起认识这些不同时期的细胞图,介绍细胞分裂的顺序和不同时期的特征,学习染色体的主要变化。那如果给学生自行观察和提问的机会,会有什么不同? 请看学生的问题:

为什么有的细胞没有细胞核了? (比较了细胞形态的异同)

似乎是粗线条的结构替代了细胞核,那是什么? (抓住了细胞分裂的主要观察对象)

这些不同形态的细胞,在分裂中出现的先后顺序是怎样的? (寻找细胞分裂的内在关系)

以细胞分裂顺序的问题解决为例,学生对这些细胞图按特征进行分类并编号(如表 3-1)。

表 3-1　细胞分裂图像的归类整理

类型	A	B	C	D	E
图像					

接着学生根据自己对细胞分裂的想象和推测进行排序,得到 ADECB 的顺序。当学生对排序产生分歧时,需要互相阐述理由。比如,有学生这样认为,A 图能看到细胞核,这是一个还没分裂的细胞,应该在最前面;B 图是一分为二分的两个细胞,表示分裂结束了;C 的状态最接近 B,应该在 B 的前面;而 D 与 A 的形态最接近,应在 A 后面;最后余下 E 在中间。

排序过程使学生脱离了单纯观察的状态,开始对看到的分裂现象进行有条理地比较和分析。归类和排序促使学生发现许多细胞属于同一时期,但在细节上又各不相同,因此细胞分裂是一个连续的过程。更为重要的是,在排序的过程中,学生能自发地将观察的重点集中到染色体行为上,实现了实验课和知识新授课的融会贯通。是什么从根本上改变了学生被动上实验课的现状,并从实验中锻炼了科学思维?是学生在实验中自发产生的问题!实验中的问题,是真实情境下追求科学认识的问题,需要我们放手给学生提问的机会和探索问题的时间空间。

四、发现科学技术中的问题

生物学科是农业科学、医药科学、环境科学等科学和技术的基础。而在生物学与信息技术、工程技术密切结合的今天,学科对人类生产生活产生的影响也越来越大,这决定了现代科学技术中也蕴含着丰富的生物学问题资源。学生虽然不会直接从事生产,但是仍有很多机会接触产品生产的过程,从中亲历提出问题和运用生物学原理解决问题的过程。常用的科技创新类情境是结合了社会热点的生物技术应用,学生常在各种媒体上阅读到相关新闻,又难以辨别真伪。因此在课堂学习时运用这类情境会激发起他们心中的疑惑和一探究竟的欲望,这是我们使用生物科技类情境提出问题的基础。

在学习"遗传的分子基础"单元时,教师以一例基因检测技术的现实应用为探究情境,激发学生提出问题,促进学生对 DNA 分子结构及中心法则等内容的深度思考。

有一著名女演员在没有罹患相关疾病的时候,先行做了双乳乳腺切除手术。她的解释是:自身有很高的概率会患乳腺癌,乳腺预防性切除后,这一概率可以大大降低。这名女演员是如何预测未来可能的健康风险的呢?《黄帝内经》有云:上医治未病。基因检测就是一种预测"未病"的途径,主要通过分析个体的基因信息来预测其未来健康风险。具体方法是:在取得个体的体细胞样本后,通过对细胞中的 DNA 进行序列检测、对比和分析,能找出突变的基因,并对受测者患某种遗传疾病的风险作出预测。

学生的问题:

为什么检测 DNA 就能预判患病风险?

基因和 DNA 是什么关系?

检测 DNA 的序列具体检测什么?

通过什么技术或者方法进行 DNA 检测?

通过基因检测预判患病的准确性有多高?

只要基因序列有问题,就一定会生病吗?

基因检测会泄露女演员的个人隐私吗?

上述问题的提出和答案探寻,基本涵盖了"遗传的分子基础"单元的知识学习需求,同时也激发了学生对生命密码的好奇。假如我们在面对许多遗传疾病时,能拥有一定的预知能力,"大医医未病"就可能实现。当然,就像学生问题中担忧的一样,生物技术的发展在提高人类生活质量和健康水平的同时,也可能会产生一些社会伦理问题,这是需要被关注的。

科技类情境促进了学生提出与科技发展及应用相关的实际问题,且科学技术中所蕴含的生物学内容也使学生问题更具有专业性。此类情境的运用有助于学生深刻理解生物学原理、解决现实问题,促进了学生对学科应用价值的认同。

第二节
真问题下明确学习目标

一、确定学科学习目标

教学是有目的的教育行为,学习也必须有明确的目标,即期望学生经历学习过程后获得相应的结果。学习目标指导了学习活动的设计,也是学习活动评价的基础。学习目标至少明确谁学、学什么、怎么学、学到什么程度,清晰地回答这四个问题,便构成了学习目标的基本要素:行为主体、行为表现、行为条件与表现程度。[①]

1. 依据课程标准

课程标准是制定学习目标的首要政策依据。华东师范大学崔允漷指出:对于教师而言,课程标准是上位目标,因此教师需要学会分解课程标准,即如何根据课程标准、教材、学生与资源等具体情况,将课程标准特别是内容标准部分分解成具体的、可操作的、可评价的学习目标。[②]

解读课程模块,明确学习目标的整体方向。生物学课程模块内容介于课程整体学习内容和单元内容要求之间,一般由1个到数个生物学大概念组成。不同的模块有不同的学习整体目标。如模块1"分子与细胞"是细胞生物学方面的基础知识、研究进展及应用。要求学生从微观层面认识生命本质:生命的物质性、生命活动中物质与能量的统一、结构与功能的统一、部分与整体的统一等。这意味着我们在确定学习目标时,应围绕着物质与能量观、结构与功能观组织概念学习,并运用科学思维开展相关的实验探究。

解读内容要求,初步确定学习目标。高中生物学课程标准的内容要求是以生物学大概念(核心概念)组织的,大概念及支撑大概念的重要概念则以陈述的句式表达,如

[①] 朱伟强,崔允漷. 关于内容标准的分解策略和方法[J]. 课程教材教法,2011,31(10):24—29.
[②] 崔允漷. 有效教学[M]. 上海:华东师范大学出版社,2009:111.

根据新课程标准的学习内容,大概念"细胞是生物体结构与生命活动的基本单位"包含两个重要概念:

概念Ⅰ 细胞由多种多样的分子组成,包括水、无机盐、糖类、脂质、蛋白质和核酸等,其中蛋白质和核酸是两类最重要的生物大分子。

概念Ⅱ 细胞各部分结构既分工又合作,共同执行细胞的各项生命活动。

从学习时间来看,大概念及重要概念对应的是中观的学习目标,如上文中的大概念,依据课程标准的学时安排,需要的学习时间大约为半个学期(每周两课时)。从学习目标的叙写要求来看,大概念和重要概念的陈述并不能直接构成学习目标。本书讨论的学习目标是指单元或课时的学习目标,因此需要关注重要概念的下位概念,例如概念Ⅰ下的次位概念:

概述糖类有多种类型,它们既是细胞的重要结构成分,又是生命活动的主要能源物质。

举例说出不同种类的脂质对维持细胞结构和功能有重要作用。

这两个次位概念都是由行为动词和核心知识组成的行为表现,可以称之为学习目标。"概述""举例"不仅仅是学习目标的行为动词,也简要指向了学习目标的表现程度——"概述"对应的是核心素养的水平Ⅰ、"举例"对应的是核心素养的水平Ⅱ。

2. 依据学业质量要求

在生物学课程标准中,"学业质量要求"也是制定学习目标的重要依据。学业要求明确了模块学习结束后学生的素养表现要求。学业要求的叙述方式为"认知层级+行为表现(行为动词+核心知识)"或"行为条件+行为表现(行为动词+核心知识)"。

如在学业质量要求"从结构与功能相适应这一视角,解释细胞由多种多样的分子组成,这些分子是细胞执行各项生命活动的物质基础"中,"从结构与功能相适应的这一视角"属于"认知层级","解释"属于"行为表现"中的"行为动词","细胞由多种多样的分子组成,这些分子是细胞执行各项生命活动的物质基础"属于"核心知识"。又如学业质量要求"结合 DNA 双螺旋结构模型,阐明 DNA 分子作为遗传物质所具有的特征,以及通过复制、转录、翻译等过程传递和表达遗传信息"中,"结合 DNA 双螺旋结构模型"为"行为条件","阐明"为"行为表现"中的"行为动词","DNA 分子作为遗传物质所具有的特征,以及通过复制、转录、翻译等过程传递和表达遗传信息"属于"核心知识"。

"认知层级"和"行为条件"为学习者提供了达成"行为表现"的途径,并明确了不同的素养维度和素养水平,这是与课程标准中内容要求叙述的主要区别。

"从结构与功能相适应这一视角,解释……"的认知层级是生命观念的水平二;

"建构并使用细胞模型,阐明……""结合DNA双螺旋结构模型,阐明……"的认知层级是科学思维的水平三;

"观察多种多样的细胞,说明……"的认知层级是科学探究的水平二。

3. 结合教材教学内容

课程标准是制订学习目标的根本依据,教材则是制定学习目标重要的参考依据。依据课程标准编写的教材,是课程标准的主要载体。以沪科版生物学新教材为例,每章节设计的课前活动任务或情境任务,就为学习目标中"行为条件"提供了参考。

如在必修Ⅰ中,对应"概述糖类有多种类型,它们既是细胞的重要结构成分,又是生命活动的主要能源物质""举例说出不同种类的脂质对维持细胞结构和功能有重要作用"两个次位概念的是第二章第三节"糖类和脂质是细胞的结构和能源物质"中的学习内容。教材要求学生将生活中的糖类和脂质以填表的形式进行分类,并提问"分类的依据是什么?""它们在细胞中分别有哪些作用?"据此,我们可以对学习目标的"行为条件"进行补充,如"通过列表比较并分类",归纳出糖类的类型,"通过阅读教材",举例说出脂肪的作用。

4. 结合学习者学情

生物学概念的建构是有渐进性的,在高中阶段学习的某一概念,很可能在小学自然、初中生物学中都学过,只是对概念的理解程度要求不一样。不同学习者对某一概念的已有认识建立在既有学习经历、个体领悟力及记忆力以及生活体悟上,因此学习的前认识会有差别。学习者学情决定了单元或课时学习的起点,任何学习都要基于学生原有的基础开展,即了解学生对将要学习的内容知道什么,不知道什么,知道的内容中有哪些正确的理解,又有哪些错误的理解,对什么内容有兴趣了解,对什么内容不感兴趣。

这些学情,对细化学习目标非常关键。若把大部分学生已经知道的知识作为学习重点设计学习任务,学生收获很少、学习效率很低;若把学生自以为知道实则没有正确理解的内容当作次要的学习目标,就很难扎实学习基础;若不清楚学生的兴趣点在哪里,学习任务的设计就很难吸引学生。

例如,在学习蛋白质的相关内容时,原有的学习目标部分如下:

通过比较不同的氨基酸,分析、归纳氨基酸的共性,写出氨基酸的结构通式。

通过完成拼接三肽的模型建构活动,概述氨基酸形成蛋白质的过程;通过推测与验证,阐释蛋白质具有多样性的原因,形成结构与功能观。

而在某班级糖类和脂质等内容的作业反馈中发现,学生对有机分子结构的掌握度普遍偏低,判断该班级相关的化学基础薄弱,学生直接认识氨基酸结构的难度较大,因此将该班级的这两条学习目标更改为:

基于甲烷的分子组成推演氨基酸结构,在追问中比较不同氨基酸结构,分析、归纳氨基酸的共性,写出氨基酸的结构通式。

通过小组合作完成三肽的模型建构,概述氨基酸形成蛋白质的过程,通过追问、推测与验证,阐释蛋白质具有多样性的原因,形成结构与功能观。

在教学实施中,以学生熟悉的有机化学分子甲烷为起点,引导学生将甲烷的结构式一步步改造成氨基酸结构,克服了学生对有机分子的陌生感和学习困难,实现了基于学情的学习目标设计。由此可见,只有让学生提出自己的问题,教师才能真正了解学生的知识基础、能力起点以及兴趣点,才能确立为学生的"学"服务的学习目标。

二、引出学生的真问题

如果问题来自学生"心境",那么学习就能走进学生心里。我们把这种学生内心与外部世界碰撞后萌发的问题,称之为问题化学习中的真问题。

1. 判断什么是真问题

真问题是学生感兴趣的问题

兴趣是推动求知的内在力量,所以基于兴趣提出问题,是问题为"真"的第一步。我们在问题化学习的初期,可能会教学生提问的基本方法:"是什么?""怎么样?""为什么这样?"等等。但这样做,就需要关注学生是否为了完成提问的任务而提问。比如给出一个关键词:"光合作用",学生很容易依样画葫芦,"什么是光合作用?""怎样进行光合作用?""为什么要进行光合作用"。这三个问题都是学习光合作用的基本问题,问得极其准确。但这是学生真的想知道的问题吗? 还是学生的提问"套路"? 上述这三个问题的答案能帮助学生解决什么实际问题吗? 会激发主动学习吗? 教师无法判断。这样的提问有目标,但未必有目的。

在学习"生物体内营养物质的转变"时,我们挑选了一个学生问题和一个学科问题分别在两个学习水平相似的班级中作为课前预习提问:

高二(1)班:肥胖者的表现是体内脂肪累积过多,那是不是不吃或少吃高脂的食品就能减肥?

高二(2)班:糖类、蛋白质等物质能转变成脂肪吗?

课后就"是否对该问题有兴趣?""看到这个问题后是否和同学之间有过讨论?""会不会为了弄清楚这个问题在课前先去翻翻书或查查资料?""上课时会考虑问题的答案吗?"四个问题,对两个班级的学生进行调查,统计结果如图 3-2 所示:

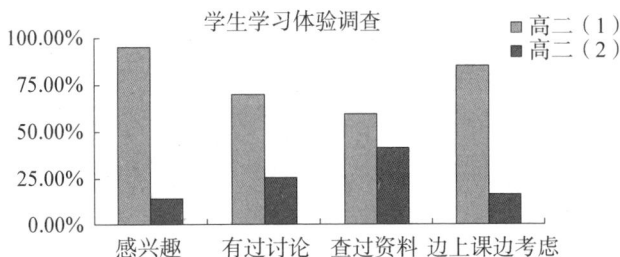

图 3-2 不同问题引导的学生学习体验调查统计图

由调查结果可见,面对真情境下的真问题,学生因为有切实的生活经验,心中有较为肯定的判断或存有很大的困惑,就愿意表达自己的想法,课堂表现活跃;而对于直接从知识和概念出发的学科问题,学生感到茫然,只能胡乱猜测,不能激发起学生追寻答案的热情。所以真问题,一定是从学生的问题出发,体现的是学生固有知识和经验与新认识间的矛盾。学生只有真的产生疑问,才能主动地阅读、讨论、思辨。

"真问题"是与学习主旨有关的问题

学习目标确立的根本依据是课程标准,因此真问题必须是与本单元或本节课学习主旨有关系的问题,是围绕着学习目标展开的问题。举例来说,在关于用糖皮质激素治疗重症肺炎的情境中,学生为病人设身处地提出了很多问题,主要是围绕着激素的作用和疗效展开的问题,但是也有不少学生问到了使用激素治疗的价格。这是一个真实的、学生确实想了解的问题。但是这和内分泌调节的学习几乎没有关系。这样真实的问题并非我们认为的真问题,原因在于学习者提问时缺乏学科意识。这样的提问有目的,但是与学习主旨、学习目标无关,也不是真问题。

"真问题"是发展思维的问题

真问题是学生思维的发端,是科学思维形成的起点,也是思维过程中不能缺少的环节。在生物学学习中,思维的基础是运用已有的知识和概念,思维的结果是形成新的概念。而思维发展的方式离不开问题,只有基于事实和证据提出问题,才能运用科学思维去解决问题,形成概念。所以问题是推动思维发展的原动力,我们需要培养学生的问题意识,使他们具备提出问题、分析问题、解决问题的能力。

与真问题相对的是"假问题",学生只是学会了问问题的"套路",知道了用"是什么""为什么"去提问,但并没有沉浸到学习的情境中去体验情境内容,更没有激发起思维的活力。"假"问题造成的结果是学习的后劲不足,缺乏探究问题的动力,也不可能依据情境发展思维脉络,形成知识脉络。这也是问题化学习提出核心问题要"激动人心"的原因。

2. 以学科特点引出真问题

论语中说:"知之者不如好之者,好之者不如乐之者。"好之,乐之,是因为学习者由学习兴趣而产生主动的、欲罢不能的学习意愿。学生的真问题能激发他们学习生物的兴趣,形成学习的内在动机,具有主动学习的心理状态。结合生物学学科的特点,学生在情境中提出的真问题主要有以下几种。

"奇趣"的问题

对奇闻逸事感到有趣和刺激是一般人常有的心态,将其转化为学习兴趣更容易使学习者心无旁骛、专心致志。问题中的奇趣点是教师抓住学生注意力的关键,是学生投入学习情感的引子。

在复习"植物生长发育的调节"时,教师以植物胚芽鞘的向光运动为情境,组织学生复习生长素的作用。一个学生举手提出了问题:"向日葵有明显的向光性,它的花盘在白天应该是随着太阳从东向西转动的,那么晚上面向西方的花盘为什么早上又能从东边开始转呢?"这个出乎意料的问题引发了班级同学的好奇,大家都纷纷开始讨论起来了。提问的学生很是得意,又把问题问得更"生猛"了:"花盘是在晚上慢慢转回去了呢,还是集体猛地一回头啊?"于是班里一阵哄堂大笑。

我们对向日葵的向日运动习以为常,可是这个学生却问出了被大家忽略而又充满奇趣的问题。这个问题又改变了复习课略显单调的节奏。当学生们对答案翘首以盼时,教师给出了这样的答复:"这是一个好问题!我们学习生长素,认识它的作用,观察植物因生长素调节而发生的变化。但是你发现了一些用今天复习的知识没法解释的现象!这有可能是因为我们还没有更深入地认识植物向光性和生长素方面的知识,也可能是对向日葵本身的生长特点还没有足够的了解。能不能从这两个方向去搜集一些资料,再凭你掌握的知识,去找到答案呢?"这个没有答案的回答和反将一军,得到了很多同学的拥护。再上课时,几个学生分别表述了他们对向日葵夜晚运动的解释,有的学生还自己画了示意图做补充说明。

"夜晚的向日葵会不会猛回头?"这个充满奇趣的问题奇在抓住了自然现象中被忽略的部分,贵在这是学生自己提出的问题,益在问题的解决需要以学生原有知识为基础,通过搜索和分析各类信息来寻求答案。教师趁热打铁,通过鼓励、点拨促进学生把自己的问题转化为学科问题,不仅使学生巩固和运用了学科知识和概念,而且产生了解决问题的满足感和愉悦感,增强了他们对生物学学习的兴趣。

"疑点"的问题

疑点,是指教师捕捉学生基于原有知识进行学习时产生的矛盾和疑问,挖掘学习中可质疑的内容,孕育出学生自己的问题,激起他们"不达目的不罢休"的学习热情。

如"细胞分化"这一概念的学习建立在细胞分裂、中心法则两大知识基础上。如果从现象上认识细胞分化,就是来源相同的细胞逐渐发生形态结构、生理功能和蛋白质合成上的差异。但是,不少学生会因有丝分裂部分的学习,对子代细胞到底是相同还是不相同,存在认知混乱。怎样创设疑点,揭示细胞分化的真面目,为学生创造一次深度推导和理解概念的机会呢?

【问题】一个个体的所有体细胞是由一个受精卵多次有丝分裂形成的,所以个体的所有细胞都相同吗?

学生的反应:

【出于经验的认识】个体的细胞不可能都相同。

【基于学习的认知】有丝分裂产生的子细胞和原来的母细胞是相同的,所以一个受精卵多次有丝分裂产生的细胞是相同的。

学生的交流思路:

【从经验出发】个体细胞确实有不同的类型,比如神经元、红细胞、巨噬细胞,所以一个个体的细胞是各种各样的。

【从储备知识出发】有丝分裂的过程,确切的描述是子细胞中遗传物质与母细胞中相同。这与问题的表述不相同。

【追问】遗传物质一样的细胞,结构功能为什么会不一样?

【从结构与功能观理解】生物通过蛋白质表达性状,结构功能不一样,意味着细胞内合成的蛋白质不一样。

【再追问】蛋白质是由基因控制合成的,可是由一个受精卵分裂而来的细胞遗传物质(基因)都一样。那么合成的蛋白质为什么会不一样?

【提取储备知识分析】基因控制蛋白质合成的第一步是以 DNA 解开的一条链为模板,转录出 RNA 的过程。

【结论】转录的基因不一样,合成的蛋白质就不一样,细胞的形态结构、生理功能就不一样,细胞类型就不一样。

从上述交流中可以看出,疑问产生于学生已有知识与新现象、新事物的矛盾,收集和展现这些问题有助于激发学生学习兴趣,进而开展深度学习,在认知冲突和疑问中寻找突破,最终完成知识构建。问题中的疑点,能激起学生强烈的求知欲,并为课堂中以讨论、辩论、合作、交流等形式探索新知识奠定心理基础。

"争鸣"的问题

好的问题,能起到"一石激起千层浪"的效果,激发学习者的争相议论。这符合高中学生不服输的心理特征,也是推动课堂形成自组织式的学习生态的动力。持有不同观点的学习者"争强好胜",要在学习中论个"输赢",相同观点者则团结合作、互相支持,形成学习共同体。"争鸣"的问题提高了学生的学习积极性和学习专注力。

如在学习"基因突变"时发现,通过列举实例来说明基因突变的普遍性、自然突变率低和不定向性等特点,虽然明确易懂,但每个特点之间缺乏联系,不利于学生的理解性记忆。而"经历过太空环境后的热带水果种子,有些变得能适应亚热带、温带气候"的情境,受到了学生们的关注。学生纷纷发表自己的意见和疑问,问题整理如下:

选择哪种热带植物种植,有可能发生突变?

是不是所有的生物都能发生突变?

为什么要带到太空里去发生突变?

在原有环境下能突变吗?

是不是一定会突变出适应温带气候的基因?

会不会突变出有害的基因?

植物可以受人为引导突变出我们想要的基因吗?

每个问题都引起了学生之间的互相解答,当教师进一步提供资料信息时,基因突变的普遍性、低频性、不定向性等特点被学习者一一推理总结,他们没有直接记忆基因突变的特点,却在问题争鸣中知道并理解了这些特点。

"致用"的问题

问题引发学习兴趣的另一个因素是"致用",也就是学习的理论能够联系实际并解决实际问题。当学习者感到问题指向的不仅仅是课本知识,还能够解释某种现象或解决某一问题时,其兴奋感与收获感会大大增强。这是因为源于生活和生产的问题既可加深学生对生物学知识的理解,又能使学生感受到他们所学知识的价值。

在细胞质膜的学习中,问题"为什么家里洗水果时会加一点盐?这样做有科学依据吗?"引发了学生的讨论。

生1:这样做是对的,盐水能灭菌。盐水会使细胞膜里的水流出来,细菌失水死亡。

师:我理解你的意思了,你想说的是,水会从细胞膜内"渗透"出来,是不是?

生1:对,是渗透。

生2:我觉得不一定杀菌啊!水是从低浓度溶液向高浓度溶液渗透的,要是盐水的浓度不够高的话,细菌不会失水死亡吧?

生3:对啊,老师,应该放多少盐才能杀菌呢?

师:这个问题问得不错?谁能回答?

生4：我觉得先要去查一下细菌内的溶液浓度，配一个浓度比它高的盐水。

生3：盐水浓度比细菌浓度高多少才能使它失水严重到死亡的程度呢？我觉得应该做一个实验测一下！

从上述问题引发的讨论中，可以预测学生会做什么：查阅资料、收集信息、实验探究，学习活动就这样不知不觉地组织起来了。可见"致用"的问题，能促进学生"致学"。

三、根据真问题调整学习目标

由于课程标准是一样的，教材是一样的，教研组或备课组的集体备课也是一起进行的，所以从某种范围上说，依据课程标准和教材制定设计的学习目标是"通用"的。但是我们也知道，每个教师制定的学习目标又是不一样的。这种不同主要来自教师运用自己的经验和个人的教学智慧对学习目标的进一步细化，尤其是对"行为条件""表现程度"的设计和叙写。细化的学习目标决定了具体的学习活动将怎样发生以及如何评价。

学习目标的精准化设定需要经历不断修改的过程，而学生提出的真问题能帮助教师全面了解学生的真实"心境"，锚定学习发生的真正起点，形成更为具体、适切、准确的学习目标。不同学生的真问题，反映了个体间的学习能力差异和面对情境的认知变化和思维动态，有助于设计出分层的学习目标和生成性的学习目标。

1. 以真问题确定学习起点

我们在高中生物学教学中经常会有一些困惑：有的教学内容很简单，涉及的知识点也很少，可是学生在课堂上的学习表现却反映出他们存在学习障碍；有的内容在老师看来比较复杂，而一部分学生却能通过阅读教材自行理解，这样的情况下教师自己都很难清楚地评价，哪些学习目标是通过课堂上有效的教学手段达成的，是可以作为教学经验积累再应用的。可见，如果教师不能清楚知道学生学习的起点在哪里就设置了学习的终点，是无法明确学习路径并实现有效实施的。

我们不否定教师以过往的经验衡量并判断学情的作用和重要性。但是，如果能直接从现在的学生这里获得第一手资料，了解他们的学习起点，显然更有利于学习目标的精准设计。真问题反映了学生现有的认知水平及兴趣方向，教师对学生的"底"在哪里做到心中有数了，才能确定学习目标的起点。

2. 以真问题设计差异化学习目标

境脉理论强调，受到前期学习经历和生活经历的影响，每个学生在生活经验、兴趣爱好、认知水平等方面存在差异，甚至在某些方面大相径庭。因此面对相同的学习目标，学生最终的达成情况也大不相同。大一统的学习目标会造成学习能力强的学生一直处于"吃不饱"的状态，学习积极性也会就此受挫，而学习能力较弱的学生则面临着"消化不了"的困境，最终导致他们的学习问题越积越多。

学生提出的真问题是教师设计形成差异化学习目标的依据。问题是最能暴露学生当下学习现状的途径，学生问题既有难易程度的差别，又有情境中思考问题视角的差别，教师根据学生的真问题来调整或修改学习目标，能让学生基于自己的起点实现能力提升和知识增长。

例如，根据问题中的观点分组，在学习目标设计中通过"组间辩论"开展学习活动；根据问题的难易度将不同认知水平的学生分为一组，运用"合作学习"的方式促进组内互助互学，缩小个体间学习能力差异。

3. 以真问题确保学习目标达成

学习目标是否能达成的关键在于学生能否理解学习目标，在理解的前提下，导向目标的学习才能顺利进行。依据课程标准、教材提炼出学生能够理解的学习目标并不是一件容易的事。因为这一过程完全是教师行为，没有现实中学生的参与。这样的学习目标是停留在教师的教案上、头脑中的，学生一点也不知道。即便教师在课前表述了学习目标，学生也未必能毫无歧义地理解这些目标。这最终会演变为学生无目的地跟着学。

学生提出真问题的意义在于，无论是教师还是学生都能清楚地知道一节课学习的"终点"在哪里。因此教师需要创设与学科学习目标契合的情境，学生要沉浸在情境中提出自己的问题。真情境下的真问题，才能让教师和学生彼此都能去评估达成学习目标的方法、途径以及目标达成的程度。因此学生的真问题，导向了师生对解决问题的方法的探索和设计，使学习目标的达成有了具体的路径。

案例　基因工程中的学习目标设计

如在学习基因工程时，原定的学习目标是：

分析转基因抗虫棉案例,说明基因工程的原理和过程。

经历模拟获取目的基因、目的基因与运载体重组等活动,认识限制酶、DNA连接酶、运载体的作用及特点。

通过关注基因工程科学史和国际转基因生物网站,举例说明基因工程在人类生产生活中的应用,感悟生物工程技术对改善人类生活品质的作用。

但是,课前多个学生提出了这样的问题:"吃了转基因的食品会不会导致人体自身变异?"从学生问题中可以发现,学生并没有达到我们所想象的理性的认知状态,他们一方面可能是受了一些自媒体文字的迷惑,另一方面是对基因、对食物消化过程的认识有盲区,这导致了一些学生先入为主地认为转基因食品会导致人体变异。

这一学生问题首先修正了我们对学习目标的起点认知——部分学生对转基因作物及食品并不认同,这需要修正学习的情意目标;其次,这种错误认知并不是所有学生都有的,是有差异性的,这需要重新设计学习目标的行为条件来协调不同学生的学习起点;最后,学生问题反映出他们的困惑点是转基因作物与非转基因作物到底不同在哪里,解惑需要在学习目标中设计明确的行为表现。根据上述学生问题,我们增加了学习目标:

通过讨论转基因食品的消化吸收过程,分析和辨别与转基因食品有关的食品健康问题。

第三节
情境问题开启有效学习

一、辨别有效学习的发生

研究问题化学习无疑是为了促进学习的真正发生,关于真情境下的真问题是否能开启有效学习,首先要从学习的有效性说起。

1. 认识有效学习的内涵

什么是有效学习?虽然没有形成统一的看法,但国内外的许多学者和教师都对此提出了自己的观点。如张庆林在《高效率教学》中提出,有效学习是指真正理解、灵活运用所学知识的学习,是推动能力和态度发展的学习。有效表现为学生能以相对最少的时间和精力,掌握知识并理解学科概念,能基于学科素养较好地解决真实问题。[①] 张惠在《促进学生有效学习的化学课堂教学策略研究》的课题研究中指出,有效学习,是指在教师的指导下,学生在学习活动中能够积极有效地运用各种学习资源和学习策略主动地学习,以最少的时间投入取得最佳的学习效果。[②] 它包括学习过程的有效性和学习结果的有效性。杨雪荣在《促进学生有效学习的教学策略探微》一文中的观点是,有效学习主要指学生自主的、探索性的、研究性的学习,是发展学生创新性的学习。[③]

综上可知,有效学习包括以下两个方面:一个是"会学",即学生能够有效地运用已有知识、学习资源和学习策略进行主动学习,另一个是"学会",即能够有效地完成和实现既定的学习任务。这两个方面是分别从学习的过程和结果来评价学习是否有效的,"会学"是真正"学会"的前提。反之,若是"不会学",那么所谓"学会"的结果,一般也偏向于机械的记忆和技能,即低效率的学习。

---

① 张庆林,杨东. 高效率教学[M]. 北京:人民教育出版社,2002:109.
② 张慧. 促进学生有效学习的化学课堂教学策略研究[D]. 东北师范大学,2004.
③ 杨雪荣. 促进学生有效学习的教学策略探微[J]. 宁波教育学院学报,2007(02):69—70.

2. 掌握有效学习的特征

在教学中如何观察和判断学生是否处于有效学习的状态呢？我们可以从以下几个视角去进行观察。

第一是学生能否明确学习目标。虽然说人从幼儿时期开始，就会在与周围环境互动时，主动地探索未知，形成最早期的学习形态。但是这种学习显然没有预先设定的学习目标，而课程类的学习则一定会有学习目标。我们已经在本章第二节中对学习目标进行了较为详细的探讨，也明确了学生作为学习主体，清楚学习目标的重要性和对学习的指导意义。因此，有效学习的特征之一就是通过清晰的学习目标来促进有效的、有意义的学习。学习的整体建构和过程调节都离不开学习目标这盏明灯，有效学习是有目的、有先期意图的认知过程。

第二是学生是否在情境中学习。这一特征来自情境学习理论。在情境学习理论看来，知识是基于社会情境的一种活动，而不是一个抽象具体的对象；知识是个体与环境交互作用过程中建构的一种交互状态，不是事实；知识是一种人类协调一系列行为、去适应动态变化发展的环境的能力。[①] 情境认知倾向于把个体认知放在更大的自然和社会的情境脉络中，在人与情境脉络的互动中建构知识，从而实现学习的有效性。

第三是学生能否主动参与学习。主动学习是学生有效学习的前提。主动学习意味着信息的主动获取和加工，也意味着在个体已有知识的基础上构建新的知识，实现知识的内化。心理学的研究表明，只有学习主体积极的学习意愿和行动才能促进个体的能力发展。事实上，主动学习也是实现终身学习的基础。当学生踏上社会，离开课程化的学习环境后，社会的发展仍然需要个体不断地学习，这就是主动学习意识。数学家华罗庚说过："一个人一辈子自学的时间总是比在学校学习的时间长，没有老师的时候总是比有老师的时候多。"教育家叶圣陶也说过："许多真有成就的人，他们的知识绝大部分是自己学来的，并不是坐在课堂里学来的。"有效的学习，是学生发挥主体能动性，在实践活动过程中不断超越自我的过程，所以学习的主动性可以说是有效学习的根本特征。

第四是学生能否进行合作学习。有效学习的情境特征，决定了情境中学习任务的复杂性，复杂学习任务的有效完成，有赖于学生通过合作学习，以学习共同体的集体智

---

① 王旭红.情境认知理论及其在教学中的应用[J].当代教育论坛（学科教育研究），2008，（10）：9—11.

慧解决情境中的劣构问题。合作学习融合了自我导向的学习和关系导向的学习,其中关系导向的学习,实质是学习活动中的对话、交流、互动和互学。合作学习表现为通过合作达到以相对较少的时间和精力,获取优质的知识和能力,这就是有效的学习。

第五是学生是否能在学习中实现自我调节。自我调节能力是学习元认知能力的体现,主要表现为学习者对自身活动的管理和监控。有学者认为,元认知是"第二层次的认知:对思维的思维,关于知识的知识,对活动的反省"。有效学习中的自我调节贯穿整个学习过程,如学习前的必要准备、学习中学习步骤的设计、学习进程中的自我反馈和改进以及评价学习成绩。学习者越能对学习进行自我调节,他们对教师指导的依赖就越少,就越能控制自己的学习。因此学生实现学习中的自我调节,指向的结果是有效学习中的"会学"。

二、以真提问促进有效学习

从我们对有效学习的认识和分析来看,开展境脉中的问题化学习能提高生物学学习的有效性。教师依据单元或课时的具体核心素养要求,选用合适的情境,能促进学生在情境中生成指向学科学习的问题。真问题能激发学生主动探索未知事物,通过合作或独立等不同的方式开展学习活动,进而达到预期的学习目标。我们分别从以下四个方面来分析真情境、真提问对有效学习的作用。

1. 生成学习目标

在设计情境时,情境内容及问题的指向应呼应学习目标。生物学学习中的情境,一定是基于现实的情境。而现实的情境,其组成要素一般比较复杂。这对于提出问题来说,有利的一面是现实的情境使学习者更容易置身其中,为学生提供丰富的问题来源,使学习认知的过程在情境中自然而然地发生,且学生提出的问题基本上能包含指向学习目标的问题;不利的一面是情境的发散性使得问题也更为开放,问题多了,学生就很难确定诸多问题中的核心问题。

在情境中激发的问题,需要以问题交集等形式聚焦学习目标。在问题化学习中,能力目标之一是学生能提出自己的问题,情境的复杂性容易使问题缤纷杂乱。而在有限的课堂学习时间中,要让学生自主形成或接受学习目标,还需要将学生问题进行集中,找到共性的问题。提问的交集代表了学生普遍有疑惑的学科知识,将此作为学习目标为学习效率的提高奠定了基础。此外,也可以由几个学生为代表提出问题,其他学生以支持或反对的形式来共同决定主要要解决的问题。无论哪一种方式,目的都是聚拢学习目标,确保学习活动效率最大化。

2. 促进合作学习

首先,问题的难度决定了合作学习的必要性。不是所有的提问都适用于合作学习,需要合作学习的问题对学生的学习能力提出了更高的要求。在问题化学习的课堂中,面对有一定难度的问题时,先发生的是学生的独立思考,但问题的难度让他们意识到问题解决还需要更多的交流,从而拓宽思路或确认自身解决问题方式的正确性,这就使得合作学习能够主动发生。真正的合作学习,不仅仅是分工解决各自的子问题,还要对子问题的解决进行综合和提升。因此需要将高认识水平的提问作为合作学习的起点,使学生在一系列的讨论交流中寻找解决问题的策略。

因此,当课堂问题已经不能由个体独立解决,又在集体智慧能顺利解决的范围内时,学生会自然而然地倾向于开展合作学习。

其次,互动性质的提问奠定了合作学习的基础。我们都知道,合作小组是分工负责的,每个成员都承担相应的责任。成员既有遇到困难时向小组同伴求助的权利,也有监督和帮助组内同伴完成相应任务的义务。但是,直接的要求、指责往往会导致合作中情感关系的恶化,而互动提问则起到了缓和冲突的作用。

当小组内的成员提出自己的问题时,一方面可以和其他成员的类似的问题产生共鸣,为合作学习形成合力,另一方面,对问题的不同认识还会引起更多的追问,在经历对问题的深入解析、拆分、深化后,明晰合作学习的共同目标,推动每个学生参与到合作中去。

最后,提问的开放度决定了合作学习的方向和深度。开放性问题意味着问题本身是劣构问题,这样的问题要求学生能够更好地辨别和提取信息,在合作学习开展之前有自己的独立思考。个体思考的深度和广度差别越大,合作中交流和讨论的空间就越大,争议不仅能暴露同伴间的认知冲突,更能相互激发和补充,使思维更有创造性。如果学生所提问题对应的解决方案是单一、固定的,如"细胞由哪些结构组成?""细胞的功能是什么?"等问题,获取答案的途径也容易形成共识,学生只需要自己思考回答后,再从同伴那里得到一点补充即可。显然,这样的合作学习比较浅显,意义不大。

反之,如果学生能将问题置于情境中,提出的是可从多角度解读的问题,如"为什么说细胞是个功能完备的迷你工厂?"此时,学生就要结合自己原有的经验进行思考了。每个学生"心境"的起点不同,认识问题和解决问题的角度也不相同,因此能生成多种多样的问题解决路径。学生在合作学习中一方面分享自己的理解或观点,寻求同伴支持和认可,另一方面倾听和思考同伴的观点,与自己的问题理解进行比较和融合。这样的合作学习最终能对开放性问题形成最合理、最全面的解释。显然,问题的开放度与合作学习的深度是相互支撑的。

3. 实现自我调节

首先我们要做好提问的准备。一个成功的学习者,在提问前会先关注教材,关注今天的学习内容,对提问方向有总体的把握,从而减少不必要的讨论,提高提问的效率。一个有主动学习精神的学习者,还会对自己提出的问题通过教材或网络先行寻找答案,以便在课堂上比较和评估问题解决的效果。这是对学习准备的调节,是主动开启学习"心境"的表现。

然后预计提问后的问题解决途径。各种各样的问题会不会导致我们的课堂学习任务太零散?逐个解决各种问题会不会影响学习效率呢?

各类问题的解决途径包括学生通过阅读相关信息独立解决以及通过小组合作在交流讨论中共同解决。所以面对学科问题时,需要有评估问题解决方式的理论依据。例如,美国教育评价专家韦伯提出"知识深度"(Depth of Knowledge),即"DOK"理论。"DOK"理论将学生的认识水平分为 4 个层级,其中第一层级和第二层级分别是"回忆和重现""技能和概念",第三层级和第四层级分别是"策略性思考和推理""拓展性思考"。安德森—布鲁姆的教育目标分类中,将认知程度分为"记忆、理解、运用、分析、评价和创造"六个级别,问题也相应地从低到高分为六大类。

教师可以引导学生判断各类问题的层级,低层级的问题自行解决,高层级的问题共同解决。在提问之初就形成明确的问题解决及知识积累路径。

此外还要学会比较各种问题的来源。关注不同来源的问题,包括在同一学习时间中关注教师的问题和同伴的问题(横向比较),以及经历一段时间的问题化学习后自己提问水平的变化(纵向比较)。从比较中思考他人提问的角度、问题的难度、问题的复杂程度等,也衡量自己提问水平的变化。当然,这是较高的元认知水平要求。教师在实施问题化学习的初期应该有意识地引导学生进行这样的比较,使学生逐渐适应和学会对问题进行评价。

通过上述比较,学生在融汇学科知识和技能的同时,能更清晰地认识到自己掌握的知识的结构、深度和宽度。这是从有效学习走向自主学习的重要转变,这样才能最终达到学会学习的目的。

4. 开启学习"心境"

学生提出自己的问题能促进他们学习情感的投入。境脉离不开情境,置身情境之中学生才能产生情感共鸣。境脉中情境的时序性不仅能够让学生开展进阶式的学习,也能够让学生更好地调控学习情绪。毕竟,提出问题和解决问题的学习方式对初期的问题化学习者来说是富有挑战的,容易引起学生的紧张与慌乱。增强境脉中的情感脉络有助于学生克服自我否定、害怕失败等消极心理,引导学生以积极的求知心态面对学习过程,减少对疑难问题的畏惧感和逃避心理,感受解决问题的成功感和愉悦感。

提问同样也引领着进阶式学习的发生。建构主义理论强调,个体的学习依赖于对情境的自我认知建构,境脉是学习发生的时空。[1] 因此,如何为学生建构能促进学习的境脉已经成为教学研究的核心。与课时或单元学习目标相契合的境脉,不仅能营造学习氛围、催生学习问题,还能推动学生快速进入学习状态,顺着情境发展形成学习脉络。在顺应学习脉络展开的学习进程中,学生的提问会逐渐突破原有认识,形成新的认知,从而促进学生认知能力的提升。[2] 这种学习状态一般表现在学生提出问题的难度变化上。

本章小结

◎ 学生自己发现问题并质疑,是生物学学习发生的原动力。教师可以从自然现象、生活问题、实验探究、科技与社会生产等方面设计能激发学生心境变化的学科外部情境,促进学生学会在情境中提问。

◎ 任何学习都要基于学生原有的基础开展,因此学情决定了单元或课时学习的起点。学

---

① 黎加厚. 创感时代的境脉思维[J]. 中国现代教育装备,2009(10):3—4.
② 李博. 基于合作学习的有效课堂提问研究[D]. 曲阜师范大学,2019.

生提出的自身感兴趣的、与学习主旨有关的且能发展思维的真问题,是教师了解学情,设计学习目标的重要参考。学生的真问题有助于学习目标的差异化设计,同时还确保了学习目标的可操作性。

◎ 基于学科问题选择适合的学习情境,真实的情境问题能促进有效学习的发生。高认知水平及高开放度的"真问题"能促进学生开展合作学习,在对问题的认识和评价中意识到学习需要自我调节,从而实现外部情境与学生心境的初步联结。

第四章

学会聚焦核心问题
—— 统整境脉要素

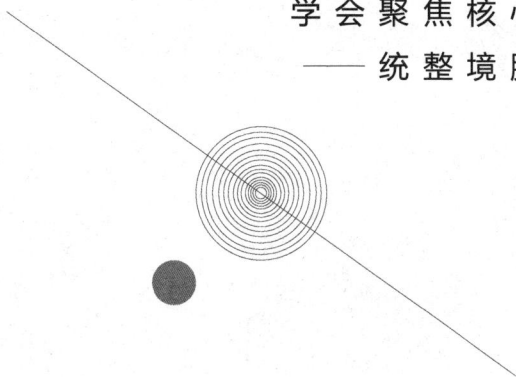

堂前燕问

◎ 如何抓住境脉中的核心问题？

◎ 如何理解学生问题与核心问题的关系？

◎ 怎样形成高质量的核心问题？

本章图示导读

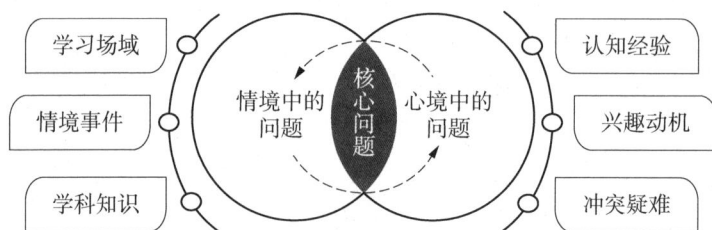

学习场域　情境事件　学科知识

情境中的问题　核心问题　心境中的问题

认知经验　兴趣动机　冲突疑难

第一节
认识境脉课堂中核心问题的产生

一、课堂境脉设计的原则

生物学课堂中进行境脉设计,需要抽提出与当前学习内容关系最为紧密的境脉要素,分析和确定外部世界中合适的事件或状况作为学习的整体情境,对情境中客观存在的问题和学习者心境中主观存在的问题,经历从发散到聚焦的过程,形成境脉中的核心问题。以下四点为生物学课堂境脉设计的原则。[①]

1. 情境符合整体学习需要

根据情境认知理论,外部情境与知识存在紧密联系,在情境中产生的学习,才有利于学生获取知识、理解知识、运用知识。要实现教学情境的整体性创设,必须先厘清该课时的核心概念和关键能力。从这两方面入手连接相关的情境要素,优化出整体情境,并在学习活动实施中基于学生情境中的现状反馈加以调整和升级。

2. 学习脉络遵循学生认知逻辑

境脉设计中的学习活动,应以学习目标为导向,遵循渐进性学习核心概念的原则,设计出从问题到思考,从观察到实验,从感性认识到理性认识的学习脉络,使之既符合学科内在逻辑又符合学生认知逻辑。这需要设计者对情境下学习活动任务的实践逻辑展开分析和思考,形成学习脉络。学习脉络清晰的学习活动,一般具有系统性和层次性的特征。围绕核心任务,子任务可以是由简到繁、先易后难的进阶关系,或是从总任务到分任务实施的辐射关系等。以任务实施的逻辑性促进学生思维深入,培养学生学习力。

---

① 节选自张燕.高中生物学单元学习活动中的境脉设计及实践研究[J].上海课程教学研究,2022(01):45—49.

3. 学习场域满足学科实践需求

课堂是传统的学习场域,但听、看、记、练为主的学习方式,弱化了学生的问题解决力。境脉学习要求学习场域呈现多元化设计,目的是实现学科实践活动的多样化。生物学科的学习场域有教室、实验室、科普场馆、动物园、植物园、生物科研机构、田间农场、家庭社会等,这些场域中学生的实践活动包括了合作、讨论、实验、参观考察、劳动、宣传、制作等不同形式。不同形式的学科实践使得学生以动手、动脑、交流、表达等不同方式开展学习,学科知识从纸上谈兵转为学以致用。

4. 情感体验体现育人价值

学习活动的境脉离不开学习主体——学生的参与和情感体验,而生物学的特点又赋予了生物学学习活动独特的情感体验。在学习的境脉设计中,情境的设计可以围绕日常生活、社会焦点、环境与生物等问题选择典型事件,以激发学生原有情感体验。而遵循一定学习脉络的学习活动,渗透的是科学的本质。在学习脉络清晰的学习活动中孕育的科学思维,能引导学生情感趋于理性和辩证。而显性的学习活动结果,如模型、调查报告、生活应用等,能促进学生体验学习成功感和获得感,对学科情境中的问题产生情感共鸣。因此,境脉设计中感性与理性交融的情感体验,是生物学科育人价值的体现。

二、聚焦境脉的核心问题

1. 把握境脉中的情境问题

境脉中的情境设计首先源于学习学科知识的需要。要脱离灌输或直接传授知识的课堂形态,需要将情境作为知识学习的载体,人在情境中,知识也在情境中,因此情境事件的发展意味着知识的延伸。而探索情境中的知识还需要借助一定的学习场域,如教室、实验室、博物馆等。

由于情境中的问题基于学科知识,又伴随情境事件的发生不断发散、拓展或深入,所以情境中的问题多数是教师在进行境脉课堂的设计时可预测、可导向的问题。

例如,教室窗外有一棵槭树,这是生物学学习中近在咫尺的情境素材。若课堂学习的主要内容是光合作用,那么教师在组织情境时,可以把重点放在树叶的颜色变化上,引导产生"叶绿体色素"方面的问题;若课堂学习的主要内容是植物生长发育的调节,那么情境的重点可以是槭树向光侧和背光侧枝叶生长的差别,引导产生"植物如何适应环境"方面的问题;若课堂学习的主要内容是"细胞的生命进程",那么情境的重点可以放在新叶生长与老叶脱落的比较中,引导产生"细胞分裂、分化、衰老"方面的问题。

2. 收集境脉中的心境问题

若要让学习自然地发生,让学生像科学家一样地思考,那么在学习之初,学生对隐藏在情境事件中的学科知识是没有清晰认识的。他们并不知道课堂学习的内容是什么,提问的起点是对情境事件的自然探索。这很大程度上避免了学生"为了提问而提问",有助于心境的开启。

境脉中的心境问题是天然的学生问题,它来源于学生对特定情境事件的原有认知经验、探索情境的兴趣和动机、探索过程中的冲突和疑难。教师通过收集心境中的问题,能够了解学情,发现学生的已知和未知、已会和欲会等真实的学习起点和障碍点。

当然,任由心境中的问题在课堂上唱主角,也有一定的风险。每个个体都有自身独一无二的成长经历,形成了各自不同的问题视角,这大大增加了问题的发散性,容易造成核心问题的把握不准确——每个学习者都认为自己的问题很重要,都要需要解决。

3. 交汇两类问题形成核心问题

显然,如果忽视心境中的问题,我们对课堂核心问题的把握将会容易很多。但是这样做的话,就会回到我们在第二章已经讨论论过的问题:课堂境脉的设计不能只是关于"教"的设计。

所以,学会聚焦核心问题,关键在于找到情境问题和心境问题的交集。此时的核心问题,既是情境中的学生问题,也是基于教学内容的学科问题,所以核心问题仍是以学科问题为基础、学生问题为起点、教师问题为引导,"三位一体"的焦点问题。在具体的境脉中,问题的主要产出者是学生。作为情境的设计者,教师要通过引导推进、转变方向、澄清本质等方法,使学生问题与学科问题逐步靠拢,形成有明确指向的核心问题。

第二节
从学生的起点问题对接核心问题

一、厘清学生问题的不同层次

提问作为一项学习策略,能促进学生提升学习技巧。学生问题可以从简单的判断题开始或从已经遗忘的知识点问题开始,随着在境脉中学习的深入,逐渐尝试用"为什么""怎么样"之类的疑问词提出一些关于生物学概念及原理的解释性的问题。从学生提问起点对接核心问题的第一步是引导学生对问题的层次进行分类。我们可以依据安德森—布鲁姆学习分类法进行问题分层。

1. 从知识维度划分问题层次

从知识维度划分,是依据学生问题指向的答案划分问题层次。

指向事实性知识的问题。如糖类都是甜的吗? 这是关于生物学具体事实或要素的问题;又如,"×"在遗传学中代表什么意思? 这是学科专业符号意义的问题。

指向概念性知识的问题。如生物体中的有机物有哪些种类? 这是指向分类和类别的问题;什么是自由组合定律? 这是指向学科原理和通则的问题;什么是进化论,这是指向理论、模型和结构性知识的问题。

指向程序性知识的问题。如怎样鉴定大米粥中有没有蛋白质? 这是指向具体的学科实验技能的问题;怎样通过转基因技术生产胰岛素? 这是指向具体的生物学工程技术的问题;如何设计实验探究温度对植物光合作用的影响? 这是指向科学探究方案设计的问题。

指向元认知知识的问题。如有什么方法可以获知蛋白质的结构特点? 这是一个策略性问题,想知道的是获取知识的一般方法,如概括、归纳等;怎样评估实验设计的有效性? 这是指向任务认知要求的问题;我在学习遗传规律时薄弱的地方有哪些? 擅长的方面有哪些? 这是指向自我认知的问题。

2. 从认知过程划分问题层次

从认知过程划分，是依据解决学生问题指向的认知过程划分问题层次。

指向记忆/回忆的问题。如蛋白质的元素组成是什么？这是学习蛋白质之前已经学习过的内容，既是记忆性质的，也是回忆性质的。显然，这样的问题通过同学的帮助和提示或自行翻阅教材和笔记去解决，不需要花费很多时间。

指向理解的问题。如为什么蛋白质是生命活动的主要承担者？这是理解蛋白质功能的问题，需要通过生物学事实去概括蛋白质所承担的功能，如胰岛素能调节血糖水平、血红蛋白能运输氧气等，通过文本和图像等信息形式建构意义，从而达到理解水平的要求。

指向应用的问题。如怎样说明摄入蛋白质能提高免疫力？这需要学生在理解免疫力的基础上，对与人体免疫力有关的蛋白质功能进行信息提取，从而解释蛋白质在免疫系统中的作用。

指向分析的问题。如人体中已经有抗体了，为什么还要注射疫苗？这要求学生在理解生物学概念的基础上，从文本和图片信息中区分不同抗体结构上的差异，描述抗体蛋白结构改变后功能的差异，最后提炼出蛋白质结构与功能相适应的生命观念。

指向评价的问题。如怎样看待通过接种疫苗实现群体免疫的可行性？这一问题首先需要确定群体免疫的概念、接种疫苗的原理，再确定"接种疫苗实现群体免疫"这一结论的科学性。

指向创造的问题。如怎样向亲友做一次疫苗接种的宣传？这是指向特定主题发言或报告的问题。

二、认识有统领性的核心问题

"核心问题"是指在学科基本问题的关照下，依据本课时的学科重点问题，在充分考虑学生的起点问题（生活经验、知识基础与认知冲突、学习动机与兴趣点）后，产生的课堂的统领性问题，它是最能集中体现"以学生问题为起点，以学科问题为基础，以教师问题为引导"的"三位一体"的设计取向①。

单元的核心问题,统领的学习内容是比较完整的单元知识体系,因此对应的问题层次从知识维度划分,应指向重要概念或程序性知识甚至是策略性知识的探索;从认知维度划分,应指向分析、创造或评价水平的探索。

课时的核心问题,统领的学习内容容量较小,从知识维度来看,问题也可以是指向次位概念或程序性知识甚至是策略性知识的探索;但是受到课时本身的限制,从认知维度划分,核心问题更多指向应用和分析水平的探索。

核心问题是问题化学习活动开展的中心,从情感的角度来说,这应该是一个"激动人心"的问题。但更重要的是,核心问题在生物学学习中,必须是蕴含了思维质量的问题,即高阶思维的问题。高阶思维的问题才能统领学习的开展,涵盖生命观念、科学思维、科学探究和社会责任四个方面学习目标的落实。

以"内分泌系统中信息的传递和调节"一节中的核心问题"作为医生,怎样向病患解释激素治疗的必要性和可能的副作用?"为例,这是一个创造水平的问题。要解决这个问题,需要表4-1中的子问题或子任务作为支撑。

表4-1 核心问题统领下的子问题及问题水平
(内分泌系统中信息的传递和调节)

问　　　题	知识水平	认知水平
糖皮质激素有什么作用? 使用糖皮质激素会不会有副作用?	事实性知识	记忆
重症肺炎患者有什么症状?	事实性知识	记忆
糖皮质激素由什么内分泌腺产生?	事实性知识	记忆
讨论糖皮质激素能缓解重症肺炎患者的哪些症状?	概念性知识	理解
如何制作激素分级调节和负反馈调节的模型?	程序性知识	应用
怎样运用模型解释人体内激素含量的稳定性?	程序性知识	分析
如何以医患角色对话的形式解释激素治疗的必要性和可能的副作用?	程序性知识	创造

① 王天蓉,徐谊. 问题化学习[M]. 北京:教育科学出版社,2023:81.

三、以境脉要素确立核心问题

上文中我们已经谈到，对接核心问题的学生问题应该是高思维质量的问题，而问题化学习的起点就是学生提出问题。在第三章中，我们已经探讨了如何利用生物学多姿多彩的情境，引导学生自然而然地生发问题，并以此为学情起点辅助学习目标的确立。但是，学生怎样才能产生有思维质量的问题呢？不同学生受到个体经验、学习习惯等各种因素的综合影响，他们的问题发现力是不可能完全相同的。我们可以通过以下几个环节逐步提升问题层级，形成提出核心问题的途径。

1. 明确境脉中的两类要素

问题反映了学生的思维能力。有应试技能的学生是很容易学会提问的套路的。如围绕概念"细胞"，提出"是什么？""为什么？""怎么样？"的问题三件套，这说难也不难。但是教师就会困惑，这是学生真的想知道的问题吗？如若不是，那么以学生问题对接核心问题的学习意义又如何实现呢？的确，问题也需要个性化、多样化。在个性化、多样化的问题中，我们才能捕捉思维的变化，实现问题思维的层级发展，对接核心问题。

从学生的问题对接核心问题有两个境脉中的关键点，一是情境要素，二是心境要素。

显性的情境要素，能够将概念的学习置于对情境的认识过程中，根据学生思维水平的发展，灵活调整情境发展，使学生经历思维的过程来构建概念，真正理解生物学概念的科学本质。情境是问题化学习开展的显性主线，而其内含的知识的生长是确保问题散而不乱、分合有度的基础。

隐性的心境要素，是生发问题的主观原因。每一个学习者在他（她）成长的过程中，都形成了自己特有的认知经验和情感体会，由此产生个体独有的问题视角和提问能力。这些问题可能符合情境中知识生长的期待，也可能因为个体心境的独特性，完全背离了情境设计的初衷。因此如上文所言，境脉中的两类"境"的交汇之处，才是核心问题的聚焦之处。

2. 在观察和思考中提问

提出自己的问题离不开观察和思考,情境既是学习者观察和思考的环境,也是学习者观察和思考的对象。在学生还不能提出问题之前,不妨让学生先说一下自己观察到了什么。在表述后他们自然而然地会产生联想、想象、比较、推测、溯因等思考,问题就这样自然而然地产生了。

在"影响光合作用的因素"的学习中,以重庆株高 2.2 米的巨型稻种植为情境,从观察和表述开始引导学生思考,产生问题:

学生甲:我看到的水稻比普通的水稻高出了很多,为什么它能长那么高?(观察和比较)

学生乙:长得高,结的穗就一定产量高吗?(思维的顺推)

学生丙:长这么高,是不是要施更多的肥?浇灌更多的水?(思维的逆推)

学生丁:这比袁隆平爷爷的杂交水稻产量还要高吗?如果是的话,它产量高的原因有哪些?(联想以及思维的深入)

学生甲:水稻太高了,是不是不好收割呢?(思维的发散)

3. 以境脉要素判断问题的价值

在学校、家庭、工作场所、社区等各种真实境脉中研究学习问题,是境脉下生物学习的特征。境脉中的课堂,以真实情境为起点,涵盖了很多相关要素。这些要素,是学生在学习活动中抓主线、理脉络、建体系的基础,也是学生在各种学习境脉关系中互动、思辨、择取、判断问题价值的依据。

仍以"影响光合作用的因素"的学习为例:

在"农业上研发和生产巨型稻"的境脉中,情境的要素有"巨型稻的生长条件""巨型稻的种植优势""巨型稻对我国粮食生产的影响"等,这些以"巨型稻"为中心辐射出的很多问题,难免让学习者觉得比较散乱。但是,结合课时学习的内容要素"影响光合作用的因素",就可以引导学生对问题进行学习价值的判断。

学生甲:我看到的水稻比普通的水稻高出了很多,为什么它能长那么高?

这一问题是对巨型稻株高的探究,学生已经学过,光合作用的结果是产生和积累糖类等有机物,株高与此有关,但是探究株高与探究影响光合作用的因素关系并不十分密切。因此这是个边缘问题。

学生乙：长得高,结的穗就一定产量高吗?

这一问题的本质是,株高是影响光合作用的因素吗? 因此是一个能结合学习内容要素的问题。

学生丙：长这么高,是不是要施更多的肥? 浇灌更多的水?

这一问题是对影响巨型稻长高因素的具体设问,是一个明确结合了课时学习内容要素的问题。

学生丁：这比袁隆平爷爷的杂交水稻产量还要高吗? 如果是的话,它产量高的原因有哪些?

问出这一问题的学生,对真实情境的感知力很强。首先是在真实境脉中联系到了袁隆平的杂交水稻,其次是没有停留在水稻的"巨型"株高上,而是指出了光合作用与农业生产的本质联系——产量问题。显然,这是一个情境要素和学习内容要素深度结合后形成的好问题。

学生甲：水稻太高了,是不是不好收割呢?

这一问题的提出者,思维的特点是发散和跳跃,关注的情境点与学习内容要素无关,因此在本课时中没有产生相应的学习价值。

4. 能对接核心问题的问题特征

通过境脉要素的结合,学生明确了哪些问题是有学习的核心价值的,哪些属于补充和延伸的问题。那么,我们又如何引导学生在有价值的问题中判断出核心问题呢?

我们在前文中已经论述了教师如何基于安德森—布鲁姆学习分类法则对核心问题进行判断。但这是基于教师专业素养的核心问题甄选方法,并不适用于学生独立进行核心问题的判断。学生应该怎样在诸多问题中判断出核心问题所在呢?

该问题能否涵盖其他问题

核心问题相对于诸多有价值的问题,其关系包括核心问题是对其他问题的共性的抽象,或是其他问题形成一定逻辑关系后的最终指向。总之,核心问题必须以不同方式涵盖本课时或本单元的问题。

巨型稻产量高的原因有哪些?

这一问题可探索的方面很多,如水分、矿质元素等外部因素的影响,这同时涵盖了其他学生提出的具体的浇水施肥问题;也可以联系到株高等植物生长的内因,株高株型使得巨型稻叶子宽大,叶面积大则受光面积增大;由此又可进一步追问光照强度这一外因、叶绿素含量这一内因,符合核心问题的涵盖度要求。

该问题指向的社会境脉价值

学生对情境事件的价值和意义是有一定的感知力的。比如,为什么会有学生提出"如何收割"的问题,学生思维起源于该学生对巨型稻的意义解读——解决农业生产中的粮食产量问题,因此提出了很现实的问题:现有的收割机适合收割吗?尽管问题偏离了学习内容要素,但也反映了学生对情境问题的价值感知力。因此,以情境事件的社会价值、学科价值为判断依据,有助于学生进一步修正或强化核心问题。

解决该问题需要的方法和途径

判断是否为核心问题的另一角度是促使学生初步评估该问题如何解决。

查阅课本就能找到答案的问题,虽然学生并不会像教师那样将其归类为事实性知识,但是方法如此简单,作为核心问题的话,其指向的学习任务与较高的学习能力要求不匹配。

同样,一个人就能寻求答案的问题与一群人才能解决的问题相比,也显得过于单薄,无法支撑起一节课的学习内容,并不适合作为核心问题。

在生物学学习中,需要运用归纳、演绎、推理、溯因等科学思维解决的问题,以及需要通过实验设计和分析等探究途径解决的问题,一般是思维层级较高的问题。这样的问题,更可能统领完整的学习过程,成为核心问题。

第三节
在师生问题中共同聚焦核心问题

一、归纳分散的学生问题

归纳思维是一种从若干个别经验、知识上升到一般性认识的思维过程。归纳是概括的过程,若概括的对象是全体,则称为完全归纳;若概括的对象是部分,则为不完全归纳。经由实践证明的不完全归纳,具有思维的扩展性。如当人们得知胰岛素对控制某些糖尿病患者的血糖水平有效时,进而认识到胰岛素也可以治疗其他人的糖尿病。但是,归纳思维也具有或然性,从有限事例到无穷的对象,总有例外的产生。就像在使用胰岛素治疗糖尿病的过程中,又发现了一类胰岛素抵抗的 II 型糖尿病患者,使得注射胰岛素降低血糖的结论不能完全适用。

基于问题的自由度,我们可以引导学生归纳自己的问题。如果提供特定的学习内容,学生"套路式"地提问,问题明确而集中,就很难判断问题否为"真问题"。而在情境中,学生的问题更真实也更分散,此时就需要归纳问题形成核心问题。在诸多问题中归纳出核心问题,主要方法是求同归纳,即将不同问题的共性问题作为核心问题。求同归纳,有助于在确立核心问题后形成辐射或网状的问题系统,从而梳理分散的问题。

案例:"非细胞结构的生物——病毒"一课中核心问题的确立

以引发艾滋病的人类免疫缺陷病毒(HIV)为例,在阅读艾滋病的相关资料后,学生提出了很多问题:

这种病毒的致死率有多高?

与艾滋病患者接触的安全范围包括哪些?

最早的 HIV 从哪里来?

没有寄生的对象,病毒在空气里会很快死掉吗?

艾滋病目前有治愈的可能吗?

为什么说艾滋病患者会死于其他感染导致的并发症?

家里养的宠物也有感染 HIV 的风险吗?

将上述学生问题转化成学科问题,可以囊括病毒这节课的学习内容,但是问题又显得比较散乱。从学科问题的角度来看,本课时是关于"生命是什么"的具体问题,教师需要做的是帮助学生从散乱的问题群中归纳出本质问题。

教师和学生对问题的分析如图 4-1 所示:

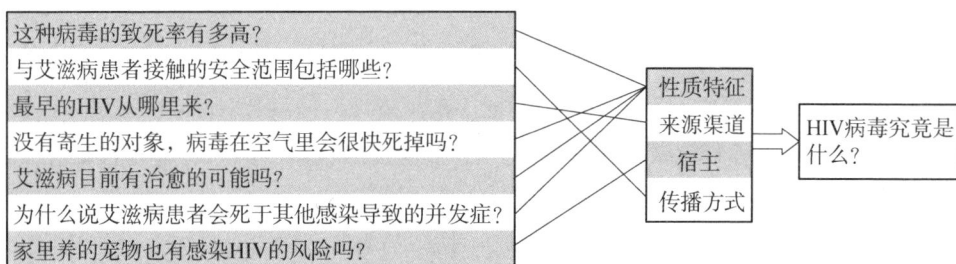

图 4-1　对"病毒"问题的归纳

经历问题分析后,教师启发学生:"你们这些问题的共同点在哪里?"

学生的回答是:"关注病毒""对 HIV 病毒感到好奇",在问题的求同归纳中,学生逐渐明确自己是想从病毒的性质特征、病毒的来源、病毒的宿主和传播方式等方面了解造成全球约 4000 万人感染的 HIV 病毒,因此确立了课时核心问题"HIV 病毒究竟是什么?"

二、协调并列的学生问题

协调是消除矛盾的思维和方法,是对矛盾宽容和灵活处理的态度。通过问题协调形成核心问题,适用于对学生问题分类后出现了几类并列的问题,且这几类问题对学习的重要性又难分伯仲,无论以哪一类问题为核心问题,都会产生问题聚焦的偏差和不准确,引起学习矛盾的产生。

通过协调引导核心问题的确立,是避免学生在讨论核心问题时去追求"一胜一负"的结果,引导学生实现问题局部或共性的协调,在问题化学习的过程中渗透求同存异、承认模糊、包容矛盾的思想。更重要的是,协调思维下的核心问题确立,表现出问题间相互联系、相互过渡,使核心问题与多个并列问题形成"亦此亦彼"的状态,核心问题由此成为并列问题的桥梁。

案例:蛋白质是重要的生物大分子

蛋白质是重要的生物大分子①

"蛋白质是重要的生物大分子"是沪科版普通高中生物学必修Ⅰ第二章"细胞的分子组成"第二节"蛋白质和核酸是重要的生物大分子"中第1课时的内容。在预习本课时内容时,以专家呼吁要增强蛋白质的摄入,提高人体免疫力的社会热点话题为境脉,要求学生结合教材内容提出自己的问题。从学情来看,学生在日常饮食中会对蛋白质有一定的了解的,这是境脉课堂的学情起点;而营养与健康是学生和家庭普遍关注的话题,"个体如何抵御病毒""蛋白质的重要性在哪里"这些问题形成了境脉课堂的情境起点。教师结合境脉要素,提供专家有关论述的视频,触发了学生对蛋白质的好奇和一系列问题的提出。学生问题主要有:①为什么多摄入蛋白质能增强人体免疫力?②什么是氨基酸?③蛋白质的结构是怎样形成的?④人体中的蛋白质有什么功能?(起到了哪些作用?)

师生共同分析学习问题,在问题系统中形成学习脉络:

首先是对问题的分类,问题①和④是基于情境产生的问题,指向的是蛋白质功能的探索;问题②和③是基于教材预习对蛋白质分子结构的探索。教师联系两类并列的问题,引导学生再次深入思考两类问题之间的关系,进一步联系情境和教材内容深入学习,提出新的问题:⑤"蛋白质的结构和功能之间有什么关系?"这一问题建立在探索蛋白质功能、蛋白质结构的基础上并协调融合了两类问题,由此确立本课时的核心问题及问题系统(图4-2)。

根据问题系统,确立本课的学习脉络为学习蛋白质的功能、蛋白质的结构组成,最

① 选编自:张燕.社会境脉下的生物问题化学习活动设计——以"蛋白质是重要的生物大分子"为例[J].中学生物教学,2022(01):47—49.

人体中的蛋白质有什么功能? → 为什么多摄入蛋白质能增强人体免疫力?

蛋白质的结构和功能之间有什么关系?

氨基酸是什么? → 蛋白质的结构是怎样形成的?

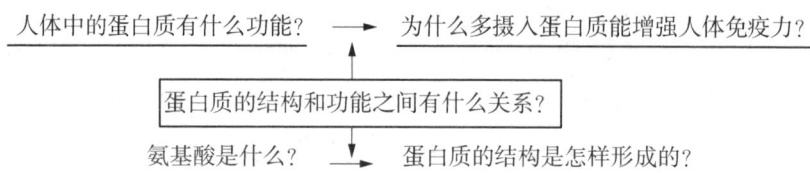

图 4-2 "蛋白质是重要的生物大分子"中的问题系统

后探索蛋白质结构和功能的关系。具体学习过程如表 4-2。

表 4-2 "蛋白质是重要的生物大分子"的学习过程

教学内容	教师行为	学生活动
情境引入	视频:医学专家建议民众多摄入蛋白质以增强人体免疫力	预习及课前活动: 结合教材和视频内容,提出学习问题 查阅蛋白质种类及功能的资料
构建问题系统	帮助学生分析问题,构建问题系统,结合情境,确立核心问题"蛋白质的结构和功能之间有什么关系?"	交流问题 对问题进行分类 明确本课核心问题
蛋白质是生命活动的主要承担者	解决问题1:人体中的蛋白质有什么功能?	交流不同蛋白质的不同功能 归纳出蛋白质是生命活动的主要承担者 自行解决问题2:为什么多摄入蛋白质能增强人体免疫力?
蛋白质由氨基酸组成	解决问题3:氨基酸是什么? 展示抗体的空间结构 展示抗体中的部分氨基酸 总结氨基酸通式 解决问题4:蛋白质的结构是怎样形成的? 播放氨基酸形成二肽的动画 引导学生分析三种数量充足的氨基酸能形成多少不同的三肽	认识到抗体(蛋白质)是一种生物大分子 比较和归纳氨基酸的结构特点 运用氨基酸通式判断不同化学结构是否为氨基酸 指出氨基酸之间的连接方式 小组合作模仿动画构建三肽 认识氨基酸序列不同引起的蛋白质结构不同

教学内容	教师行为	学生活动
蛋白质的功能与其结构密切相关	解决核心问题:蛋白质结构和功能之间有什么关系? 视频:每种抗体识别病原体的功能区不同	追问:既然抗体蛋白能提高人体免疫力,为什么还要注射疫苗? 分析抗体结构与识别抗原能力相适应的关系
小结与应用	教师提问:打疫苗和医学专家提倡多摄入蛋白质之间是什么关系?若你有一个身体健康的亲友害怕打疫苗、不愿打疫苗,你将给他怎样的建议?	交流和讨论 理解摄入蛋白质增强免疫力的原理

三、溯因链式的学生问题

溯因是科学思维中的一种重要思维方法。溯因的本质是格致。格致的原义来自《礼记·大学》:"致知在格物,物格而后知至。"格致在自然科学研究中,取其穷究事物之理而获取其知识之意。生物学学习中对问题的格致,指的是学生不断对生命现象的机理提出问题,寻求合理的解释,形成逐步深入的问题链。

格致问题,需要通过溯因实现问题中思维的推进。溯因思维是根据某现象的特征推测该现象产生原因的信息加工方式。溯因思维具有逆推性,即根据观察到的事物现象去追溯产生该现象的原因或条件;溯因思维具有创造性,即只要对解释某现象有用的观点、理论,都可以灵活地进行猜测;溯因思维还具有多元尝试性,即某一现象可能由不同因素分别导致,也可由复合因素同时作用引起,因此需要经历多次试探、尝试。[1]

案例:"细胞的有丝分裂"核心问题的确立[2]

通过有丝分裂的实验观察,学生提出问题(参看第三章第一节真情境中孕育学生问题)。如:

---

① 张大松.科学思维的艺术(科学思维方法论导论)[M].北京:科学出版社,2008:93—119.
② 节选自:张燕.比较思维和溯因思维在"有丝分裂"教学中的应用[J].中学生物教学.2021(10):25—27.

为什么有的细胞没有细胞核了?

似乎是粗线条的结构替代了细胞核,那是什么?

这些不同的细胞形态,在分裂中出现的先后顺序是怎样的?

1. 细胞分裂的过程溯因

以细胞分裂顺序的问题解决为例,学生对细胞图进行了过程溯因。

过程溯因,是根据若干现象推测这些现象之间存在的内在联系及产生联系的原因。

在对分生区细胞进行分类之后,根据细胞活动的目的先将有一个细胞核的细胞(A类细胞)作为分裂的起始,将已经形成两个小细胞核的细胞(B类细胞)作为分裂的结束。根据粗线状结构的形态与分裂起始细胞及分裂终止细胞的相似度,将D类细胞的分裂顺序靠近起始细胞,将C类细胞排列在结束点细胞之前,通过排除法推测后,E类细胞只能处于中间位置。

根据细胞排列的顺序,可推测有丝分裂时细胞发生了如下的变化:细胞开始分裂时,细胞核消失了,取而代之的是一团粗线状的结构,这些粗线状结构先有序排列在细胞中央,然后分离到细胞两侧去,最后粗线状物质消失,细胞核又出现了。此外,结合不同类型细胞数量的比较,还可推测出细胞不分裂(间期)的时间长,分裂期短。

2. 有丝分裂中染色体活动的溯因解释

溯因解释,是对已知现象的机理或原因作出回溯推测的思维方法,即对已观察到的某现象,提出疑问,形成原因猜想。如果这个猜想能合理解释观察到的现象,那么这个猜想成立。教师列出有丝分裂中的三种现象,引导学生对有丝分裂染色体活动进行溯因解释(如图4-3)。学生的推测和解释应既能符合观察到的现象也能符合已学的相关知识。

通过溯因,学生厘清了染色体活动的过程及目的,最终将问题聚焦于"细胞是通过什么方式来理清复制后的染色体,实现平均分配的?"

3. 实验设计和实证解释

教师提出"分子水平下怎样追踪染色体活动?"的问题,组织学生进行实验设计。学生围绕采用"同位素标记DNA"还是"荧光蛋白标记"、标记"一条染色体"还是"所有染色体"讨论并做实验设计。教师再播放植物细胞中一条染色体(DNA)被放射性同

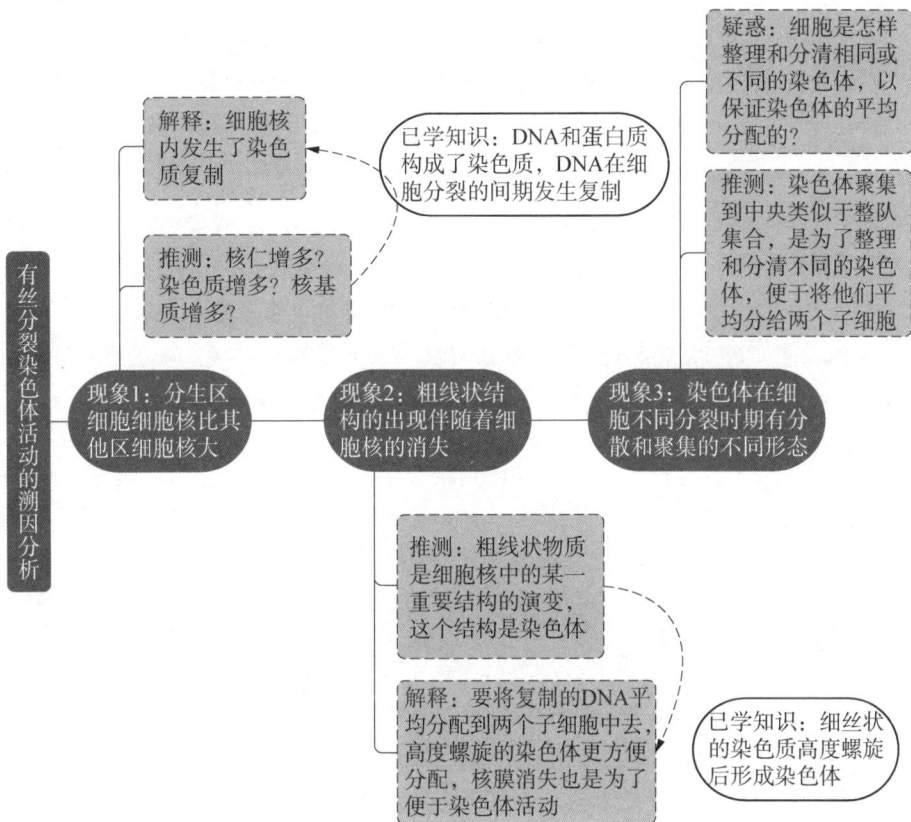

图4-3　有丝分裂染色体活动的溯因分析

位素标记后的有丝分裂动画,由学生来描述和解释:染色体在间期复制后一直以姐妹染色单体的形式共用一个着丝粒,直到后期着丝粒分裂后染色体受纺锤丝牵引移向细胞两极,实现平均分配。

本章小结

◎ 学科境脉的创设需要满足情境符合整体学习需要、学习脉络遵循学生认知逻辑、学习场域满足学科实践需求、情感体验体现育人价值等原则。核心问题一般是"情境问题""心境问题"的交集。

◎ "核心问题"是指在学科基本问题的关照下,依据本课时的学科重点问题,在充分考虑学生的起点问题(生活经验、知识基础与认知冲突、学习动机与兴趣点)后,产生的课堂的统领性问题。核心问题是具有思维质量的问题,从学生的问题对接核心问题必须厘清境脉中的情境要素和心境要素,以境脉要素判断学生问题的价值,包括该问题与其他问题的关系、问题指向的社会境脉价值、解决该问题需要的方法和途径等。

◎ 形成核心问题时,情境中的学生问题更真实也更分散,从诸多问题中归纳出核心问题,主要通过求同归纳,将不同问题的共性问题作为核心问题。并列的学生问题需要教师通过协调确立核心问题,引导学生在讨论核心问题时重视问题间的相互联系、相互过渡,实现问题局部或共性的协调,使核心问题成为并列问题的桥梁。链式的学生问题需要教师溯因引导,溯因思维是根据某现象的特征推测该现象产生原因的信息加工方式,通过溯因实现问题中思维的推进,找到境脉中的根本问题作为核心问题。

第五章

学会在情境中追问
——初育核心素养

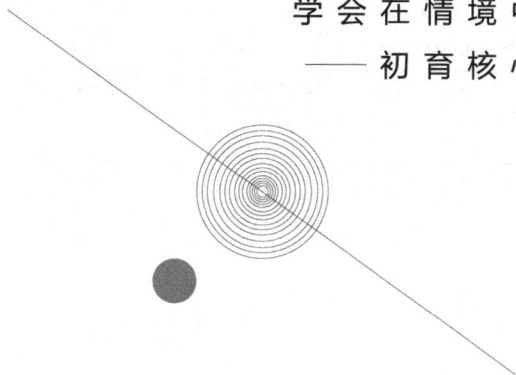

堂前燕问

◎ 如何用不同视角的追问实现概念构建？

◎ 如何依据情境发展引发追问，实现思维进阶？

◎ 如何设计境脉养成追问的生态？

本章图示导读

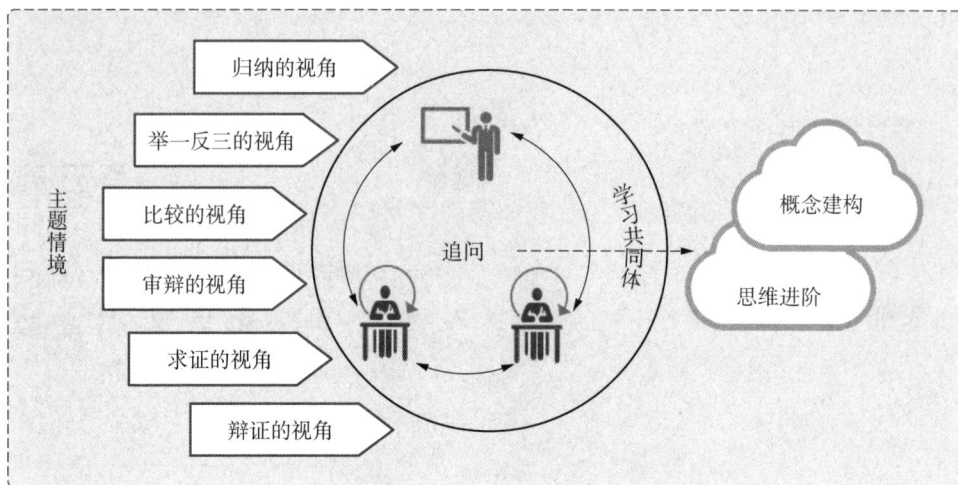

归纳的视角

举一反三的视角

比较的视角

审辩的视角

求证的视角

辩证的视角

主题情境

追问

学习共同体

概念建构

思维进阶

第一节
为构建学科概念而追问

一、转变生物学的前概念

科学哲学家卡尔·波普尔把宇宙分为"三个世界":世界 1:物质世界——包括物理的对象和状态,世界 2:精神世界——包括心理素质、意识状态,主观经验等,世界 3:客观的非物质客体——人类心智的产物,如科学理论、知识、方法等。[①] 以波普尔"三个世界"的哲学观解释生物学中境脉的意义,可以认为,境脉中的学习是以世界 1 的复杂性、时序性和演变性为情境,对应世界 3 的概念、原理、规律和理论为脉络,最终转变学生头脑中的世界 2,即主观经验和认识的改变、建构和完善。概念建构,即不断从世界 2 向世界 3 进行修正和完善的过程。

1. 认识生物学前概念

20 世纪 30 年代,心理学家维果茨提出了"自发概念"这一学习现象,具体是指学生在学习科学之前由其日常生活经验形成的对事物、现象的看法和观念,后来被称为前概念。

虽然以探索、认识未知和创新为主要任务的科学研究不具有全员参与的普遍性,但是科学现象却渗透和融合在生活与自然界的每一处。因此,学生在学习新的学科概念时,总会带着自己对相关生物学现象的认识和经验进入课堂。这些可能包含了错误的、不严谨的、不全面的知识和经验,构成了学科学习中的前概念。以下为生物学学习中常见的几种前概念:

观察感受形成的错误前概念

生物学学习有别于其他学科的特征之一是,人既是学习研究的主体,也常常是学习研究的客体。这一特征使得学习者更容易在主观感受中形成前概念。

[①] 卡尔·波普尔.客观知识[M].舒炜光,等,译.上海:上海译文出版社,1987:123—138.

如在"神经系统中信息的传递和调节中",教师创设生活情境:当你用手触摸到一杯很烫的水时,你是先感到烫还是先缩手?大多数学生认为先感到烫才缩手,这就是一种自我感受形成的错误前概念——大脑的感觉先于脊髓调节的肌肉反射。

在"植物生长发育的调节"一节的学习中,植物向光生长是自然界容易观察到的现象和常识。而学生出于长期印象,容易想当然地形成错误认识:既然向光生长,那么向光一侧就应该生长得快。

生活经验造成的不严谨的前概念

作为一门自然学科,生物学与社会发展、生产生活都有紧密联系,学生能在生活中接触到很多与生物学知识相关的问题。这些作为学习背景的生活经验虽然有利于激发学生学习兴趣,但个体经验认识所形成的不严谨的前概念也会对学科概念的构建造成阻碍。

例如,在日常生活中,学生经常能听到一些关于细菌引起的传染病的报道。在自身成长的过程中,也可能发生过一些因细菌感染造成的就医经历。因此他们很容易形成"细菌是有害的"这一不严谨的论断。实际上,细菌在自然界中扮演着非常重要的角色。有的细菌对人类健康是有益的,例如肠道中的益生菌有助于维持消化系统健康,有的细菌生活在土壤中,承担着生态系统中的"分解者"这一角色,还有一些细菌在工业生产、环境保护等方面发挥着重要作用。所以,不区分细菌种类和作用的"细菌有害论"是非常不严谨的。

基于已学知识的不全面的前概念

概念的学习是逐步进阶的,学生在学习前存在基于已学知识的前概念是普遍现象。但是,概念的形成需要知识网络的支撑,而在早期的学习中,由于相关的知识学习还不能完全支撑概念的构建,因此学生往往对学科概念只有粗浅的了解,他们的认识是不全面的。这种不全面的前概念,是学生概念学习中的正常状态,也是新课学习的基础和出发点。

如细胞有丝分裂的学习中,"中心体的作用"出现在沪科版《生命科学》第一册第三章"生命的结构基础",而本课学习的是第二册第七章"细胞的分裂和分化",相隔时间较长。在细胞结构的学习中,中心体的作用属于表象知识,学生只需要知道它与细胞分裂有关,但有什么关系,怎么起作用,他们没有深入了解过。以此为前概念,关于细胞分裂为什么需要中心体的问题,则需要对有丝分裂的目的有深入的理解。

2. 概念转变中的同化

作为一门以大概念构建课程体系的自然学科,概念建构是生物学学习的核心任务。生物学概念的建构并非建立在"白纸"一样的头脑中,而是建立在前概念的转变中。如何转变前概念? 波斯纳等人提出了概念转变模型[①],认为前概念发生转变的条件可以描述为学生对旧概念的不满足,对新概念的可理解性、可信任性和完整性的认可。皮亚杰提出,建构新知识有"同化"和"顺应"两种模式。

"同化"原为生物学概念,指生物体将外界的物质转变为自身需要的物质同时储存能量的过程。德国教育家赫尔巴特借用"同化"来解释知识概念的形成,他提出了在知识概念学习中把感知事物的共同特征进行抽象性的概括和综合,在原有知识概念的基础上引入新概念,丰富原有知识概念,进而实现原有概念和新概念之间的同化。皮亚杰则用这一概念解释认知发展的过程,他认为认知是不断重建的过程,学习者最终能将新学的知识同化到已有的认知结构中去。

从概念建构的角度来看,同化是从世界 2 向世界 3 进行完善的过程。生物学上的同化就是基于原有概念构建新概念的过程。

基于原有概念归纳上位概念

基于生活经验生成的前概念,一般是比较具体的事实性概念,对同类的事实性概念进行归纳和概括,即可同化得到上位概念。

如学生基于生活经验,知道以下事实性概念:缺钙会导致骨质疏松;缺铁容易造成贫血;缺碘容易造成地方性甲状腺肿大,那么自下而上可以归纳出"无机盐是细胞中必要的成分"这一上位概念。

基于原有概念扩展下位概念

已学的前概念若是抽象概念,则可以用来解释新的现象,并将新现象指向的事实性概念纳入原有前概念下,形成下位概念。

仍以细胞中的无机盐为例,当学生已经学习了"生物体需要适量的无机盐"这一概念后,面对植物绿色叶片发黄的现象,产生问题和研究问题的思路很具体:植物叶片是

---

① 罗莹,张墨雨.科学概念转变教学的新视野与新思路[J].教育学报,2018,14(02):49—54.

否缺少必需的无机盐？由此进行全营养液和不全营养液条件下的植物培养及探究实验,拓展下位的事实性概念:镁是植物叶绿素必需的成分。

基于原有概念推导平行概念

从原有概念推导平行概念的同化过程,重点是掌握原有概念属性特征,从属性特征中推演和比较出平行概念特征中的相同点和不同点,形成新概念。

如学生头脑中有了有氧呼吸的概念后,掌握了真核生物有氧呼吸概念中的几个要素:场所(细胞质基质和线粒体)、反应物(以葡萄糖为主的有机物)、产物(水和二氧化碳等)、目的(获取有机物中的能量)。再通过有氧呼吸的概念来推导无氧呼吸的概念,可以根据上述几个要素进行概念同化:无氧呼吸的发生场所在哪里?反应物是什么?产物是什么?目的是什么?与有氧呼吸的区别在哪里?上述问题的提出和解答即通过概念同化形成了新概念。

3. 概念转变中的顺应

顺应是概念转变的根本形式,是为了成功地理解新现象而进行的概念重构。在高中生物学概念教学中,如果因为新概念与前概念之间有矛盾或差异很大,无法同化时,那就必须对原有认知结构进行修改或重建新的结构,依靠修改或重建后的认知结构去组织新知识。从概念建构的角度来看,顺应是从世界2向世界3进行修正的过程。

在生物学学习中,需要以顺应来进行概念转变的情况主要有以下几种:

超越对学科已有概念的认识

即使是经过系统学习形成的前概念,也可能造成学生的认识冲突。

如对高中学生来说,在初中阶段学习的呼吸系统很可能对细胞呼吸的学习造成顽固的前概念影响,学生误认为细胞的呼吸作用,就是吸收氧气,呼出二氧化碳。因为关于"呼吸"的前概念,学生学习的是呼吸系统,理解的是人和动物体在新陈代谢过程中要不断消耗氧气,产生二氧化碳。机体与外界环境进行气体交换的过程称为呼吸。这是基于个体水平的"呼吸"。而高中阶段所学的呼吸,是基于细胞水平和分子水平的学习,细胞呼吸的本质是氧化分解有机物获得生命活动需要的能量。若不区分两个"呼吸"的研究水平,学生对细胞呼吸的概念认知将出现严重的偏差,很难将关注点落到物质转变造成的能量变化上去,不利于物质与能量观的形成。

避免因固有认知产生概念偏差或错误

生活体验的主观性或学习上的固有认知容易使学习者处于一种"想当然"的状态，当偏差或错误认识占据了头脑时，新的、正确的概念就"进驻"不了。

如上海市某区高中生物学的一次测评中，有试题如下。[①]

"卵子死亡"是我国科学家新发现的一种人类单基因遗传病，是 PANX1 基因突变引起的 PANX1 通道异常激活，加速了卵子内部 ATP 的释放，卵子出现萎缩、退化的现象，最终导致不育，该基因在男性个体中不表达。

某女子婚后多年不孕，经检测为该病患者，图 5-1 是该女子（4 号）的家庭遗传系谱图，基因检测显示，1、4、6 号含有致病基因，2、3、5 号不含致病基因。回答下列问题。

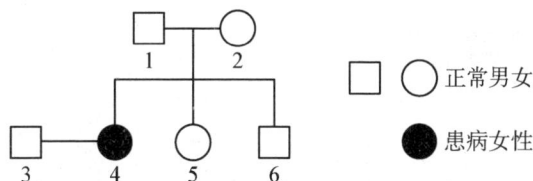

图 5-1　患病女子的家庭遗传系谱图

据图 5-1 分析，可判断"卵子死亡"病的遗传方式是＿＿＿＿＿＿＿（常/X/Y）染色体上的＿＿＿＿＿＿＿（显/隐）性遗传病。

该题在全体学生中正确回答"常染色体显性"的学生占 45.62%，推断为"隐性遗传"的学生占 50.48%，其中进一步推断为"X 染色体隐性遗传"的为 38.77%。除市示范性高中学生外，回答"X 染色体隐性遗传"的学生占比都超过了回答"常染色体显性"的学生。

从试题讲解的学生反馈中，可以看到主要问题是学生的惯性思维：针对系谱图中 1 号、2 号和 4 号的关系，用遗传病判断口诀"无中生有为隐性"且不符合"女患父必患"，推测出该遗传病类型为常染色体隐性遗传。

这反映了学生解题时过分依赖解题"套路"和对口诀的不理解。这是重结论和规律、轻相应推导过程的结果，最终留下一个"死"的概念指导解题。

---

① 节选自：张燕. 一道遗传特性推断试题分析学生科学思维的差异[J]. 生物学教学，2021，46(12)：59—60.

突破认知水平对概念构建的局限

认知水平是个体对外界事物认识、判断、评价的能力。影响认知水平的因素很多，如信息处理能力和思维能力等。认知水平不足局限了学生的概念转变和新概念构建。

如在沪科版《生命科学》教材"生命的物质基础"中，提出了这样一个问题："糖类都是甜的吗？甜的都是糖类吗？"这个看似绕口令一样的问题，就是有意在突破学生对糖类的认识。希望学生不要只提取到"糖"和"甜"的联系，而要以辩证的思维认识糖类——生物学中糖类并非为味觉的"甜"服务，而是作为生命活动的主要能源物质存在；反之，当人类意识到为满足口腹之欲摄入过多糖类的危害后，对"甜"的口味追求也逐渐被木糖醇、阿巴斯甜等其他甜的物质部分替代。

二、追问中实现概念构建

概念建构是学生不断修正和完善自身认识的过程，而在问题化学习中，来自教师、同伴以及自己的追问，是实现修正和完善概念认识的重要途径，不同视角的追问蕴含着不同的科学思维方法和问题解决途径。

1. 追问中同化

以归纳的视角追问获得上位概念

归纳是指由一系列具体事实推出一般结论的思维方法。以归纳的视角追问，关键词一般为"总结""概括""共同点"等。

例如，观察到不同类型的细胞都有细胞核和质膜，得出细胞都有细胞核和质膜的结论，就是归纳思维。引导学生以归纳的视角追问，如血红蛋白具有运输氧气的作用，免疫球蛋白具有免疫防护的作用……不同蛋白质的功能不同，你能从中总结出对蛋白质功能的认识吗？

由上例可见，培养学生学会以归纳的视角追问，目的在于学习如何对事实性知识进行抽象，从而获得上位概念。

以举一反三的视角追问丰富下位概念

举一反三是把一般规律应用于具体实例的思维方法。举一反三的追问，是建立抽象概念后对具体的生物学事实性知识的追问。举一反三的追问，体现的是追问者灵活的头脑和自由的思维能力。

如学习了"质膜由磷脂和蛋白质组成,参与细胞的物质交换和信息交流"这一概念后,可以追问:"细胞内其他的膜结构也有物质交换和信息交流的能力吗?"在对其他膜结构功能的追问过程中,思维的第一个落脚点是"举一反三"中的"一":"质膜为什么具有物质交换和信息交流的能力?"经过第一个追问,学生想到了"质膜上的磷脂、蛋白质和多糖执行了上述功能",于是出现了第二个追问:"其他生物膜结构上的物质组成也相同吗?"通过层层追问,学生不仅知道了细胞内膜系统的基本性质等一系列下位概念,且在追问中自然而然地运用了结构与功能观去发现和解决新的问题。

可见,培养学生学会以举一反三的视角追问,能促进学生通过对上位概念的理解来学习下位概念,其自主学习的能力得到了加强。

以比较的视角追问推导平行概念

比较是确定事物同异关系的思维过程和方法。运用比较思维可以同中求异,又可以异中求同,使分析更为全面;比较思维可以对同一观察对象的不同方面、不同部分进行比较,也可以对不同位置、不同时期的观察对象进行比较,具有操作的灵活性。

如学习有氧呼吸后对无氧呼吸的概念可以引导学生通过比较的视角追问并实现自主构建。包括比较发生的场所有什么异同?反应物和产物有什么异同?最终从产物的不同中理解无氧呼吸是不彻底分解有机物的过程,本质的区别是释放的能量不同。通过比较的追问,不仅推导出了无氧呼吸的概念,而且还在比较中进一步理解了生命活动中物质变化与能量转化的必然联系。

培养以比较的视角追问,能加深学生对生命现象和生命活动的多方向、多层次的联系与思考,从概念学习中更深刻地认识生命活动的本质。

2. 追问中顺应

以审辩的视角追问,超越已有概念

审辩思维,具有求证、理性、开放、灵活、正确评价、审慎作出判断、愿意重新考虑并做出调整等特点。超越已有概念,需要以审辩的视角追问,体现的是求真的态度、开放的思想。通过顺应完成概念重构,需要学生具备好奇、敏锐和求真的思维特性,以及阐释、分析、推理、评估、解释和自我调整等认知技能,这样才能追问出有质量的问题。

如"衰老和死亡"是学生在学习生物学之前已有的概念,这一概念一般与悲伤、低落的情绪相伴相随。"衰老和死亡一定是生命的尽头吗?"教师一边提问一边呈现一幅落叶满地的秋景,学生由此想到了诗句"落红不是无情物,化作春泥更护花"——正是有了衰老和死亡,大自然才循环往复,生生不息。学生受到启发追问本课主题:"那么细胞的衰老和死亡也是积极和有意义的吗?"——从而展开学习,认识到细胞的衰老和死亡是自然的生理过程,是生物体清除衰老、损伤或病变细胞,具有积极意义的生命活动,完成对已有概念的超越。

培养审辩的视角追问,是突破固有概念的主要方法。在自我追问和互相追问中,更新头脑中的概念,形成批判性思维。在上例中,学习"细胞的衰老和死亡"不仅仅是呼唤一种积极乐观的生命态度,也是在引导学生从教材文本中重新分析、评估、解释概念,这样的追问就具有了批判性思维理性、灵活的特点。这种思维特质和情感变化是值得我们在教学中渗透和关注的。

以求证的视角追问,避免偏差或错误

求证,在生物学研究中常用的方式是论证。根据图尔敏论证模型中的相关要素,结合生物学教学特点,运用"资料""支持""反驳""结论"四要素[①]解题论证。解题时的自我追问,是保证论证思维清晰有序的基础。

在本节"卵子死亡"的遗传题分析中,教师引导学生通过对"支持""反驳"的追问进行论证解题[②]:

资料:整合题干信息于原系谱图(见第113页)中,形成图5-2所示的系谱图。

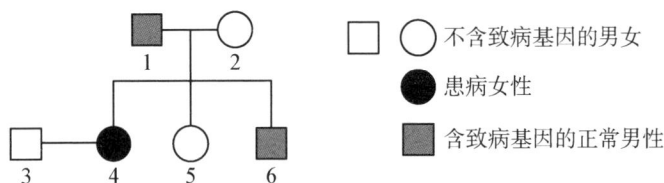

图 5-2　整合题干信息后的系谱图

---

① 谢群,苏咏梅.论证——科学教育的本质[J].生物学通报,2016,51(03):10—14.
② 改编自:张燕.一道遗传特性推断试题分析学生科学思维的差异[J].生物学教学,2021,46(12):59—60.

追问1:如何从上下代关系中推测基因所在的染色体类型?

家族中父亲(1号)有致病基因而母亲(2号)不含有致病基因,二者的女儿(4号)、儿子(6号)都遗传到了父亲的致病基因,所以是常染色体遗传病。(支持)

追问2:怎样反证致病基因不在X染色体上?

若该致病基因在X染色体上,则6号不能遗传到该致病基因,若在Y染色体上,则4号不能遗传到该致病基因。(反驳)

追问3:如何推测致病基因的显隐性?

女儿(4号)只有一个来自父亲(1号)的致病基因即表现为生病,符合显性遗传特点。(支持)

追问4:怎样反证致病基因不是隐性基因?

若致病基因为隐性,则女儿(4号)不应该患病。(反驳)

结论:该遗传病为常染色体显性遗传病。

可见,学生在追问中运用了论证思维,简化了解题思路,形成了清晰的思考路径,对单基因遗传病的整体概念也进行了重新构建。

以辩证的视角追问,突破认识局限

从辩证的视角追问,需要学习者将学习客体作为一个整体,在其内在矛盾的运动、变化及各个方面的相互联系中进行思考,以便从本质上系统地、完整地认识对象。对立与统一,是生物学思想的基本观点之一,而学习和认识对立和统一的观点,需要的就是从辩证的角度提出问题。

如学习光合作用时我们理解了生物体是如何将无机物转化为有机物,将太阳能储存在糖类等有机分子中的。具有辩证视角的学习者,会发出这样的追问:那么反过来,能量又怎样从有机分子中释放出去呢?生物体的有机物又会不会再分解成无机物呢?这两个问题就是单元内跨课时的追问。物质既要合成又要分解,能量既要储存又要释放,这是光合作用和呼吸作用的相互对立;物质的合成与分解,其目的是获取能量并供生命活动使用,物质与能量相伴相随,这是二者的相互统一。追问突破了学生对光合作用和呼吸作用的孤立认识,进而形成了新陈代谢的上位概念。

可见,以辩证的视角追问,有助于学生突破概念的孤立学习带来的认识局限,建立由多个概念抽象形成的上位概念。

案例:追问中的知识脉络形成与概念发展

不同视角的追问有助于学生澄清前概念,建构新概念。这也是知识脉络的形成过程和概念纵深发展的过程。以下以"遗传的分子基础"单元中"基因选择性表达导致细胞的差异化(第1课时)"为例,探索追问中的概念发展。

1. 课时问题系统及概念推进

本课时的教学以两个主线问题:"什么原因导致了细胞分化?""怎样调控基因的选择性表达?"来完成"细胞分化的本质是基因选择性表达的结果"这一概念的建构;通过四个科学实例分析:"鸡的三种细胞中 DNA 和 mRNA 检测""大肠杆菌在不同条件下 *LacZ* 基因的表达""海鞘胞质对细胞分化的影响""果蝇 *Atnp* 基因异常表达导致发育异常",完成问题解决及问题解决后对概念的深入认识。问题系统及概念推进的流程如图 5 - 3 所示:

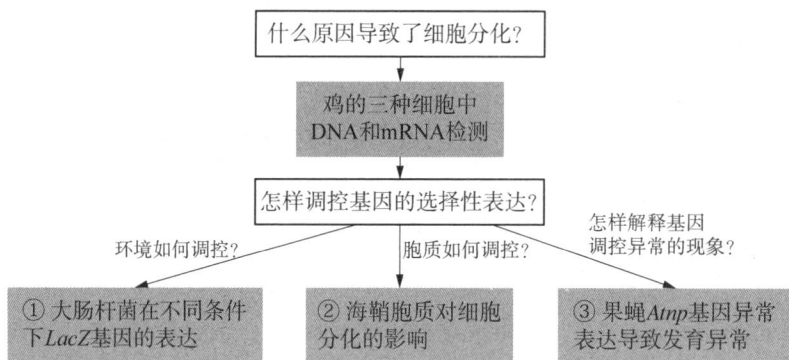

图 5 - 3　问题系统及概念推进图

2. 学习目标

通过问题的发现和科学实例分析,概述细胞分化的本质是基因选择性表达的结果,理解生物体中基因表达受到严格调控,形成生物与环境相适应、结构与功能相适应的生命观念;

通过追问分析基因选择性表达调控的多种因素,形成一果多因的科学思维;通过

对果蝇 Atnp 基因异常表达导致发育异常的分析,学会使用演绎推理的方法解释生物学现象;

经历"鸡的三种细胞中 DNA 和 mRNA 检测""海鞘胞质对细胞核基因表达的影响"的实验分析,学会分析实验结果,阐述实验结论;

以演绎的视角追问基因异常表达的细胞对个体的影响,认识细胞分化后细胞间分工及合作的重要性。

3. 教学过程

表 5-1　教学过程表

教学内容	教师行为	学生活动
情境引入	视频展示鸡胚胎的发育	观察胚胎发育
细胞分化的本质	结合鸡的胚胎发育,复习已有概念: 1. 细胞分化的结果是同一来源的细胞合成的蛋白质不完全相同 2. 依据中心法则,蛋白质的合成是基因表达的结果 3. 同一受精卵有丝分裂形成的子细胞,细胞核中的遗传物质是(基因)相同的	**根据已有概念提出疑问:分化后的子细胞,遗传物质(基因)是相同的,为什么蛋白质不完全相同？什么原因导致了细胞分化？** 猜想1:鸡已分化的细胞丢失了部分基因导致不能合成相应的蛋白质 猜想2:鸡已分化的细胞中部分基因没有表达,导致不能合成相应的蛋白质
	实例介绍: 科学家提取了鸡的输卵管细胞、红细胞和胰岛 B 细胞,对这三种细胞中的 DNA 和 mRNA 进行了检测	分析实验,得出结论: 分化的细胞中部分基因没有转录,细胞分化是基因选择性表达的结果
	总结:上述实验中的基因调控是发生在转录水平上的 **追问1:依据中心法则,基因的调控还可能发生在什么时候？** 模拟活动:鸡不同细胞中基因表达的开启或关闭	在图示和教师的引导下,从中心法则中推出,基因调控还可能发生在转录后水平、翻译水平以及翻译后水平 用便利贴表示不同基因在不同细胞中的表达情况,并作出合理解释
基因选择性表达的原因	引导:从基因调控的不同水平中可知,基因的表达受到转录翻译等过程的调节 介绍实验: 大肠杆菌在有乳糖和无乳糖两种不同情况下的 *LacZ* 等基因的转录情况	**追问2:怎样控制基因的选择性表达？** 分析实验,描述环境中的乳糖是如何促使 *LacZ* 等基因发生转录的,无乳糖情况下 *LacZ* 等基因的转录是如何被抑

教学内容	教师行为	学生活动
	总结:在没有乳糖的环境中,与乳糖利用有关的基因的表达是对物质和能量的浪费。因此基因调控表现了大肠杆菌对环境的适应和自我调节	制的 得出结论:细胞所在的环境因素变化可以调控转录的发生
	简介:和几乎所有多细胞真核生物一样,鸡细胞生活的环境是相对稳定的。 实例介绍:我国生物学家童第周把海鞘受精卵一分为二,用其中无核的部分分别植入海鞘不同类型细胞的细胞核后培养,形成的组织与细胞核来源无关,与细胞质组分有关	**追问3:多细胞生物发生细胞分化时,又是如何调控基因的选择性表达的?** 分析实例,获得结论:细胞分化过程中基因的选择性表达受到细胞胞质的调控
探索和总结	展示果蝇部分基因与个体发育的对应关系,引导学生观察与果蝇第二对足发育有关的 $Antp$ 基因在触角细胞中异常表达的现象 总结:经过严格调控的基因选择性表达,其结果是分工明确的细胞分化,这是生物体细胞间分工合作的基础	追问4: $Antp$ 基因的表达为什么会使触角长出足? 以演绎推理的方法预测基因异常表达形成的细胞对个体的影响

案例中的追问与概念发展

在本课时中,学生的学习主要建立在细胞分化(新教材必修Ⅰ第5章)、基因的表达(新教材必修Ⅱ第1章)这两部分已学知识的基础上。而本课时的学习是围绕"个体发育过程中,细胞会发生特异性分化"这一概念展开的,课时学习给学生带来的认知冲突是:有丝分裂使同一来源的子细胞遗传物质基本相同,而这些细胞中的蛋白质合成情况却不完全相同,这是为什么呢?——这是探索细胞分化本质的学情起点;中心法则是学生刚学完的内容,结合实例并依据中心法则来说明基因选择性表达的原因,使教学建立在已有的学情基础上。"胞质内容物(决定子)对细胞基因选择性表达的调控"这部分内容对学生来说没有学习基础,较难理解,拟通过科学家实验等实例加以说明。

这一过程中产生了几种视角的追问以及追问下的概念发展。

以举一反三的视角追问:当学习基因调控可以发生在基因的转录过程中时,教师给出线索"依据中心法则",启发学生举一反三"基因的调控还可能发生在什么时候?"这促进了学生对"细胞分化是基因选择性表达的结果"这一概念的深入理解。

以引申的视角追问:在理解细胞分化的原因是基因的选择性表达后,引导学生通过追问"怎样控制基因的选择性表达?"促进学生基于已有概念发展出新的概念。

以比较的视角追问:在分析单细胞生物在变动的环境中的基因选择性表达后,学生比较单细胞生物和多细胞生物的区别,追问:"多细胞生物发生细胞分化时,又是如何调控基因的选择性表达的?"通过对两个平行子概念同中求异的比较分析,学生对概念的认识更为全面。

以求证的视角追问:对于果蝇第二对足发育有关的 *Antp* 基因在触角细胞中异常表达的现象,追问"果蝇触角 *Antp* 基因的表达为什么会使触角长出足?",是以演绎的方式推导基因表达异常的结果,检验了学生运用课时概念解释新问题的能力。

第二节
为推进思维脉络而追问

一、在主题情境中酝酿追问

学习进阶可以描述为较长时间内,学生学习某一主题时思维的连续发展路径。课堂问题可以促进师生课堂互动作用,从而有效检查学生的学习,促进学生思维发展和知识巩固,顺利完成课堂教学目标。[①] 在学生问题中,追问尤其能反映学习进程中学生对客观知识的内化和运用过程。

追问是思维发展的过程。如图 5-4 所示,主题情境为问题酝酿提供了多种信息,激活了学生的学习动机,奠定了思维起点;递进式的追问使学生不断进行推理、判断、概括……,在解决核心问题的同时也发展了高阶思维。

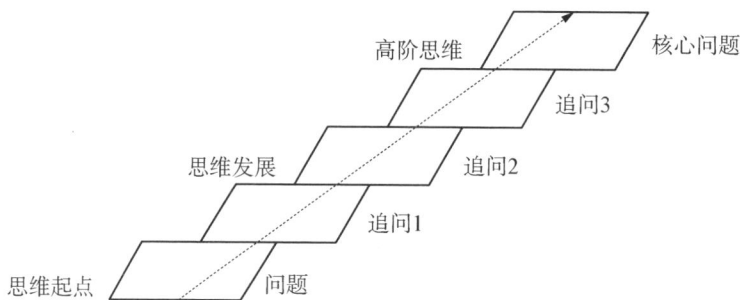

图 5-4　追问中的思维进阶

问题既是思维开始的地方,也是思维能得到发展的载体,思维的发生离不开问题,问题与思维之间存在着密不可分的联系。[②] 通过情境设计,激发并收集了学生的问题

---

① 皮连生.教学设计[M].北京:高等教育出版社,2000:144.
② 朱忠明.问题思维教学的内涵、实践缺失与建构[J].教学与管理,2016(06):98—101.

后，教师可以先行梳理境脉中的学生问题是否具有思维脉络。

秋季校园内的植物银杏一树金灿灿，鸡爪槭色艳如红花，松柏却仍是郁郁葱葱一片常绿。这触发了学生的问题：

黄叶、红叶中还有没有叶绿素呢？

黄叶、红叶能和绿叶一样进行光合作用吗？

掉光了叶子的银杏树是如何活过一个冬天的呢？

我们来分析一下上述问题："黄叶、红叶中还有没有叶绿素呢？"是基于现象的直接提问，属于浅层思维；"黄叶、红叶能和绿叶一样进行光合作用吗？"是基于对叶绿素作用的认识提出的疑问，思维有所发展；"掉光了叶子的银杏树是如何活过一个冬天的呢？"，这个问题的提出，是在认识到光合作用对植物生存的意义后提出的。三个问题一方面体现了问题探究由表及里、逐渐触及生命本质的层次性；另一方面，几种植物相互比较的情境设计也使得学生提问的主题相对集中，有利于核心问题的把握。

反之，当没有情境或情境过于宽泛时，学生提出的问题又是怎么样的呢？再来回顾一下教师收集的关于牛奶的学生问题（详见第三章第一节的"生活中的问题"），这些问题因依托的情境过于宽泛，涉及的学习内容太多，很难形成顺畅的思维脉络。可见教学时需要结合单元或课时主题，进行更为具化的境脉设计。我们不妨缩小境脉的范围，具体如下所示。

以冷藏鲜奶和常温奶的保质期和保存要求等包装信息的比较为情境（图 5－5），学生的问题集中为：

产品信息

品名：自有牧场限定高品质牛乳
产品类型：全脂高温杀菌乳
规格：200ml
配料：生牛乳
储存条件：2℃-6℃冷藏
保质期：15天

超高温全脂灭菌乳

配料：全脂牛奶
原产国：波兰
净含量：1L
保质期：12个月
贮存条件：请置于阴凉干燥处，开盖后需冷藏。

图 5－5　两种牛奶的产品信息

牛奶保质期的长短，是由什么决定的？

高温和超高温的具体温度是什么？

杀菌和灭菌的效果有什么区别？

上述问题形成了微生物学习的三个层次：了解微生物的生长繁殖→区别杀菌和灭菌的实验技术→理解杀菌和灭菌操作对微生物效果不同的原理。

二、在追问中实现思维进阶

问题化学习关注学生的思维过程，发展学生的高阶思维。但是，思维活动一般是隐性的，学生虽然在情境中会发生主动思考，但往往不会明确地意识到自己的思维过程，这样就很难评估自己的思维方式是否科学、可否改进，教师也无从得知学生的心理活动。

比如，当一个学生提出问题时，其他学生可能不知道同伴是怎样想到这个问题的；学生回答问题遇到困难时，教师也需要了解，学生处于"不会"的哪一阶段，是缺乏基础知识，还是没有探究的方法，抑或是当众交流带来的羞怯和表达不畅。简而言之，追问在此时的作用是帮助教师和学生弄清楚思维障碍、学习过程的卡顿点在哪里，使学习从只有自己知道甚至自己也不完全清楚的状态，进阶到"言而有据，条理分明"的思维状态。

1. 教师连续追问，引导思维深入

面对学生答不出来的问题，很多教师缺乏间答的耐心和技巧，有的教师会直接自问自答，有的教师会对错误的回答不置评价，转而换人再答。这样一来，学生可能就错过了一次思考的机会，也达不到问题提出的意义。教师的连续追问实际上是给学生提供了深度思考的机会，在追问的引导下，学生可以通过问题分解、问题启发等途径回答出原本自己回答不了的问题，增强学习自信心。更重要的是，教师的追问在加强学生科学思维的逻辑性与严谨性的同时，也揭开了生命的本质。

在"人体的体温调节"的教学中，教师用"一杯热水放到冷水中，热水水温会快速下降""冬泳爱好者冬泳时，较长时间浸泡在冷水中却体温不变"进行对比，形成真实的生活情境，鼓励学生对此提出问题。

学生首先提出的问题是："冬泳体温真的不会下降吗？"教师追问学生："怎么知道体温有没有变化？"教师的反问让学生意识到，要判断人体的体温，首先要明确体温的

概念和体温测量的科学方法。教师再追问:"体温稳定对人体有什么意义?"面对生活中习以为常的体温知识,教师的追问帮助学生切换了思考问题的视角。学生从光合作用、呼吸作用的影响因素等旧知中温故知新,认识到温度对人体的具体影响,明确体温恒定的意义。

学生提出的第二个问题是:"为什么冬泳时体温不会下降?"教师追问学生:"为什么杯中热水的温度会下降?"这一问题为学生提供了一个比较的视角,他们从热水的降温中提取了散热问题,迁移后列举出了人体散热的途径。教师再追问:"既然人体和一杯热水一样散热,体温为什么能不变?"学生立刻推测出,人体的特殊性在于还能产热,并复习细胞呼吸等已有知识,说出人体产热的主要途径。学生最终回答了自己提出的问题,冬泳时体温不会下降,是人体增强产热量,使之与散热量保持平衡的结果。

学生再提问:"身体是如何做到快速加大产热量,来平衡人体在冰水中的大量散热的?"教师追问:"温度变化是一种外界信息,信息传递的方式有哪些呢?"这一追问既指向了复杂的体温调节过程,又提示了分析这一问题的关键——对内环境中信息传递的方式开展探究。学生进入合作学习阶段,基于反射弧概念,构建寒冷时体温调节模型,并进行分析、讨论和修正。

上述学习案例中,教师通过五个追问促进了学生分析能力的进阶。分析的过程体现了学生思维由表及里、由浅入深的过程。通过追问及问题解决,学生将体温调节的过程进行多重因果连接,从而认识到内环境稳态是如何维持的,把握了生命活动的本质。

2. 学生互相追问,提升思维品质

面对同一个有难度的问题,学生的思维过程是各不相同、各有闪光点的。学生思维仿佛是一个宝库,而掘宝人却不一定是教师。同伴之间的友谊、默契和平等交流的氛围能让他们更为轻松地表达自己的想法,提出自己的质疑,碰撞出思维的火花。教师应鼓励学生对一个问题从不同的视角进行追问,或基于一种观点不断地进行追问,由此扩展思维的广度,提升思维的深度。

在"激素的反馈调节"的学习中,教师以生活中糖尿病病人餐后过量注射胰岛素引起昏迷的病例为情境,引导学生学习和认识人体内的激素分泌是受到反馈调节的。

患者通过使用胰岛素来降低血糖,减轻糖尿病症状。那么患者使用胰岛素不当的

摄入糖类过多　　　　需要更多胰岛素

信息 ──反馈不准确──→ 判断

后果 ←────────── 行为

血糖过低导致昏迷　　　过量注射胰岛素

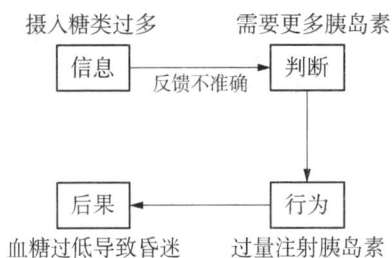

图 5-6　过量注射胰岛素的信息与行为分析

原因在哪里呢？师生通过"信息—判断—行为—后果"的模式（如图 5-6）分析，发现"血糖浓度"这一信息反馈的重要性。此时，学生 A 想到了自身的胰岛素分泌，提出了问题："健康人体中，胰岛素的分泌量是如何被决定的？"

这个由情境类推产生的问题直接指向了激素的反馈调节的学习，可以作为本节课的核心问题。但是这个问题提出以后，学生本人和其他学生对如何解决这个问题都没有头绪。教师提示，可以参照病例中患者的"信息—判断—行为—后果"来分解问题。于是有了以下对话：

学生 B 问学生 A："病人注射胰岛素是基于自己早饭吃多了这个信息，那么人体内促进胰岛素分泌的信息是什么？"

学生 A："早饭吃多了就是摄入的糖类太多了，人体内的信号会不会也是糖类呢？"

学生 C："我觉得很有可能，那么接受信息的细胞是什么？它是怎么接受信息的呢？"

学生 B："应该是胰岛 B 细胞，只有它能分泌胰岛素，细胞质膜上接受信息的一般是受体蛋白，如果葡萄糖是信息分子，那么胰岛 B 细胞的质膜上应该有葡萄糖受体。"

学生 D："我同意 C 的想法，葡萄糖随血液流动，可以到达胰腺传递血糖浓度高的信号。"

教师："同学的推测是正确的。你们认为接着应该研究什么问题？"

学生 B："胰岛 B 细胞作出的反应是什么？具体是怎么降血糖的？"

……

学生从情境病例中得到启发，在相互的追问和共同分析中完成血糖反馈调节的认识。我们来看 B 同学的追问："病人注射胰岛素是基于自己早饭吃多了这个信息，那么人体内促进胰岛素分泌的信息是什么？"这个问题反映了学生在个体的血糖问题中受到启发，思考的方向从宏观水平向微观水平发展和深入，学生 C 受到学生 B 的启发，更为具体地从细胞水平提出了"信息是如何被接受的？"这一问题。随后，大家的思路就打开了，问题与已学知识发生了连接和延续，激素的反馈调节模型在追问中逐渐形成。

3. 学生自我追问,寻找思维障碍

无论教师追问还是学生互相追问,都会帮助学生逐渐具有追问的意识,养成自我追问的习惯。学生的自我追问既可能发生在课堂上,也可能发生在课后的独立学习中,自我追问有助于学生寻找到学习或练习时的思维障碍点,是学会学习的外显表现。

教师可以先从练习与反馈中帮助学生养成自我追问的习惯。无论做对还是做错,都要让学生学会问自己:是真的会了吗? 做对的题有没有不确定的地方? 做错的题是完全不会还是部分不会? 不会的点在哪里? 然后把能自己解决的问题解决掉,不能解决的问题进行标注,留待课堂交流。这是自我追问中思维发展的第一步:厘清自己的知识盲区。

试题评析时,教师要鼓励学生描述自己的思维过程,让学生在对错误的追问中表达清楚自己的困惑。而教师和其他同学的帮助回答,促进了学生在自我追问中得到启示:别人的思考方法、学习路径与自己的有哪些不同? 自己陷入知识盲区的原因在哪里? 这是自我追问中思维发展的第二步:找到自己学习方法或解题路径上的问题。

在重新完成练习或订正后,引导学生再自我追问:我掌握了什么样的方法? 应该避免什么样的错误再发生? 这是自我追问中思维发展的第三步:学习方法的归纳和内化。

案例:实验探究中的追问与思维脉络

1. 课堂实录:实验探究是学习生物学的重要途径
学生提出引发实验探究的问题

在"实验探究是学习生物学的重要途径"的教学中,教师提供观察和探究的现象:"小麦在大田里可以正常生长,而在海边滩涂或盐碱地却不能生长或生长不良。"学生在阅读教材中有关如何提问的文本后,尝试按照三种类型的问题提出自己的问题:为什么小麦能在大田生长而不能在海边滩涂生长? 是什么因素抑制了小麦在海边滩涂上的生长? 怎么找到抑制小麦在海边滩涂生长的因素?

在实践中认识实验设计的新问题

教师针对"怎么找到抑制小麦在海边滩涂生长的因素?"这一问题,指导学生学习

实验探究的方法:比较两地情况来寻找导致小麦生长现象不同的原因,即研究实验中的变量,再根据实验变量作出假设。有学生提出,在大田和滩涂的种植环境中,显著的差异是种植地的含盐量不同,因此做出了"土壤中的 NaCl 含量高会抑制小麦生长"的假设。

在完成假设的基础上,教师提供实验材料清单,学生以小组合作的方式设计实验方案,再阅读教材实验案例"探究 NaCl 含量对小麦幼苗生长的影响",找出自己的设计与教材设计的不同之处。对这些不同之处,教师鼓励学生再提问,如"为什么要用水培法而不用土壤种植?""为什么教材实验设计要对种子进行挑选?""为什么要设计添加蒸馏水的组别?""选用每组 10 粒种子和 100 粒种子会影响实验结果吗?"

追问中提升实验分析和评价能力

解读教材中的实验照片及数据柱状图(图 5-7)[①]并进行实验分析:用 80 mmol/LNaCl、120 mmol/LNaCl 溶液进行水培的小麦植株,其高度都低于同期 0 mmol/LNaCl 溶液水培的小麦植株高度,其中 120 mmol/L 条件下的株高最矮。学生得出结论:不添加 NaCl 的培养液中,小麦长势最好;NaCl 溶液浓度越高,小麦生长越不良,因此土壤中的 NaCl 含量高会抑制小麦生长。

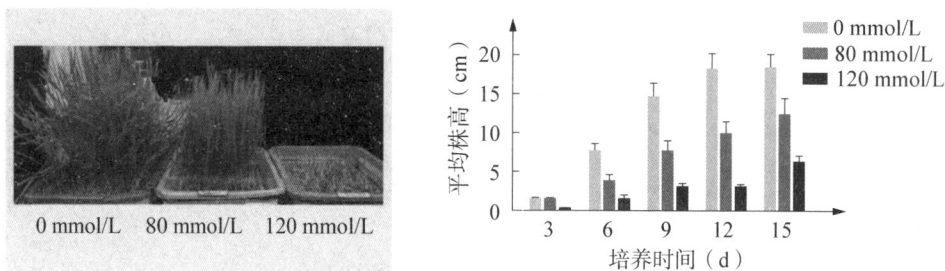

图 5-7 小麦幼苗在不同 NaCl 浓度下培养的株高

教师引导学生回顾整个实验探究的步骤和结论,鼓励学生提出新的问题。

学生的第一类追问:0 mmol/LNaCl 溶液和 80 mmol/LNaCl 溶液相比,0 mmol/LNaCl 溶液水培的小麦植株更高,真的能说明不加 NaCl 是最好的小麦生长条件吗?

----

① 赵云龙,周忠良.普通高中教科书生物学必修第一册分子与细胞[M].上海:上海科学技术出版社,2021:9.

有没有可能在 20 mmol/LNaCl 溶液或 40 mmol/LNaCl 溶液中的小麦长得更高?

学生的第二类追问:海边滩涂和大田相比,两者的差异只有含盐量不同吗? 会不会是滩涂中的小动物影响了小麦的生长? 这个实验证明了假设的成立,但是能完全解决"为什么小麦能在大田生长而不能在海边滩涂生长?"的问题吗?

指向生产实践的再追问

经历实验探究过程后,教师介绍了中国的盐碱地情况:我国有超过 5 亿亩的盐碱荒地,若这些盐碱荒地经过治理成为农业耕地,将有效扩增我国的农业用地面积。然后提出课后问题:如何提高盐碱地农作物种植面积? 要求学生通过信息检索,进一步了解滩涂等盐碱地的农业生产利用情况及原理。

学生作业反馈提出了多种利用盐碱地的途径:筛选出能耐盐碱的农作物,如黑小麦、大豆、马铃薯等粮食作物;通过蓄水池及相关水利工程,改良盐碱地土壤品质;在盐碱地地区寻找农作物的野生品种,通过育种技术开发耐盐碱的新品种,如海水稻的培育。

2. 实验境脉中的追问与思维进阶分析

在本案例中,学生从提问到追问形成了实验境脉下思维脉络的进阶。

提出有逻辑关系的问题,厘清实验探究脉络

学生的三个探究问题,从"为什么"到"是什么"再到"怎么办",体现了问题引导下的思维连贯性,对小麦不能在海边滩涂生长的现象进行了逻辑推进式的思考,尤其是"怎么办"的问题,由单一的"思考"问题转向了"实践"解决问题。从培养实验探究能力的角度来说,前两个问题是构建探究脉络的思维起点。"怎么找到抑制小麦在海边滩涂生长的因素?"这一问题的关键是学会在自然观察中寻找变量并作出假设,是科学思维的发展,也是科学探究的实践起点。

提出比较的问题,培养分析归纳的能力

学生在比较自己的实验设计和教材提供的实验设计时,提出了大量的追问。在问题的讨论和解答中教师引导学生重新审视实验设计的基本原则。如选择品质相似、等量的小麦种子并通过水培保证其他的营养条件相同——遵循控制变量的原则;实验组别包括添加不同浓度 NaCl 溶液的培养液和添加等量蒸馏水的培养液——遵循对照原则;实验使用小麦种子的数目为 300 粒——遵循重复原则。可以看出,比较视角的问题,有助于提高学生分析、归纳的能力,是科学思维生长的过程。

提出思辨的问题,培养批判性思维和因果思维

"实验中的 NaCl 溶液浓度设置,能说明不加 NaCl 是最好的小麦生长要求吗?"这一追问的思维进阶是基于实验数据的处理与解释,评估论断的可信程度。

教材中实验变量的设计是非等量递增的。从 0 mmol/L NaCl 溶液到 80 mmol/L NaCl 溶液的数据区间内,是否存在小麦株高的峰值?这是现有实验中不能分析说明的。学生问题的提出,反映了学生从基于数据得出实验结论到分析数据科学性的思维进阶。通过这一问题的展开讨论,学生学习了如何对实验设计的合理性进行评价,促进了学生科学探究中批判性思维的生成。

"海边滩涂和大田相比,两者的差异只有含盐量不同吗?"这一追问的思维进阶是从一因一果的实验探究到一果多因的现象再分析。

从科学思维的角度来说,生物学现象的复杂性决定了"一果多因"的普遍存在。学生的追问反映了学生在回溯影响小麦生长的因素时,认识到了自然环境中影响小麦生长因素的多种可能,对问题的思考包含了一果多因的溯因思维。这一追问超出了线性的因果关系,使探究活动有了深度,学习品质得到了提高。

提出开放的问题,启迪创造性思维

"如何提高盐碱地农作物种植面积?"教师追问的目的是扩展学生思维的宽度,使他们从课本实验关注到实际生产的创造性运用,让学生理解科学探究并不是课堂上的纸上谈兵。每位科研工作者的研究,最初都是从基本的实验起步,而最终是将实验室研究的结果运用到解决人类生产生活的实际问题中去。不能将探究等同于实验,更要避免机械地按照统一程序和模式进行表面化的探究。[1] 因此,教师通过课后的追问,促使学生认识到科学探究的本质是实践,实践的意义是通过创新和创造解决真实世界的问题。

----

① 赵占良.对生物学学科核心素养的理解(三)——科学探究与实践[J].中学生物教学,2020(05):4—7.

第三节
养成境脉课堂的追问生态

一、以境脉拓展追问的广度与深度

学习境脉以真实情境为学习背景,建立学科知识和真实世界之间的联系。真实情境是孵育学生追问的土壤,追问有助于学习脉络的发展,学习脉络的发展又拓展了追问的广度和深度。

1. 拓展追问的方向

境脉中的情境是连续的、动态的、不断发展的,问题也会随着情境发展而持续产生。"山穷水尽"时,有路在何处的问题,"柳暗花明"时,学习者的环境和视野变了,又会对新的环境产生好奇和追问。可见追问的方向与教学所设计的情境变化息息相关。想要打开学习者追问的视野,拓展追问的方向,可以从情境的延伸和转变入手,使多样的追问主动发生。

例如,上海大学附属中学苑琳老师在"光合作用复习及其应用"[①]的复习课中,出现的第一个情境是袁隆平院士的"禾下乘凉梦",紧接着播放了一段我国育种工作者成功种植巨型稻的视频,引发了学生关于巨型稻产量、种植要求等方面的问题,结合光合作用的内容,确立了"如何提高水稻产量?"的核心问题,并通过研究不同种植条件下光合作用速率的变化来解决核心问题。学习临近尾声,教师进行了情境的延伸:科研人员对水稻的研究不仅仅有巨型稻,还有超级杂交水稻、转基因水稻,并给出了相应的种植数据。这立即引发了学生的追问:"巨型稻叶片大,明显有利于增强光合作用,为何其产量却没有杂交水稻高? 既然巨型稻产量不高,为何还要研发这种水稻?"

观察学生的课堂表现可以发现,在巨型稻的情境下,学生围绕核心问题,有效地完

---

① 选自2021年全国问题化学习年会展播课"光合作用的单元复习及应用"(执教者:上海大学附属中学生物教师苑琳,指导教师:上海市淞浦中学张燕)。

成了光合作用的单元复习。但是,真实世界是少有单一的、固态的情境的,所以教师对巨型稻做了进一步的介绍。这让学生发现,原来巨型稻并没有那么完美。因此学生发出的追问是具有辩证性思维的:想找到巨型稻产量处于劣势的原因,也想理解发展巨型稻的理由。而基于辩证性思维的追问为接下来的复习埋下了伏笔:如果追问其他水稻的优势,那么可以继续学习杂交育种和转基因育种,学习发生了横向的拓展;如果继续追问巨型稻产量相对不高的原因,那么就要学习细胞对有机物的消耗,学习就向着新陈代谢这一单元纵向深入。

因此,围绕学科主题在主干情境上进行延伸,是产生多方向追问的基础。

2. 加深追问的深度

仅基于情境的追问容易浮于现象表面,而结合了已有知识,进而探索未知的问题才能加深追问的深度。追问的深度体现了思维的深度,思维的深度发展最终服务于知识体系的构建。由此可见,知识脉络的形成与追问的深度发生是相互成就的。

仍以"光合作用的单元复习及应用"一课为例,在"如何提高水稻产量?"的核心问题下,学生发出了"水稻产量与光合作用、细胞呼吸有什么关系?""光合作用、细胞呼吸过程中物质变化与能量转化有什么联系?"等追问(图5-8),由此构建光合作用、细胞呼吸过程中的物质变化和能量转化概念图;根据概念图,分析影响农作物产量的影响因素,总结大棚种植时常用的增产措施;教师对此再追问:露天种植的水稻如何增产?从而引导学生对提高水稻产量的思考路径由探究外因转向探究内因。

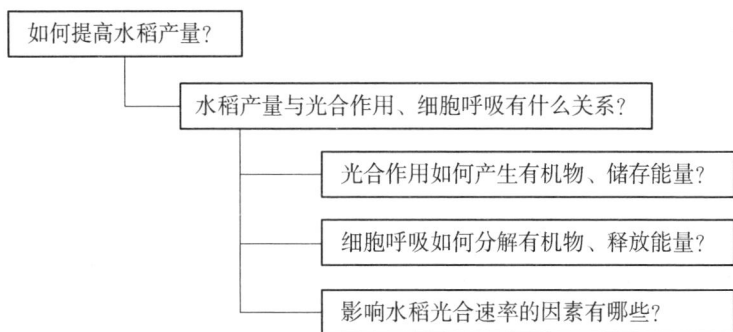

图5-8 知识脉络下的深度追问

在构建概念图的活动中,学生的追问是紧紧围绕着知识脉络展开的:产量意味着有机物积累,而有机物积累离不开细胞中有机物生产和消耗两个方面的问题。因此追问表明了学生已经能联系学科知识来正确理解"产量"的含义,并具有了依据物质和能量观来展开追问的意识。而运用概念图解释如何提高水稻产量时,学生依据光合作用过程中的各个因素,如酶促反应效率等来深入理解影响光合作用的因素。

二、以追问建设境脉中的学习共同体

境脉课堂关注学生心境的起点,关注学习中学生的获得感和愉悦感。依据学习者心境引导追问的发生,以追问建设学习共同体,目的在于实现既有观点争鸣又有情感交流的课堂生态。

1. 以追问促成学习共同体

教师和学生是课堂互动的主体,教师的追问是有意识地引导学习向教学目标靠拢,学生的追问是主动追求素养提升的体现,"教"仍在,但"学"的时间和比重逐渐增大,即实现了课堂生态的重构——以追问形成教师和学生共同组成的学习共同体。

教师在面对学生追问时,要能正确区分和识别追问内容与学科学习的关系,判断追问问题的质量和价值,从学生的追问中科学、灵活地调整和优化课堂教学内容,满足学生个性化学习的需要。

学习共同体的平等性和民主性同样要求师生之间、生生之间相互包容和充分理解学习活动中个性化和多样化的追问,把有意义的个体追问转变为群体思考。

2. 以学习共同体塑造课堂生态

课堂是学习的主要场域,学生、教师、教材、多媒体、教具等构成了课堂的生态系统。一个课堂生态系统良好的标志是学习处于可持续可增长的状态,这主要取决于课堂中个体与环境之间的关系,特别是师生关系和生生关系。学会采纳他人的观点的意识,以及养成协商解决问题和冲突的学习习惯,是营造课堂生态的关键。

"学习为中心"是教师教学行为的重点。佐藤学在《教师的挑战:宁静的课堂革命》

一书中指出：在作为学习共同体的课堂中，教师工作的中心在于"倾听""串联"和"反刍"①。教师的主要任务是创设学习情境，为学习共同体的每一位成员提供自我展示的机会。此外，与"教"为中心的课堂相比，学习共同体中的教师更需要提升专业知识和教学素养，才能在学生产生困惑时提供方法指导，在问题与问题、任务与任务之间组织专业引导。

平等和民主是良好的学习共同体的主要特征，平等和谐的师生互动与对话交流是提高课堂学习效率的重要保证，学习过程中的身份认同是学习共同体形成的基础。在生物学的学习中，人既是学科研究的主体，也是学科研究的客体之一。这种特殊性既是生物学吸引学生的魅力所在，也意味着共同体中的每一位成员更需要彼此尊重、包容差异。

我们可以从一节遗传病的课堂讨论中，感受追问是如何塑造学习共同体的。

教师在 QQ 上收到了一条私聊消息："老师，色盲能治吗？"这是一份隔着手机屏都能感受到的沮丧。仔细回想，发消息的男生今天在"伴性遗传"的课堂上受到了隐隐的嘲笑。对一个高中生来说，和同学们一起面对和研究自己的"缺陷"，确实是件不容易被接受的事。要怎样去解决这种被指指点点的苦恼呢？

第二天学习"人类遗传病和遗传病的预防"时，教师在完成遗传病类型的教学后给学生展示了一只灌木丛中的斑斓猛虎，并问他们："老虎一身橙色靓装，怎么还能埋伏起来等待猎物呢？"

学生们也觉得奇怪，一时教室里议论纷纷。

教师揭晓答案："因为大多数的哺乳动物，都存在不同程度的色盲。很多动物分辨不了鲜艳的颜色。"

一阵惊叹声中，教师继续说："所以，有的人是色盲，有的人色觉正常，也没什么好大惊小怪的。"教师边说边注视着那个发消息的男生，看到他惊讶地抬起了头。

"不能分辨颜色，这难道是正常的吗？"有学生追问。

"是的，不能分辨某些颜色对生活和工作来说会有一些影响，可哪一个人又是完美

---

① ［日］佐藤学.教师的挑战：宁静的课堂革命［M］.钟启泉，陈静静，译.上海：华东师范大学出版社,2012:1—8.

的呢？目前测算到人类的基因数量超过了两万,谁能保证自己的每个基因都没有缺陷呢？你怎样看待自己的基因呢?"教师看向昨天起哄的学生们,发出了三连问。

教师请那个发消息的男生回答,他很慎重地说:"没有遗传到那些严重的遗传病基因,我觉得应该感到幸运。不过就像个子有高有矮、眼睛有大有小一样,人总不会很完美,既然存在那就接受吧。"

另一个男生说:"物理学家霍金还是渐冻人呢,又有谁能否定他的努力和成就呢?我们更不应该因为别人和我们不一样就嘲笑对方,尊重别人也是在尊重自己!"

此时一个女生又问:"老师,像唐氏综合征这样严重的遗传病,病人的痛苦不是勇敢面对就能解决的。这种不完美要怎样面对呢?"

这引起了大家的热烈讨论:有的小组认为,患者值得同情,但是照顾起来肯定是一种折磨;有的小组说,新闻里遗弃有缺陷婴儿的父母太不负责任了;也有的小组提出了困惑,人是不是也应该遵守自然法则优胜劣汰呢? 还有的提议,是否可以通过基因编辑来治疗?

教师提醒学生:"的确,如果一种遗传病只是对生活有一定的影响,我们要做的是积极应对,在平时注意规避;如果是严重危害健康和生命的遗传病,我们更需要做的是提前干预——比如在妊娠期通过基因检测等技术来淘汰有害的基因,而不是像自然界那样通过优胜劣汰来残酷地淘汰个体。这是生物技术进步的表现,也是人对自身进行探索的结果——我们希望每一个生命都能健康、有尊严地活着。"

在上述案例中,课堂中有民主平等的氛围,情境是身边同学存在的真实困惑,学习共同体使学生把一个人的问题当成了所有人都要面对的问题进行了严肃的思考。学生的两次追问和老师的三连问都是基于客观事实和真实感受发出的。虽然问题很尖锐,但是学习共同体的生态决定了它并不会伤害某个学生。因为对于生命的追问,既是问别人,也是问自己,这加深了学生的自我思考和集体思考。可以看到,在这个课堂学习共同体中,教师不仅传递知识和技术,更传递对生命的尊重;学生讨论疾病问题,既要直面疾病的危害,也要互相传递积极健康的生命观。平等和互助的课堂生态,促使学生学会尊重彼此的不同,包容和悦纳生命的不完美,这正是我们认识生命,探索生命的意义。

案例:科学史境脉中的追问生态

1. 科学史境脉在生物学教学中的意义

科学史是关于科学的历史。对学科理论的历史追述,有助于学生更好地理解这门学科。学科理论和学科概念总是在科学史的特定背景和系列事件中发生、发展和完善的。因此,科学知识具有暂时性,科学研究受到社会文化和个人意识等多方面影响。[①] 生物学教学中的科学史境脉,是指以生物学具体理论或概念的发展过程为教学情境,梳理情境中科学活动发生的时序、科学背景、社会影响等各类要素,形成完整的教学脉络,促使学生在身临其境中学习学科知识。科学史境脉体现了科学知识的继承性和相对正确性,有助于学生在境脉中生成学科概念,认识到生物学概念是在不断发展的。

2. 结合科学史境脉的问题化学习目标设计

科学史境脉下进行教学目标设计,可关注以下三个方面:一是如何顺应科学史的发展提出科学研究的问题,逐步建构概念,渗透生命观念;二是如何突出科学事件中科学研究方法的重要作用,使学生重视自身的科学思维和科学探究能力;三是如何展现特定社会背景下科学研究所遇到的困难和挫折,使学生感悟科学精神,提升学科育人价值。

以"生物进化理论在不断发展"(第 1 课时)为例,教学以 1862 年达尔文关于长口器昆虫的神奇预测为境脉引入,回溯 1831 年至 1859 年达尔文提出自然选择学说、出版《物种起源》的历程,形成科学史主线,以学生模拟科学家活动开展学习,并通过细菌耐药性与抗生素使用的实验分析实现对自然选择学说的实证。

具体学习目标为:①经历达尔文探索生物进化的科学史情境问题,构建问题系统,经历问题解决过程,概述自然选择学说的主要内容,形成适应和进化观;②通过追问马达加斯加岛海鼍蜥尾部形态和长喙天蛾长口器形成的原因,构建自然选择学说的解释模型;③经历细菌耐药性与抗生素使用的实验过程,学会运用自然选择学说进行实验

---

① 赵婷婷.基于生物学学科核心素养的 HPS 材料分析——以《遗传与进化》为例[J].天津师范大学学报(基础教育版),2021,22(02):92—96.

分析;④通过"自然选择学说"科学史的学习,形成敢质疑、重实证、勤实践的科学精神和科学态度。

3. 教学过程

表 5-2　教学过程记录表

教学内容	教师行为	学生活动
情境引入	科学史故事:1903年科学家发现了一种口器长达25 cm的长喙天蛾,并将其命名为"预测"。这个特殊的名字源于达尔文早就在1862年预测出了它的存在。	观看长喙天蛾用长口器吸食花蜜的视频。 提出问题:**达尔文为什么能预测出长喙天蛾的存在?**
提出进化观点	展示一株花距长达30 cm的大彗星兰,介绍达尔文是根据马达加斯加岛上的大彗星兰预测了"预测"长喙天蛾的口器长度。 提炼学生回答中的生物学观点:生物结构和功能相适应、生物与环境相适应。 追问:**你是如何知道生物与环境相适应的观点?**	尝试解释问题:能从大彗星兰的长花距中获得食物的传粉昆虫,应该具备与花距长度匹配的长口器。 认识到自己是从"生物进化的证据"的学习中知道了生物与环境相适应,置身情境反思达尔文的想法,提出核心问题:**达尔文是如何认识到生物与环境相适应的?**
自然选择学说	继承与质疑: 科学史情境1:法国博物学家拉马克先提出了"用进废退""获得性遗传"等进化学说,提出了物种可变、生物与环境相适应的观点。 提问:**你赞同拉马克的进化观吗?** 提示学生可运用遗传学知识或生活实例进行说明。	相互启发,形成以下认识:基于变异的知识,认同物种可变的观点;基于遗传的知识,认为亲代直接遗传给子代的是基因,而不是性状;基于生活经验,认为"用进废退"在很多情况下不成立,如惯用左手或惯用右手的人双手外观无明显差异。

教学内容	教师行为	学生活动
	简介达尔文对拉马克进化观的认识和质疑:生物是进化的,但是拉马克等人的进化理论猜测太多,证据不足,没有解释清楚进化的机制具体。	置身情境追问:**达尔文的观点是什么?**再次追问:**在当时缺乏遗传学知识的情况下,达尔文怎样去寻找证据?**
	考察与实证:科学史情境 2:1831 年,达尔文开始了航海考察,收集化石样本和标本,记录生物的形态和习性。如加拉帕戈斯群岛上的海鬣蜥的尾扁而长,与它的祖先陆地鬣蜥差异很大。提问:**海鬣蜥尾巴的变化,证明了什么?这种变化对于生物生存的意义是什么?**归纳:达尔文基于事实和证据,认为生物界普遍存在着变异和遗传,有些变异使得个体在特定环境中具有生存或繁殖的优势。	从事实中进行概括:生物存在变异,海鬣蜥尾巴的变异使得它能够更好地适应海水环境。
	借鉴与推论:科学史情境 3:达尔文受经济学家马尔萨斯人口论的启发:自然界的生物普遍具有产生大量后代的能力。如加拉帕戈斯群岛上的雌性海鬣蜥,理论上能生下数十只后代。这是自然界的过度繁殖现象。提问:**为什么海鬣蜥在岛上的数量都较为稳定,没有发生几何级数的增长?**达尔文推论:生物生存环境中的资源是有限的,生物大量繁殖,会导致生存斗争。这使得生物每一代只有一部分能生存下来。	从实例中认识生存斗争包括种间斗争、种内斗争以及生物与无机环境间的斗争,观看海鬣蜥冒着风浪下海寻找食物的视频,找到原因:生物生存环境中的食物供给是有限的,过度繁殖导致了个体的食物短缺,因此不是每个个体都能活下去。追问达尔文的推论:**什么样的海鬣蜥能成为生存斗争的胜利者?**

教学内容	教师行为	学生活动
	实践与总结： 科学史情境 4：达尔文从人工育种的事例中得到启发，如中国古代选育金鱼时，金鱼会有不同的变异，种育者根据自己的喜好挑选相应性状特征的个体作为繁殖后代的种鱼。 **提问：如何借鉴人工育种的过程来推导海鬣蜥的生存斗争？**	讨论：海鬣蜥的尾会有不同的变异，尾巴长而扁平有利于下海游泳获得食物，就具有较大的生存和繁殖机会，尾巴细长就不善于游泳获取食物，更可能饥饿死亡。
	提出达尔文的观点：自然选择使生物有利变异被保存，不利变异被淘汰。 列举科格伦海岛上某种昆虫翅长与环境变化的例子。	追问达尔文的观点：**怎样判断变异的有利或不利？** 从昆虫翅长变化中得出结论：变异的有利或不利是相对的，自然选择的结果是适应，即适者生存。
探讨细菌耐药性与抗生素使用的关系	总结自然选择学说的主要内容，回顾《物种起源》一书的写作历程：达尔文在 1842 年就完成了简要提纲，在 1859 年正式出版发表。	**提问：达尔文为什么用了 17 年时间才写完一本早就写完提纲的书？** 在讨论中理解科学理论产生过程中收集事实和证据的重要性。
	从学生感悟中引出探讨细菌耐药性与抗生素使用关系的目的：实证自然选择学说。 以图片和视频介绍微生物实验的基础知识，讲解通过使用链霉素筛选大肠杆菌的实验过程及实验结果。 提出引导性问题：培养基③、⑥、⑨的作用是什么？ 提炼学生的回答：实验证明了细菌自身存在可遗传变异，链霉素的作用是选择了适应链霉素环境的细菌生存。 	**提问：试管 D 中的菌群没有接触过链霉素，为什么菌群中抗链霉素的细菌比例提高了？** 讨论并解释实验现象：无论细菌有没有接触链霉素，都会发生不同的变异，有可能产生抗链霉素的子代细菌，并通过遗传形成抗性菌落；含链霉素的培养基抑制了无链霉素抗性的细菌生长，选择出了有链霉素抗性的菌落；而不含链霉素的培养基相应位置上的菌落与抗性菌落来源相同，也具有链霉素抗性；多次链霉素选择的结果是抗链霉素细菌的比例提高了，因而菌群耐药性增强。 追问：**试管 D 中菌群的耐药性增强和自然选择学说又有什么关系？** 以自然选择学说的主要内容形成解释支架，运用自然选择学说解释细菌耐药性的产生。

教学内容	教师行为	学生活动
小结与运用	回归科学史问题：如果你是1862年时的达尔文，面对质疑和嘲笑，**如何运用适应与进化观向众人解释自己对大彗星兰传粉昆虫的预测？**	学生小组合作，根据自然选择学说构建模型，完成对长喙天蛾长口器的解释，并进行分享和互评。

4. 追问中的课堂生态呈现

在生物学核心素养的四个要素中，科学史境脉教学的主要着力点在于科学思维和科学探究。运用科学史境脉开展教学能较为完整地呈现科学研究的过程，促使学生不断地产生问题及追问，促进了学习的深度发生：面对已有的研究结果，是否还能坚持自己的思考，提出自己的疑问，相信事实和证据而不迷信权威——这是科学思维品质的提高；前人的研究方法是什么？后者又是如何改进的？——这是科学探究方法的学习；在社会舆论、同行评议的质疑或反对中，研究者是如何克服困难坚持研究的？——这是科学精神的感悟。而科学史境脉中科学思维与科学探究紧密联系、互相支撑，最终为学生生命观念的形成提供了有力的支撑。课堂中教师的问题、科学家当时研究的问题和学生置身科学史中的问题相互交融，师生和生生之间交互问答，形成了融于科学史发展的研究型学习生态。[①]

本章小结

◎ 概念可以以同化的形式构建，如以归纳的视角追问获得上位概念，以举一反三的视角追问丰富下位概念，以比较的视角追问推导平行概念；概念也可以以顺应的形式构建，如以审辩的视角追问，超越已有概念；以求证的视角追问，避免偏差或错误；以辩证的视角追问，突破认识局限。

◎ 设置主题情境有助于酝酿连续追问，实现真实问题中的思维进阶。教师的连续追问给学生提供了深度思考的机会，加强了学生科学思维的逻辑性与严谨性；学生的互相追问

---

① 案例改编自上海市教育委员会教学研究室空中课堂生物学学科高一年级第2学期第9单元"生物进化理论在不断发展①"（执教者：上海市淞浦中学生物教师张燕）。

扩展彼此的思维发展空间,提高了思维品质;学生的自我追问有助于个体寻找到学习时的思维障碍点,实现突破。

◎ 从情境的延伸和转变入手,可以使多样的追问主动发生,从而打开学习者追问的视野,拓展追问的方向。循着已有的知识脉络追问,能促进追问的深度,从而加深思维的深度,而思维的深度发展最终将服务于知识的整体构建。在境脉课堂中,追问促进了学习共同体的产生,教师的追问能顺应情境发展引导学生向学习目标靠拢,学生的追问是主动追求素养提升的体现。学习共同体的平等性和民主性同样要求师生之间、生生之间相互包容和充分理解学习活动中个性化和多样化的追问,把有意义的个体问题转变为群体思考。

第六章

学会构建问题系统
——形成学习脉络

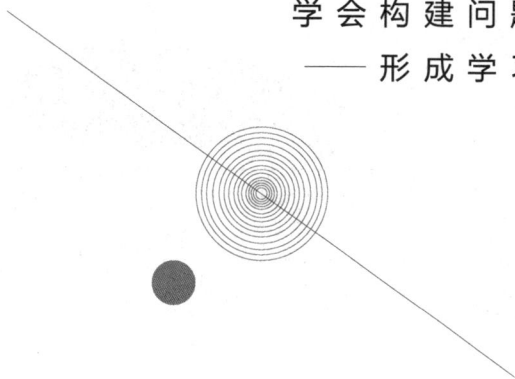

堂前燕问

◎ 如何从问题系统中探寻学习脉络?

◎ 教师如何引导学生构建问题系统?

◎ 学生如何自主构建问题系统?

本章图示导读

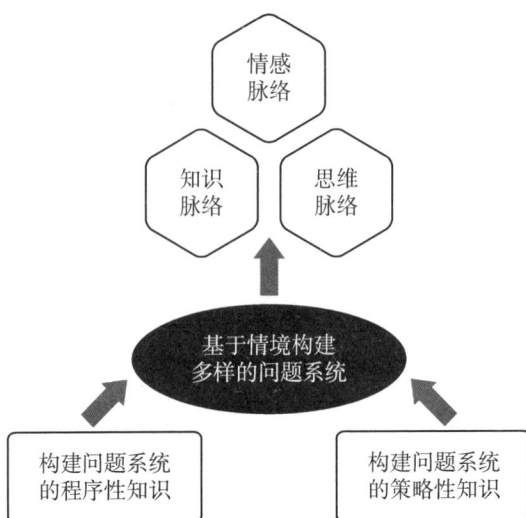

第一节
以问题系统探寻学习脉络

一、以问题集完善知识结构

问题集是根据知识的内在要素或思维形成的结构模型。如围绕一个主题形成是什么、为什么、怎么样等问题集合,此类模式建构稳定,可以帮助学生提高思维的系统性,并形成一种认知图式。在问题集中主问题与各子问题之间通常是包含关系,子问题之间是并列关系(如图6-1)。[①] 我们在第一章中已经讨论过,基于学科核心知识的三个基本问题为"生命是什么""生命活动怎样进行""生命为什么是这样"。显然,以问题集的形式帮助学生主动构建学科的基本问题是值得尝试的途径。这要求学生有良好的问题意识,熟练而不机械地运用"五何"问题,自发地对研究的对象以"是什么""为什么""怎么样"等问题形式进行思考。

如在有氧呼吸的学习中形成的问题集如图6-1所示。

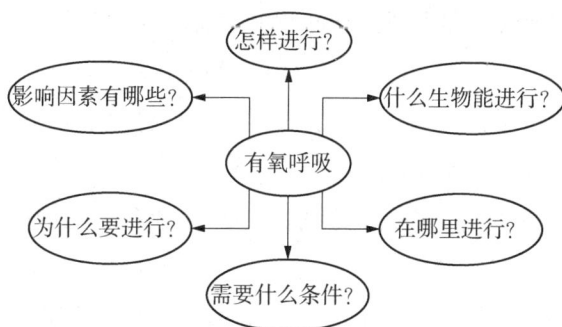

图6-1 "有氧呼吸"的问题集

---

① 王天蓉,徐谊,冯吉等.问题化学习教师行动手册(第二版)[M].上海:华东师范大学出版社,2015:41.

运用上述问题系统,学习者通过探索问题的解决过程,能准确建立起有氧呼吸的知识结构。要注意的是,尽管问题集是并列式的,但是在解决问题的顺序上,依然存在清晰的学科逻辑和思维方法。仍以有氧呼吸为例,为什么要进行有氧呼吸,探索的是有氧呼吸的目的和意义;在哪里进行,怎样进行,是运用结构与功能观、物质与能量观对有氧呼吸进行探索的过程;再总结上述过程中需要的条件,锻炼了学生具体学习过程中的归纳能力;最后探索影响有氧呼吸的因素有哪些,是在理解呼吸作用的基础上进一步拓展,为在生产实践中运用这一概念做好准备。

我们发现,建立问题系统后,课堂中的学习脉络不再依赖于教师的教学设计,而是存在于学生的头脑中。问题的全面性为知识体系的构建夯实了基础,使学生的学习视角更为宽广,思考更为全面细致。

二、以问题链深化概念认识

问题链是指根据问题的层次或推演过程,形成线性的问题系统。系列问题之间通常是层次关系、递进关系或延伸关系。[①] 问题链能对知识的纵向深入和学生对某一生物学理论的深度学习起到推进作用。问题链是环环相扣的问题组织形式,因此需要思维"不断链"。教师在"不断链"的过程中起到两个作用,一个是作为学科学习的引导者,以情境创设或师生对话促进问题的产生,从而"不断链";另一个是对学生出现的过于发散的追问,要"修枝正杆",确保学习活动能沿着解决核心问题的主链开展,强化主干知识,避免学生对细枝末节的过分关注,从而完成对生物学重要概念的深度学习。

如在"自然选择学说"这一重要概念的构建中,教师和学生通过科学史情境中(见第五章第三节实践案例)的不断追问,形成了以下问题链(图 6-2)。

从连续的情境中产生问题,基于前知不断追问新知,形成了科学史境脉下的问题链,问题链最终帮助学生构建了自然选择学说这一重要概念(图 6-3)。

---

① 王天蓉,徐谊,冯吉,等.问题化学习教师行动手册(第二版)[M].华东师范大学出版社,2015:42.

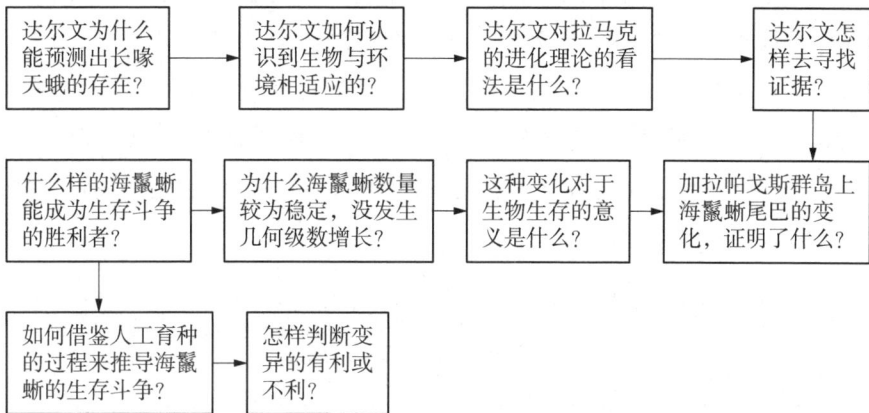

图6-2 "自然选择学说"的问题链

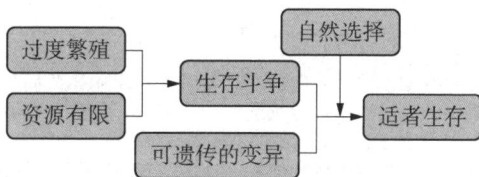

图6-3 自然选择学说模型

在图6-2的问题链中,学生追随达尔文航海考察的脚步探索进化的奥秘,从现象观察中得出第一个结论:生物普遍存在着变异和遗传,伴随着问题的深入,又认识到了生物的过度繁殖和自然界的有限资源加剧了个体间的生存斗争,对此,学生禁不住要问:"什么样的个体才能是生存斗争的胜利者?"这个关键问题指向了自然选择学说的核心思想:适者生存。问题链最终帮助学生构建了图6-3中的自然选择学说模型。

可以看出,问题链形式的问题系统,适宜于生物学概念的深度学习,子问题之间的层层递进为运用科学思维、逐步建立学科理论起到了先导和衔接作用。

三、以问题网扩展思维和探究的方向

问题网通常是指围绕中心问题放射出很多次级问题,而次级辅助问题之间又存在

一定的关系，从而形成一个放射状的关系网[1]。此类模式生成性强，可以用来帮助学生理清学习线索，逐步扩展科学思维，完善科学探究能力。

在沪科版新教材首章"走进生物学"第二节"实验探究是学习生物学的重要途径"的问题化学习中（详见第五章第二节），学生以"是什么因素抑制了小麦在海边滩涂上的生长？"为核心问题，通过观察中的提问、实验设计中的提问、实验结果分析中的追问，构建了问题网（图6-4）。

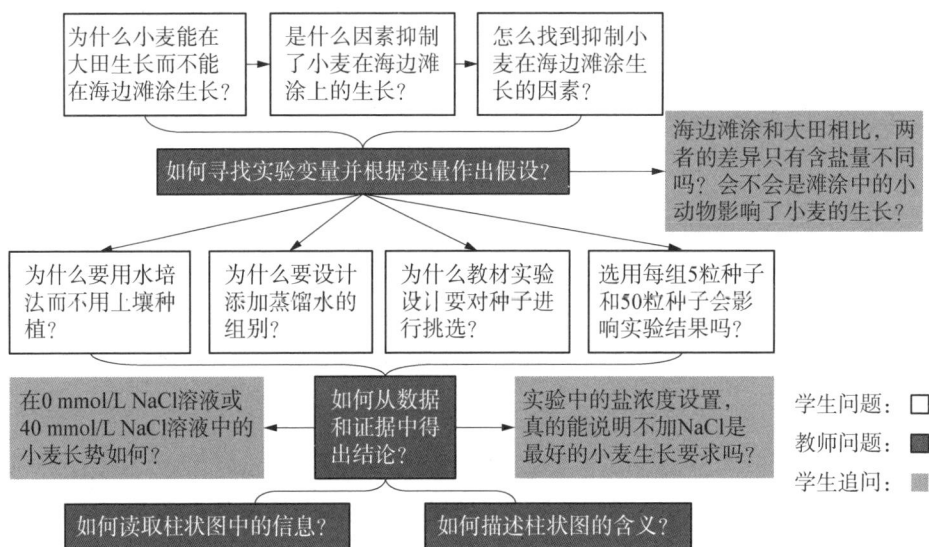

图6-4 "是什么因素抑制了小麦在海边滩涂上的生长？"问题网

问题网基本覆盖了高中阶段科学探究这一核心素养指向的各能力要素：基于真实情境的观察和提问能力；基于教材文本和教师指导形成猜想或假设的能力；基于小组合作和实验方案比较的实验设计能力；基于教材数据获取证据、获得实验结果的能力；以及基于反思的实验结果交流和讨论能力。

与问题集和问题链相比，问题网兼具了问题构建的深度和广度，因此问题网的构建往往是持续性的长周期的学习活动，以一节课为开端，延伸至课后的学习、下一课时

① 王天蓉，徐谊，冯吉，等.问题化学习教师行动手册（第二版）[M].华东师范大学出版社，2015：42，43.

的学习乃至单元的学习。问题网促进了学生学习中科学思维方法的进阶发展，也促进了探究活动的持续进行。

问题系统还有不同的形式，总体来说，不同的问题系统让学生在构建知识体系、深度学习生物学重要概念的同时，还锻炼了思维能力，如发散性思维、收敛性思维、元认知思维等。问题树、问题集能促进发散性思维，在提问中扩增思考的角度，使学习更富有创造性。问题链有助于激发收敛性思维，在问题分析中探索问题间的逻辑关系，使学习更富有条理性。构建问题系统，需要发散性思维使学习持续发生，也需要收敛性思维使学习深度发生。而从教师指导下的问题系统构建到生生合作构建问题系统，再到独立构建问题系统，则是学生元认知思维的提升——反思了自己提出问题、组织问题以及解决问题的能力。

四、以多样的问题系统建立系统观

问题的提出和问题系统的构建，是去芜存菁、由散乱到系统的过程。这与课堂境脉中学习脉络的形成有着良好的映射关系。在问题化学习中，除了问题集、问题链和问题网之外，还有问题树、问题域等不同的问题系统。多样的问题系统能将零散的知识相互联系起来并梳理形成知识体系，将分散、凌乱的思路整理成系统的思维推进过程，从而明确从问题构建到问题解决的路径。从学习方法上来看，问题系统向学生传递和渗透的是学习的系统观。

因此，通过问题系统来优化学习内容、引领学习过程是问题化学习的主要实践方法。从系统的高度透视问题与问题之间的关系，也包括从更广阔的视野全面多视角地透视某个问题系统，对问题全域或问题网络进行全方位透视，把握问题系统之间的联系，并在问题系统的相互联系中理解问题、分析问题和解决问题。[①]

---

① 张掌然. 问题的哲学研究[M]. 北京：人民出版社，2005：142.

第二节
由教师引导问题系统构建

一、促进学生提出问题及追问

学习中一定存在着无数的问题,问是主动获得知识的开端。之所以要构建问题系统,正是要把问题关系优化,从而实现学习路径优化。学生学会构建问题系统是需要脚手架的,这个脚手架的搭建者正是教师。

1. 促进学生提问

教师围绕学习主题提供文字素材、照片和视频等资料,给予学生信息刺激,这些刺激可以促进学生发散思维,从而孕育出各种问题。

对学生问题,教师可以尝试先不作出评价或谨慎地作出评价。不作评价,主要目的是呵护课堂中的发散式思维,使每一个发言者能畅所欲言,不受到教师负面评价或比较问题质量高低产生的压力。谨慎地评价意味着不能笼统地用"这个问题问得好!"这样的话来回应学生的提问,而是要有目的性和启发性地进行评价。比如:"这个问题问到了基因转录的条件,值得思考!"——指出了学习基因转录条件的重要性;"他问的是反射弧单向传递信息的原因,这是一个不错的研究方向"——启发学生有没有其他的研究方向。无论教师评价与否,其目的都是激发学生产生更多的思考,不受教师偏好的影响。

对于学生的提问行为,需要向学生明确以下几点:第一,以疑问的形式表达想法,而不是提出尚不能确定的观点或主张,这样才能避免问题限制其他同学的思路,维持全体学生思维的发散性;第二,运用"五何"问题提问,但不要为了完成提问的任务而套用问题形式;第三,在时间充裕的条件下书面表达自己的问题,使问题更清晰明确。

2. 促进学生追问

在第五章中,我们已经就如何追问和追问的作用进行了详细的探讨。

追问可以发生在学习之初的提问阶段,即对未解决的问题进行追问,从而分解大问题为小问题;追问也可以在问题解决的过程中或问题解决后,此时的追问反映了学生对学习内容的理解和进一步的思考。

基于问题的系统观,学生通过提问、问题分类和排序形成的问题主线成为"纲",学习过程中不断追问的内容则构成了"目"。纲举目张,问题主线下的追问起到了完善学习脉络的作用,同时也给教师了解学情提供直接的反馈。

二、引导构建问题系统的步骤

在很长的一段时间内,问题系统的构建需要教师从旁引导。而教师最习惯的是自己去理清问题间的关系,形成学习系统。引导学生建构问题系统,恰恰是教师逐步"放手"、学生慢慢"上手"的过程。而所谓"引导构建"的实质是教授学生关于认识问题和整理问题的方法。

1. 教会学生对问题进行分类

问题分类有很多种方式。

"五何"问题是按照问题的类别进行分类,掌握这种问题分类的主要用途是学会提问。

构建问题系统时也可以按照不同认知水平的问题分类,如布鲁姆的六级分类:包括记忆性问题、理解性问题、运用性问题、分析性问题、评价性问题、创造性问题。还可以更为简洁地按照"封闭性问题"与"开放性问题"分类。封闭性问题一般可获得唯一的、确定的答案,如"是什么?""在哪里?"这样的问题,而开放性问题需要更多的信息支持,不同学生对信息的解读也会有差异,如"为什么?""怎么样?"这样的问题。

从学科角度组织问题分类则更为灵活,如把问题分成研究"结构组成"和"功能"的问题、"表现"和"原因"的问题、"数据"和"结论"的问题等。

问题分类的目的是多方面的,首先是对所有发散的问题进行整理,可以为厘清学习脉络做准备;其次是通过分类完成学生对问题解决途径的预评估——什么样的问题我可以回答,什么样的问题我需要更多的支持和帮助,通过对问题的反思和辨析,引导学生去思考提问的目的,提升元认知思维;此外问题分类也起到了剔除与核心问题无关的问题的作用。

2. 教会学生组织问题解决的顺序

组织问题解决的顺序是构建问题系统的重要环节,问题解决的顺序是学习认知逻辑的体现。教师需要提醒学生进行以下活动:

根据核心问题,在不同类的问题中找出你认为重要的问题。在一个课时的学习中,重要问题的数量不宜过多,否则会导致思维过于发散,也没有充足的时间来完成问题解决。

思考这几个重要问题自己可以先解决哪一个,再解决哪一个,从而将这些重要的问题进行排序,认识问题间的先后逻辑关系。

将其他问题与重要问题建立横向或纵向的联系,形成次级问题的问题顺序。

如在"神经系统中信息的传递和调节"的教学中,教学的重点和难点在于如何理解神经系统在微观世界中的信息传导过程。本课的学习从学生较为熟悉的反射活动出发,将认识神经元、神经冲动在神经元上传导以及神经冲动在神经元间的传递的学习与反射弧上信息的传递有机结合起来,在发现矛盾和探索解决的过程中自然地生成知识,使知识点之间具有连贯性和完整性。学习中的主要问题及排序如下:

第一环节:组成反射弧各部分结构的有哪些细胞? ——认识神经元。

第二环节:通过反射弧功能推断处于反射弧中的神经元上的信息是怎样传递的? ——从树突到细胞体到轴突的单向传递。

第三环节:观察兴奋在神经元上是怎样传导的? ——双向传导。

第四环节:第三环节与第二环节的学习结论似乎矛盾,信息到底是如何传递的? ——在寻找原因的过程中关注到突触结构。

第五环节:观察突触上兴奋的传递:单向传递。为什么神经元上的兴奋可以双向传递,但整个反射弧兴奋传递是单向的? ——从整体上认识信息在神经系统中的传递。

离体神经纤维上的信息传导和反射弧上的信息传递,两者之间的相辅相成又存在"矛盾"之处。通过主问题推进,整个学习活动将微观的神经系统信息传递放在反射弧上信息传导的背景下进行研究,使学生的学习视野不因为对细节的关注而失去全局观,为形成局部与整体相统一的生物学思想打下了基础。

3. 教会学生认识问题系统背后的学习逻辑

当通过问题系统的构建和问题解决的过程完成阶段性学习任务后,教师需要进一步教会学生认识问题系统背后的学习逻辑。这里的学习逻辑包括两个维度:一是外显的生物学知识结构的逻辑;二是内隐于学科知识中的知识认知逻辑。

课堂教学时间的有限性和提问的可扩展性决定了学习时必须优先选择最基本和最有价值的内容并顺应学科的知识结构逻辑展开学习。同时,问题间的关联隐含了知识间的内在联系,提问者对问题解决顺序的认识反映了学科知识的认知逻辑。

因此教师在问题化学习的回顾总结阶段可以启发学生:依据问题系统你是否找到了学习的顺序? 为什么要按照这样的顺序学习?

教师不仅需要启发学生反思,还需要使反思这一学习活动显性化,如学生以学习笔记的方式记录自己的反思,选取有代表性的内容进行班级范围内的交流。

在这些活动中,学生反思了学习的过程,在回溯中厘清了学习脉络,评价了自己学习任务的达成度。这是对元认知思维的训练,目的是促使学生从教师引导问题系统的构建逐步走向自主构建问题系统,设计学习蓝图,使问题化学习趋向于自主学习、自组织学习。

案例:生物进化理论在不断发展[①]

"生物进化理论在不断发展"第 2 课时为沪科版普通高中生物学必修 II"生物的进化"章节中的内容,教学延续上一课时中长喙天蛾的科学故事,从学生运用自然选择学说解释长喙天蛾长口器的交流中展开教学,以情境的连续性促进进化理论学习的连贯性。通过师生对自然选择学说的疑问及构建的问题链(如图 6-5),形成本课时教学的学习脉络。基于中心法则、遗传学计算、可遗传变异等已学知识的运用,逐步构建现代进化理论概念模型。

[①] 案例改编自上海市教育委员会教学研究室空中课堂生物学学科高一年级第 2 学期第 9 单元"生物进化理论在不断发展②"(执教者:上海市淞浦中学生物教师张燕)。

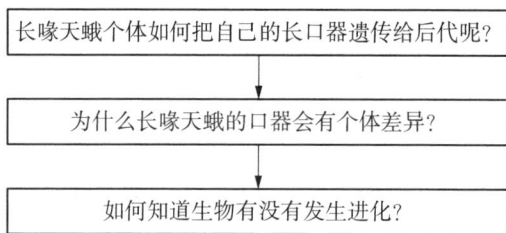

```
长喙天蛾个体如何把自己的长口器遗传给后代呢?
        ↓
为什么长喙天蛾的口器会有个体差异?
        ↓
如何知道生物有没有发生进化?
```

图 6-5 "自然选择学说"的问题链

1. 学习目标

从达尔文进化理论解释进化现象的不足中提出问题,运用遗传与变异等知识,基于选择对种群基因频率的影响,阐明进化过程中具有优势性状的个体在种群中所占比例将会增加,深化进化与适应观;

经历对进化过程的追问,运用演绎与推理等科学思维,从生物大分子及其功能的角度解释生物进化的过程;

通过小组合作构建模型,概述以自然选择学说为核心的现代进化理论;

基于多学科途径的问题解决,认识到科学理论是在不断完善和发展的。

2. 教学过程

表 6-1 教学过程记录表

教学内容	教师行为	学生活动
情境引入	以达尔文预测长喙天蛾长口器的科学故事为情境,组织学生交流:怎样用自然选择学说解释长喙天蛾的长口器?	结合图示交流:长喙天蛾长口器的变异经逐代遗传和积累,形成了与大彗星兰长花距适应的性状。
现代进化理论的提出	提问:能否找到同学解释中的不足之处? 根据学生提问补充,如**进化是缓慢的,如何知道生物有没有发生进化?** 简介:自然选择学说受到时代知识背景的局限,而以自然选择学说为核心发展形成的现代进化理论,融合了遗传学、细胞生物学等不同学科的知识。 组织学生对问题的探讨顺序进行排序。	提出的问题和看法有:达尔文没有解释为什么长喙天蛾的口器会有个体差异?也没有解释长喙天蛾个体是如何把自己的长口器遗传给后代的? 明确核心问题:**如何用现代进化理论改进对长喙天蛾长口器性状的解释?** 讨论形成初步的问题系统:先解决进化中的遗传问题,再解决遗传中的变异问题,**最后研究如何判断生物是否发生进化。**

教学内容	教师行为	学生活动
种群是生物进化的基本单位	追问引导：口器的长短是一种性状，性状是怎么决定的？长口器如何遗传？	研究问题1：长喙天蛾个体是如何把自己的长口器遗传给后代的？ 讨论：DNA上的基因通过转录、翻译控制了蛋白质的合成，表达了性状。因此遗传的不是性状而是决定性状的基因。
	假设控制天蛾长口器的基因是A，某地出现了一只带有A基因的天蛾。 提问：A基因可能在当地的天蛾中传递吗？ 给出不同生物种群的图片引导学生讨论。 总结：种群是生物进化的基本单位。因此进化的研究对象从个体水平进入群体水平，研究指标从性状深入到分子水平的基因。	思考并运用遗传学知识回答：天蛾只有通过交配才能繁殖后代并把基因遗传给后代，基因才能传递下去。 追问：生物进行交配繁殖的条件是什么？ 据图概括：只有在同一区域内的同种天蛾才能发生交配、繁殖后代。
可遗传变异为自然选择提供丰富素材	以果蝇的眼色基因W的突变、灰身长翅和黑色残翅的果蝇杂交、果蝇棒眼的表型与X染色体结构变异的关系为例，对学生回答作适当补充。	研究问题2：为什么长喙天蛾的口器会有个体差异？ 回忆可遗传变异的来源：基因突变、基因重组和染色体变异，并举出实例。
	展示某种长喙天蛾的不同翅色，指出多样的变异使种群内出现了丰富的表型差异，这为选择奠定了基础。	得出结论：可遗传的变异为自然选择提供了丰富素材。
自然选择主导进化的方向	提供资料：在某种天蛾的种群中随机诱捕100只个体，测得基因型AA、Aa、aa的个体分别为1、18、81只。其中A决定长口器，a决定短口器。	研究问题3：如何判断一个种群有没有发生进化？ 根据教师提供的相关概念，学习计算该种群天蛾长口器表型频率、基因型频率、基因频率。
	展示不考虑基因突变、选择、迁移等事件的前提下，该"天蛾"种群子一代、子二代的基因型频率和基因频率柱状图。提出种群遗传平衡的概念，强调维持种群遗传平衡的条件。	观察数据并发现：子一代和子二代的基因频率及基因型频率没有变化。
	教师追问：自然界的种群能满足上述条件吗？哪些事件是会必然发生的？	回答：可遗传变异、自然选择都是必然会发生的。

教学内容	教师行为	学生活动
	动画模拟某种天蛾在大彗星兰长花距长期的自然选择下，种群中各基因型个体的数量变化。	观看自然选择的动画模拟。
	提问：该种群的遗传平衡是否被打破？依据是什么？	思考并回答： 天蛾种群的遗传平衡被打破，因为 A 的基因频率明显上升。 追问：什么导致了 A 基因频率的上升？ 讨论并得出结论：大彗星兰长花距的定向选择导致了 A 基因频率的上升。
	提炼学生的回答并指出，自然选择主导了种群的进化方向。 回归主线问题：如何知道种群有没有发生进化？	总结：通过种群基因频率是否改变来判断。
隔离可能导致新物种的形成	提供材料：我国天蛾科多种昆虫的图片；原属于同一种群的个体发生地理隔离后形成多个小种群的变化图示。 补充和修正：经过长期的进化过程，不同种群中个体差异过大，导致它们丧失相互交配的能力，或者无法形成可育后代，这标志着新物种的形成。	提问：进化一定会形成新的物种吗？怎样解释不同种的天蛾的形成？ 小组讨论分析： 地理隔离使不同种群在不同环境下发生不同的自然选择，种群的基因频率朝着适应各自不同环境的方向变化，即种群朝着不同的方向进化。种群间差异太大而成为不同的物种。
小结与作业	组织学生通过模型建构整理对现代进化理论的认识。 总结：现代进化理论具有多学科融合的特征。	小组合作构建现代进化理论模型，完善对现代进化理论的认识。 阅读教材中本节内容的"前沿视窗"，了解不同的进化理论。

3. 从问题链到问题网的学习脉络分析

本课核心问题"如何用现代进化理论改进对长喙天蛾长口器性状的解释？"的确立，是以本课时的学科核心内容——多学科交叉融合形成现代进化理论为依据，以学习境脉的延伸——从自然选择学说到现代进化理论为认知逻辑，以具体情境中的学生问题——探究长喙天蛾长口器的进化为学习任务综合形成。此外，核心问题解决后的新问题延伸了学习境脉，为下一课时学习物种的形成和灭绝做好了铺垫。

围绕核心问题，学习中问题系统（如图 6-6）的组织过程包括了四个来源。第一，紧密衔接本节第 1 课时内容达尔文的自然选择学说，由境脉知识的运用产生新的疑问;第二,由教师依据课时的学科重点问题补充的问题;第三,从学习境脉发展过程中学生提出的追问;第四,教师为促进学生理解知识点间的内在联系补充的问题。

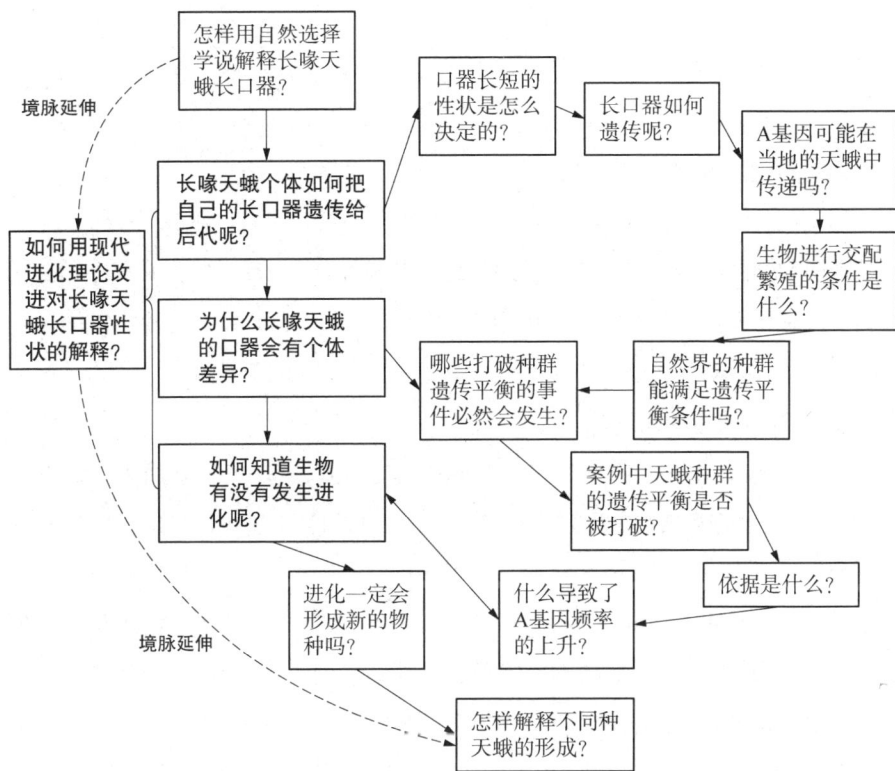

图6-6 "现代进化理论"的问题系统

前两个来源的问题构成了本课学习的问题链主线。主线问题反映了现代进化理论的知识逻辑:先理解为什么进化的基本单位不是个体而是种群,再基于遗传学原理理解种群中个体的变异为进化提供了丰富素材,最后通过计算自然选择发生前后种群中某个基因的基因频率变化理解进化的实质。

后两个来源的问题构成了问题链主线下的问题网络。子问题一方面是对问题主链的展开,另一方面也反映了学习过程中学科认知逻辑的生成。本课中,基于已有知识解决问题并提出新的问题,以及基于质疑和批判性思维发掘新知是学生在问题网构建中运用最多的追问方法。

第三节
由学生自主构建问题系统

一、构建问题系统与学习自组织

教师引导学生构建问题系统，寻求问题解决的过程，即转变学生头脑中的世界2的过程。但是要深刻地转变学生头脑中的世界2，需要形成更为主动和自主的学习生态，即学习的自组织。

1. 认识学习的自组织形态

自组织一词，来自于生物学研究——生物具有自我调节、自我复制和自我更新等能力，而这些能力的基础则是生物存在自组织。让我们从生物体的自组织中迁移并理解学习的自组织形态。

生命系统的自组织是开放的，而非孤立于环境之外的。生物的自组织是与外界环境（如温度、水分、其他生物等）紧密相关的。生命系统是开放的系统，当外界环境发生变化时，生物就会以内部调节的方式自组织以适应外部环境变化。学习的自组织也是如此，自组织的学习形态与世界1，即学习的外部环境和状态紧密相关。比如，当学生的学习环境从学校教室变为在家线上学习时，会发生怎样的自组织、自适应呢？学生会主动调整作息以重新安排学习时间；会重新考虑获取学习信息的方式，学习的信息源从同伴和教师逐渐偏向线上平台；会改变学习形式，从与同伴的合作学习改为个人独立学习。这就是个体学习中自然而然发生的自组织行为。

生物自组织的结果是有组织，通过系统性的组织使生命活动精密、有序、有规律。生物体中的一个细胞，其复杂程度远胜于由上百万个零件组成的航天飞机；成千上万的细胞又组成了执行着不同功能的组织和器官，使得生物体内部有序协作，完成复杂的生命活动。学习的自组织也是如此。学习自组织的目的就是形成可更新、可优化、可进化的学习系统。当面对真实境脉中的复杂问题时，我们希望看到学习者通过对学习系统的迁移运用完成对世界3的准确认识。

学生自主构建问题系统是学习自组织的尝试。而问题系统的自主构建,其进阶路径体现为①:

① 学习者能够提出自己的问题;

② 学习者提出有探讨价值的问题;

③ 学习者学会判断核心问题;

④ 学习者能够提出一系列的问题;

⑤ 学习者为核心问题的解决自构问题系统;

⑥ 学习者能够为解决问题设计学习任务;

⑦ 学习者能够为完成任务设计学习步骤。

2. 学生自主构建问题系统

学生自主构建问题系统应从程序性知识起步。显然,问题化学习中提出的问题系统的自主构建,并非学生的默会知识,我们可以先把构建问题系统的初期能力看作是一种程序性知识。这一程序性知识的习得源于我们上一节讨论的内容——教师引导学生构建问题系统。

走进问题化学习的课堂,教师并不是如同教授实验技能一样,预先把如何构建问题系统的步骤一步步讲解下去。问题系统构建是镶嵌于一节或一单元教学内容的实施中的,是随着具体的学习境脉发展、核心问题的提出和所学知识的生长逐步构架的。因此构建问题系统的路径习得,有赖于学生在经历了多次问题化学习后,对"怎么办""如何做"这类学习方法的抽象和概括。经由学生长期实践总结、固化下来的行动序列和经验程式,才能使得问题系统的构建具有相对稳定、行之有效的特征。

当然,我们也不能把学生自主建构问题系统的能力只认为是一种程序性知识。这就如同在学习如何提问时,"五何"问题是我们提出问题的基础,但却不是提问技能的全部。事物是变与不变的统一,学习则是新事物、新问题不断产生的过程,这需要我们具备灵活变通的、创造性的提问能力、问题组织能力、问题间关系的判断能力。这样才能应对不断变化的学习境脉,构建出与真实境脉融为一体的问题系统。我们通过"表

---

① 顾稚冶,王天蓉,王达.合作解决问题[M].上海:华东师范大学出版社,2018:12.

观遗传机制调控基因表达”的问题系统自组织为例,理解上述论点。

在学习“表观遗传机制调控基因表达”时,教师以学生感兴趣又不熟悉的自然现象作为境脉引入:在蜂巢中,有负责生育后代的蜂王,也有负责采集花蜜的工蜂。它们都是由蜜蜂的受精卵发育而来的。科学家发现,给蜜蜂幼虫喂食蜂蜜,幼虫会发育成工蜂;而喂食蜂王浆,幼虫会发育成蜂王。因此是成为蜂王还是成为工蜂,幼虫的命运取决于幼虫的食物。

学生先提出问题:

问题1:蜂王和工蜂表型不同,他们的基因是否不同呢?

问题2:食物对蜜蜂幼虫的实质影响是什么?

由这两个问题进入表观遗传机制之一的DNA甲基化学习后,又追问:

问题3:DNA甲基化能否遗传给后代呢?

问题4:如果同时给蜜蜂幼虫喂食蜂蜜和蜂王浆,幼虫会怎样发育?

教师观察到,学生在提出问题后,随即厘清了问题1至问题3的逻辑关系并形成问题链,该问题链能有效帮助学生理解DNA甲基化这一概念。但是对于问题4,学生们一时之间不知道如何把它融入问题系统,但又认为这是一个有趣的、不想舍弃的问题,于是学生在课堂上花费了一定的时间进行讨论,但是始终没有统一意见。

这一难题的出现,源于学生没有意识到,他们构建的问题链是指向知识获取的问题,而问题4则是指向科学探究的、富有想象力和创造性思维的问题。这是一个优质的、但是与“DNA甲基化”这一核心问题关系不大的问题,也无法在本课时中得到解决。

学生在自主构建问题系统时发生的这一障碍,说明学生若只是按照一定的程序构建问题系统,在应对真实世界的复杂问题时,就容易因按部就班而陷入思维困局。

学生自主构建问题系统应从程序性知识向策略性知识发展。我们需要以策略性知识的标准来衡量学生在构建问题系统中的所得,原因在于学生在解决真实问题时,常常需要应对的是变化的情境以及突发的新问题,这就必然要打破学习中原有的有序结构和稳定状态,造成一定的偏差。固定的程序性知识无法解决此时的困境,而策略性知识支持下形成的问题系统,是灵活可变的,能在外部环境变化中重新定义问题间的关系,通过问题系统的再次自组织来应对新的境脉发展,从而获得自组织的学习能力。

策略性知识是学习者在学习情境中对任务的认识、对学习方法的选择和对学习过程的调控。实践发现,在不同班级中,面对同一教学主题和核心问题,班级学生合作形成的问题系统不尽相同。由此可见,学生自主构建问题系统是程序性知识和实践智慧的综合,策略性知识使问题系统的构建向着非固定的方向发展,不同的学习者运用不同的提问策略,形成不同的问题系统。学习如何构建问题系统,最终会因为情境理解差异、个体前认知差异、个体情感倾向差异等因素,发展出多样的问题系统。这反映了学生在自主构建问题系统的过程中策略性知识的形成。

如在"表观遗传机制调控基因表达"的案例中,学生提出了一个有趣的问题:如果同时给蜜蜂幼虫喂食蜂蜜和蜂王浆,幼虫会怎样发育?而在组织问题系统时,对于这个问题究竟与核心问题是什么关系,和其他子问题是什么关系,学生一时间难以决断。学生们决定小组讨论后再交流各自的想法。我们来看看不同学习小组的交流内容:

A组:和DNA甲基化(核心问题)关系不大,我们不要把它列入问题系统中去了。

B组:这个问题有值得研究的地方,那就是没有蜜蜂幼虫有过这样的待遇,我们确实不知道会有怎样的结果。有问题就应该去探究。

C组:我们也想知道这个问题的答案,但是这个问题似乎和DNA甲基化关系不大,我们想把它放在问题系统的最后面,回去查查资料。

从上述交流中,我们首先可以观察到的策略有:研究问题与核心问题的关系、研究问题本身的价值、判断自己对问题的感兴趣程度、考虑何时及如何解决这个问题更有利于学习的开展。这里包括了对已经发生的学习环节的回顾和对将要发生的学习活动的预估。其中C组学生在问题系统构建中自我调控能力、策略性学习的能力更突出。而整个班级的学生在面对问题时,通过小组间交换想法来集思广益,本身也是面对突发问题时合理分配课堂时间、尽量运用集体智慧的学习策略。

二、厘清问题系统中的素养脉络

问题系统的构建指向了学习脉络的形成。学习脉络的组织有赖于情境中的学生问题。梳理问题、明确问题的不同性质是形成学习脉络的过程。学生的问题是新问题——要组织新课的学习脉络;学生的问题是老问题——要组织复习的学习脉络;学生的问题是"是何"的问题,要组织信息搜索类的学习活动,由生物学事实来说明事物的本质、要素,归纳并理解相关概念;学生的问题是"为何"的问题,要通过实验探究等科学实践活动来研究生命活动的目的、缘由;学生的问题是"如何"的问题,要组织学生运用归纳与分析、演绎与推理、模型与建模等科学思维探索生命活动的过程。

1. 认识教师在自组织学习中的作用

学生自主构建问题系统,并不等同于教师在课堂学习中作用的消失和地位的下降。相反,教师更需要准确把握学习境脉,为学生提供必要的引导或指导。

发展情境调控知识脉络

问题总是从具体的情境中产生,学习的自组织也有赖于学习情境的创设和不断延续。教师提供有趣、有疑、有进展、有曲折的情境,是学生能发生自组织学习的主要外因。学生在情境中提出问题,在问题中形成知识的学习路径,最终理解学科重要概念。因此,学生问题系统的构建能力和学习路径的流畅性,离不开教师创设的发展性情境。

点明方法引导思维脉络

学生自组织构建问题系统的过程中,不仅要解决核心问题,更要掌握解决核心问题的方法。高中学生在经历了一段时间的问题化学习后,已经有一定的能力来完成问题系统的构建,但是他们缺乏回头再看看已有学习路径的"监控"意识。

因此,教师应该在学习总结阶段施以援手,点明提问的方法、比较不同的问题组织方法以及解决问题所需的科学思维。"点明"意味着教师的这一教学行为主要发生在学生问题系统构建以后,起到了使思维脉络显性化的作用。通过帮助学生重新梳理学习过程,以科学思维能力和科学探究能力的提升促进生物学概念的落实和落准。

耐心沟通增强情感脉络

我们来看一个课堂实录:

学生(激动地)问老师:"为什么我们不能克隆一个自己?"

教师询问他:"你想克隆自己做什么?"

教室里顿时响起了学生五花八门的答案:

"如果自己生病了,克隆人可以用来做器官移植。"(这个学生没有意识到克隆人也是人,因此缺乏同理心)

"克隆一个就陪我玩吧。"(学生在激动之下忽视了科学常识,克隆人也要经历婴儿等成长阶段)

"替我来上学写作业。"（这是学生厌学或学习压力大的下意识回答）

"克隆技术"中的学生问题告诉我们，教师在观察指导学生学习行为的同时，还需要作为平等的交流者，了解学生的情感体验。这样做的原因在于，学习境脉不仅是情境，还包括影响学生成长的观念、习俗和文化等大环境问题。学生问题的提出，一定是带着自己的生活体验和情感投入的，教师在此过程中需要增强学生正向的情感体验，让问题的提出和解决具有超越学科知识学习和自身能力提高的社会价值，彰显学科教学的育人功能。

2. 厘清问题系统中的素养脉络

如果说，动态、连续的情境是学生学习时探索的外部世界，那么问题系统就是发现问题和解决问题的"地图"。学科素养的涵育就发生在学生规划"地图"、调整"地图"和按"图"开展活动的过程中。

当学生的学习活动结束后，我们仍然需要回顾问题系统，抽提出其中各个维度的素养脉络。这样做的目的，一方面是让问题系统指向的素养目标显性化，以便于为后续进阶式的学习目标设计提供支持，另一方面也是归纳出问题化学习中学科素养落实的途径，使问题化学习学科化。

以本章第二节中的案例"生物进化理论在不断发展（第 2 课时）"为例，图 6 - 6"现代进化理论"的问题系统呈现了学生学习的地图，我们追溯从问题系统的构建到问题解决的过程，整理学生学习中学科素养目标的达成，形成了图 6 - 7 所示的"知识与概念""科学探究"以及"科学思维"方面的素养脉络。

在依据问题系统解决问题时，知识与概念的学习离不开探究式的问题解决思路，也离不开科学思维的运用。同样，运用概念去解决新的问题，也是科学思维的基本方法。这正如图 6 - 7 的三维结构所示，"知识与概念""科学探究"以及"科学思维"是构成该图不可或缺的"面"，彼此倚靠、相互支撑。

素养脉络的抽提和总结，是对问题化学习学科化实施的评价，也是根据学生学习的结果来改进教学的依据。倘若我们在进行这项研究时，发现三维图中有某一面存在明显的缺失，就需要重新回顾学生学习的过程，审视师生问题的思维品质，设计更适合素养目标的学习任务。

当然，在以三维图示厘清问题系统中的素养脉络时，没有抽提出学生的情感体验

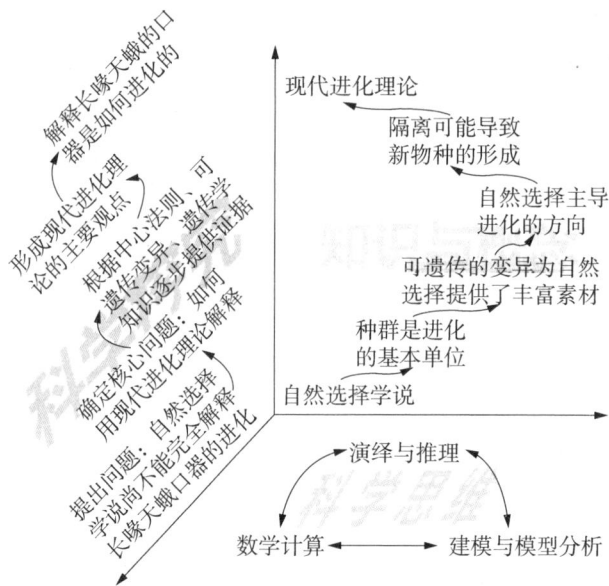

图 6-7 "生物进化理论在不断发展(第 2 课时)"中的素养脉络

以及社会责任方面素养目标的发展。这是因为依据境脉理论,个体情感体验的起点是差异化的,但当学生经历境脉课堂的集体学习,到达问题解决的终点时,能形成相同或相似的情感共鸣,由此发展出各自独一无二的情感脉络。

案例:基于糖尿病治疗科学史的课堂组织

"血糖的平衡及其调节"是上海科学技术出版社教材《生命科学》拓展型课程第二章"人体内环境与自稳态"的内容。本节内容的新增知识点较少,但可涉及、可延伸的已学知识很多,教学中采用新知与旧知结合的方式,通过"百年糖尿病治疗"的科学史情境进行综合教学和复习,对原来分散的知识进行整合和建构,以实践逻辑形成完整的学习脉络。

1. 单元情境发展线

初始情境:生命垂危的糖尿病女孩与胰岛素的发现

1922 年,14 岁的糖尿病患者伊丽莎白·休斯已经生命垂危,她患糖尿病多年,当时的身高为 152 cm,可体重却只有四十斤。她几经治疗,而生命却仍在向终点靠近。这时,加拿大医生班廷发现了胰岛素,休斯得到了胰岛素的注射治疗。随后,她奇迹般地活了下来,并健康地活到了 73 岁。

情境延伸:昂贵的胰岛素治疗

并不是每个糖尿病患者都能像休斯那样幸运,胰岛素早期是从动物胰脏中提取的,成本高而纯度低,完全不能满足糖尿病患者的需求,很多糖尿病患者因支付不起昂贵的费用而无药可医。科学家曾经尝试人工合成胰岛素,1958 年英国生物化学家桑格测定了牛胰岛素的氨基酸序列,1965 年我国科学家合成了结晶牛胰岛素。但是通过人工一个一个连接氨基酸来合成蛋白质,效率非常低,无法用于大规模生产药物。

情境延伸:失效的胰岛素

在糖尿病的治疗过程中,医生们发现胰岛素并非对所有糖尿病患者都有效。1936 年英国医生西姆沃斯在论文中提到了他的实验:给不同的糖尿病人喝浓糖水,同时注射胰岛素,随后检测病人的血糖水平。结果有的患者血糖得以控制,有的却持续升高。

情境延伸:新药研发

二甲双胍是治疗 II 型糖尿病的常用药,它最早来自一种有毒的草本植物山羊豆。有人发现,当山羊吃了山羊豆这种植物后,会出现类似低血糖的症状,这给了研究人员启示:他们从山羊豆中找到了能降血糖的物质,并最终合成了人工类似物,这就是治疗 II 型糖尿病的常用药二甲双胍。

情境延伸:生物技术带来新希望

药物治疗糖尿病至今仍是只能治标不能治本,现代生物技术的发展,为彻底根治糖尿病提供了更多的可能性。如芝加哥大学的研究人员用干细胞培养获得了特殊的小鼠皮肤,这种皮肤细胞受诱导分化后能分泌出调节血糖的激素。

2. 问题系统的自组织

情境发展中的问题

依据情境发展,学生对糖尿病的治疗从关注小女孩休斯的安危逐渐转向了糖尿病治疗的发展和前景上,从情境中产生了很多问题:

正常人是如何维持血糖代谢平衡的?

糖尿病患者的高血糖是怎么造成的?

班廷医生是怎样发现胰岛素的?

胰岛素是怎样降血糖的?

人工合成胰岛素很难,那么细胞是怎样合成蛋白质的?

人工制造胰岛素时是否能借用这条细胞中的蛋白质合成途径?

为什么有的糖尿病病人注射胰岛素无效? 可能的原因有哪些?

二甲双胍为什么也能降血糖?

现代生物技术怎样治疗糖尿病?

现代生物技术能根治糖尿病吗?

核心问题的形成和问题系统的组织

在糖尿病治疗的科学史情境中,骨瘦如柴的糖尿病女孩让学生对糖尿病的危害有了深刻的感受,不禁发出了疑问:"人类能依靠生物学知识和技术的发展战胜糖尿病吗?"这既是关注自身健康下的感性提问,也是相信科学知识和技术能帮助人类战胜疾病的理性期盼。毫无疑问,这一问题作为单元复习的核心问题,可以促进学习境脉中情感脉络、知识脉络和思维脉络的延伸和发展。

学生组织问题系统的策略是:循着糖尿病治疗技术的不断发展这一线索,形成构建问题系统时问题排序的依据。因为该情境体现了人类对血糖调节的认识过程和相关生物技术的发展历程。由此自组织形成的问题系统如图 6-8 所示。

学生在自主构建上述问题系统时,以糖尿病治疗的技术推进组织单元学习,本质上遵循的是科学探究的实践逻辑。而立足学科本位分析学生建立的问题系统可以发现,该问题系统中蕴含了科学理论与科学技术的辩证关系:科学技术的发展推动了人类对科学理论的认知,科学理论的突破又促进了科学技术的不断革新。

3. 问题系统支持下的单元组织路径

从复习血糖平衡到建构血糖调节模型

基于问题 1,学生复习血糖的主要来源和去路,比较和推测糖尿病患者血糖异常的原因,这是将知识直接用于病因分析的过程。多数学生能分析血糖去路受阻,也有的学生更进一步推测了糖尿病女孩骨瘦如柴的原因,涉及了蛋白质和脂肪的氧化分解供能等知识。学生在重温班廷医生的胰岛素发现史时,深切感受到了科学研究对人类健康和疾病治疗的巨大作用,社会责任意识得到提升。而问题 2 是基于问题 1"血糖代

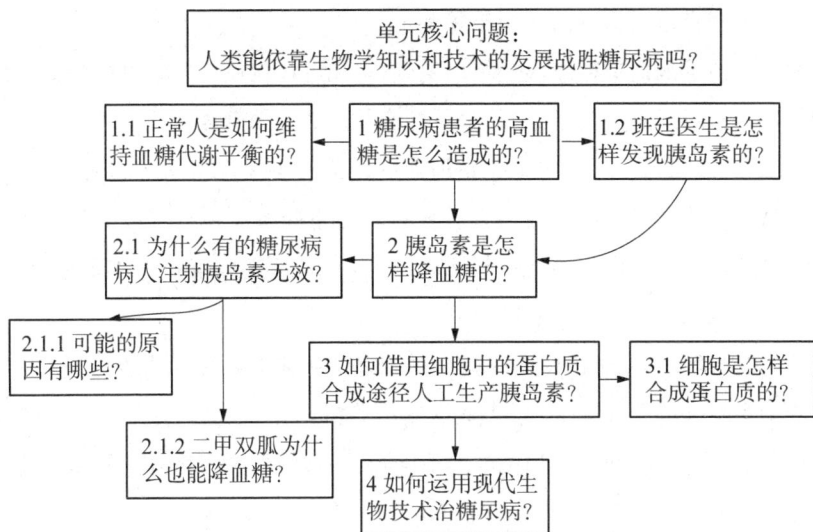

图 6-8　"百年糖尿病治疗"情境下的学生问题系统

谢途径"来推理解决的:依据血糖平衡的模型进一步推测胰岛素的具体作用(如图 6-9)。问题的解决体现了通过演绎推理构建模型、深刻理解概念的生物学学习特点。

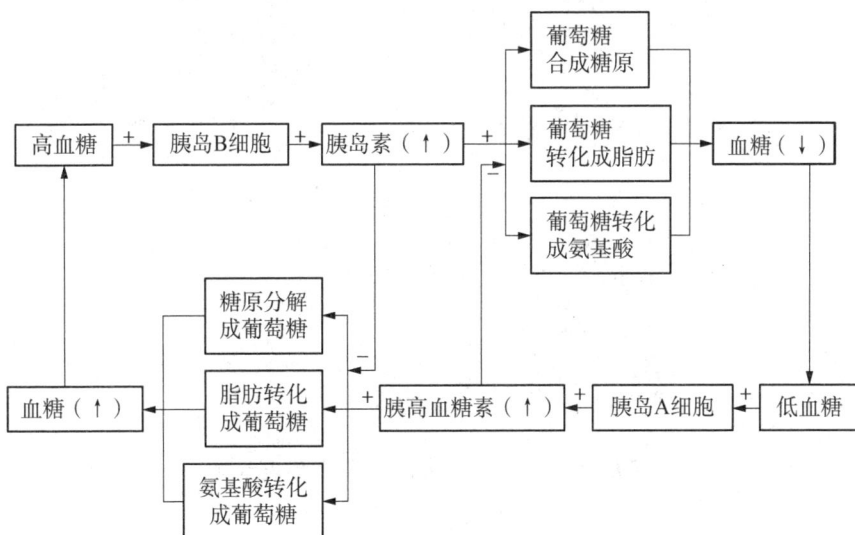

图 6-9　血糖的激素调节模型

从理解Ⅰ型糖尿病到推演Ⅱ型糖尿病

问题 2.1 涉及的两类糖尿病是新知识点,首先可以运用上一课时中血糖的激素调节模型加以分析:休斯患有糖尿病的原因可能是什么? 结合休斯注射胰岛素后能缓解病情的信息,可以得出休斯体内缺少胰岛素的结论。英国医生的实验表明,有些糖尿病患者注射胰岛素是无效的。为什么有胰岛素却不能降血糖呢? 再次分析血糖调节模型,反思原有结论,并从模型上找到原因:只有胰岛素受体细胞功能正常,胰岛素才能起到调节作用。

当然,在以学生为主体的学习中,教师并非真的"袖手旁观"。根据学生的问题,教师提供图示资料(如图 6-10)。学生根据图示分析两类糖尿病病因,一方面能有效区分Ⅰ型糖尿病和Ⅱ型糖尿病发病机制的不同,另一方面能锻炼自身读取和分析图文信息的能力。

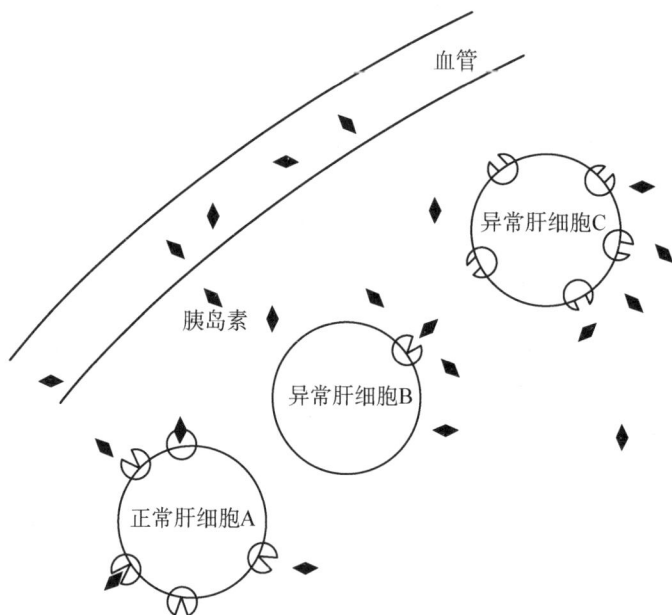

图 6-10　胰岛素与靶细胞的识别情况示例

面对Ⅱ型糖尿病不能依靠胰岛素治疗的问题,药物二甲双胍的发现书写了科学史的新篇章。这一情境下的问题解决,旨在提升学生的信息搜索和整理能力,感受科学发现的艰辛和曲折。更重要的是,二甲双胍降低血糖的原理尚未有研究结论,并非教学中常见的已有定论的科学史。问题系统中出现了尚不能解决的问题,这让学生意识到科学探索是无止境的,进而激发了他们投身于科学研究的热情。

从提取胰岛素到制造胰岛素

科学研究的道路并非一帆风顺,学生在回顾这段科学史时,凭借已有的知识储备,能进行更深层次的思考,这是解决问题 3 和问题 4 的基础。比如回忆中心法则:蛋白质的合成受到基因指导,那么基因工程和细胞工程就能为生产药用蛋白提供更有效的方法。以解决情境问题为目的的主题复习,让学生的思维更为活跃,自主参与度更高。

情境 5 进一步打开学生思考的视角,关注到现代生物学的多学科交叉融合的特点。如通过器官移植方式根本上解决胰岛素分泌不足的问题,而这一话题涉及了免疫排斥的问题;那么能否再造器官呢?话题又转换到干细胞技术方面。情境的延伸在整合复习内容的同时,更促使学生意识到现代生物技术为疾病治疗提供了更多的可能。

4. 问题系统导向的学科素养提升

突出核心概念,加强知识横向联系

在血糖调节的综合复习过程中,"百年糖尿病治疗"的科学史情境,融合了如图 6-11 所示的七部分内容。通过故事境脉的延伸,学生围绕"究竟能不能治好糖尿病?",主动提出问题,并在情境脉络的指引下形成问题系统。如图 6-11 所示,学生从血糖平衡开始探索糖尿病的成因,从合成胰岛素(蛋白质)着手寻找合成药物治疗的方法,通过科学家实验分析糖尿病的类型,最后拓宽视野寻求更多的治疗途径。情境中的问题解决串联并落实了一系列的主干知识,使得核心概念间的联系通过应用得到了强化。

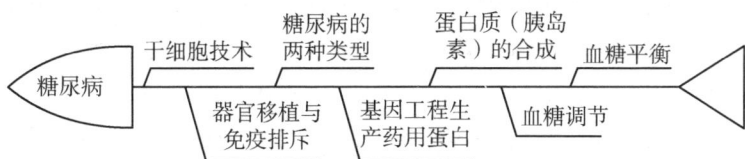

图 6-11 "百年糖尿病治疗"形成的概念联结

弱化机械练习,提升学生科学思维

情境化的复习教学不是一个知识点辅以若干题目的形式,而是随着情境发展和问题引导,用一个个关乎健康、关乎生存的现实问题促使学生做到知识的活学活用。在此过程中,学生需要观察比较、推理因果、阐述观点……学生的思维品质得到了切实的提升,复习的效果不再止步于熟记知识、强化练习。

着眼应用与发展,增强社会责任感

血糖调节的系列情境,从生命垂危的糖尿病女孩因胰岛素的发现而获救的生命奇迹开始,讲述了治疗糖尿病的漫漫长路上众多科学家的贡献和很多伟大的医学发现。学生在查找资料搜索信息的过程中收获的并非只是结果,还有未知和希望。情境线索和综合复习拓宽了学生学习生物学知识的视野,有助于培养学生献身科学、造福人类的社会责任感。

本章小结

◎ 问题集是根据知识的内在要素或思维形成的结构模型,问题集的全面性为知识体系的全面构建夯实了基础;问题链是指根据问题的层次或推演过程,形成线性的问题系统,问题链适宜于生物学概念的深度学习,子问题间层层递进的关系为运用科学思维逐步建立学科理论起到了先导和衔接作用;问题网是指围绕中心问题放射出很多次级问题,而次级辅助问题之间又存在一定的关系,问题网以一节课为开端,延伸至课后的学习、下一课时乃至单元的学习,能促进学习中科学思维方法的前后联系及探究活动的持续进行。

◎ 教师在引导学生建构问题系统时,首先要通过情境发展促进学生问题和追问的不断产生,然后教会学生对问题进行分类,引导学生组织问题解决的顺序,最终认识问题系统背后的学习逻辑。

◎ 学生自主构建问题系统的路径习得,有赖于学生在经历了多次问题化学习后,对"怎么办""如何做"这类学习方法的抽象和概括,即获得相关的程序性知识。而策略性知识使问题系统的构建向着非固定的方向发展。不同的学习者运用不同的提问策略,形成不同的问题系统。学生构建问题系统时,最终会因为情境理解差异、个体前认知差异、个体情感倾向差异等问题,发展出多样的问题系统。

第七章

学会合作解决问题
——实现境脉融合

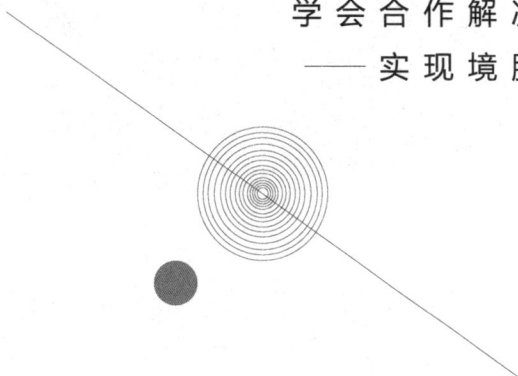

堂前燕问

◎ 什么样的境脉问题需要合作学习？

◎ 如何进行合作学习？

◎ 如何在合作学习中实现境脉融合？

本章图示导读

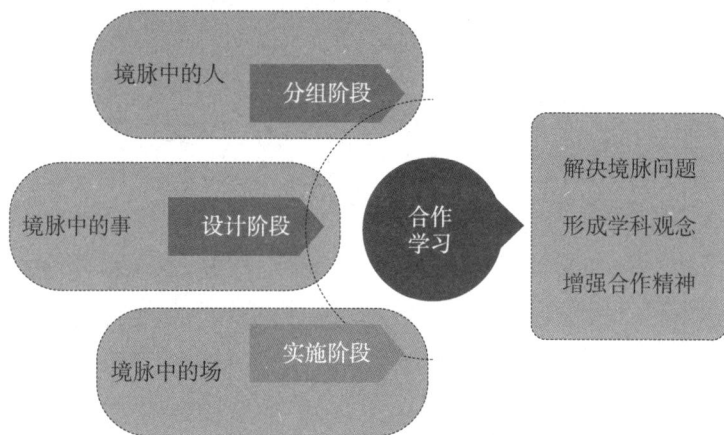

境脉中的人　分组阶段

境脉中的事　设计阶段

境脉中的场　实施阶段

合作学习

解决境脉问题

形成学科观念

增强合作精神

第一节
认识需要合作解决的境脉问题

　　小组合作是课堂学习的重要组织形式,小组合作既能反馈班级整体情况,又能连接每个个体的学习意愿,个体在合作活动中也能得到更多自我展示、修正及优化的机会。合作既是学习的一项技能,也是社会情感能力的体现。无论是发现问题还是构建问题系统,都经历了从个体思考到群体共同探讨的过程,因此合作贯穿于问题化学习的整个过程中。

一、设计有效的合作学习活动

　　生物学学习中的活动,如模型构建、调查访谈、实验操作、野外调查等,基本都离不开合作的形式。

　　问题在于,很多教师和学生把合作看作一种流程或程式。教师组织合作,是为了呈现出课堂形式的多样化;学生进行合作,仅仅是因为个人完成一项学习活动耗时过长,同伴合作能减轻工作量。于是,合作学习有时候就走上了为了合作而合作的歧途。

　　我们来看一个合作学习的案例。

探究建模:制作真核细胞的结构模型

【模型信息】

细胞中各可测量结构的大小:

细胞(直径 $100\,\mu m$);细胞核(直径 $5\sim10\,\mu m$);

叶绿体(直径 $2\sim5\,\mu m$,体长:$5\sim10\,\mu m$);

线粒体(直径 $0.5\sim1\,\mu m$,体长:$2\sim3\,\mu m$);

核糖体(直径 $25\sim30\,nm$,最小);

溶酶体(直径 $0.2\sim0.8\,\mu m$);中心体(直径 $0.2\sim0.4\,\mu m$);

【准备工作】

a. 分组:6—7人一组

b. 确定模型制作种类:动物细胞或植物细胞

c. 确定模型制作材料:硬纸板、卡纸、超轻泥土、橡皮泥、布料、食物、吸管、计算机软件、3D打印等(材料不限)

d. 小组商定模型制作方案并实施:绘制模型图稿;确定小组分工;完成各结构制作等。

表7-1 真核细胞亚显微结构制作小组活动任务

组长	
组员	
模型名称	
绘制细胞模型	
小组分工(请详细注明每种细胞结构模型制作者姓名,如xxx:制作线粒体,xxx:制作细胞核,xxx:解说模型作品等。)	

表7-2 真核细胞亚显微结构制作活动评价表

评分标准:优秀(5分)良好(4分)合格(2分)不合格(0分)

评价项目			组评/组别						师评/组别					
			1	2	3	4	5	6	1	2	3	4	5	6
模型制作	各亚显微结构的结构与功能													

评价项目		组评/组别						师评/组别					
		1	2	3	4	5	6	1	2	3	4	5	6
	准确性(大小比例)												
	美观性												
	展示和解说												

表7-3　真核细胞亚显微结构制作活动合作能力自评表

评价项目	评价内容	小组自评	教师评价
团队合作	有效组织小组讨论		
	有详细的任务清单和任务的合理分配		
	能发挥每个组员的优势和特长		
	在完成个人任务后能得到小组的反馈和修改		
制作过程	能从多个渠道收集相关信息来制作模型		
	能对计划和方案进行过程性修改		
	能对模型制作提出独特的观点或方法		

教师在形成这项活动方案表时考虑了多方面的因素:细胞结构的各项数据、制作模型的材料、组员分工的引导预案、学习活动的评价等。学习活动的参与度也很高,学生推举组长、招募组员、商量模型材料、展示作品,最后评分选出做得最好的作品,教师还安排了橱窗展示和颁奖活动。看上去很完美的活动,最后在纸笔测试中却发现,学生对细胞结构的掌握并没有比上一届学生有明显的进步,一段时间后,知识点遗忘的情况也没有得到明显改善。

合作了却没有看到促进学习成绩的实效,原因何在? 教师在教学反思中想到,这份学习单的信息过于详细、步骤指导非常细致,学生合作的主要任务就是分配各项细节任务,跟着任务单亦步亦趋完成。制作叶绿体的同学基本没了解过线粒体,制作线粒体的同学也不关心高尔基体,最终造成了合作价值的降低。

什么才是有效的合作呢?

1. 带着问题和任务合作

首先,学生要带着问题准备合作学习,也就是本章的主题,合作是为了解决问题。如果学生什么都懂,什么都会,细胞建模活动就是重复和巩固的过程,学习就会缺乏活力。所以,当教师不提供详尽的建模学习单时,学生面对复杂的学习任务,会提出很多问题:是制作植物细胞还是动物细胞?不同的细胞里有什么相同的结构?有什么不同的结构?这些结构形态如何?我用什么材料能制作出这些结构?……

有了问题,就有了合作的内容。谁去查找资料?谁去询问老师?谁来准备材料?谁来画个草图?有了合作的内容,就有了合作的构架,谁来组织这些活动?完成这些任务需要多少时间?是分头行动还是聚在一起完成?——有效的合作出现了两个阶段:设计阶段和实施阶段,合作由此迈入了正轨。

2. 带着学科观念合作

无论什么样的合作学习,都不能脱离学科本体知识的存在。合作的内容来自对知识的探求,而合作的过程则需要运用学科观念。

在细胞建模的过程中,当学生将各细胞器准备好之后,如何把它们一一摆放到细胞中去呢?追问层出不穷:细胞核一定要连着内质网吗?内质网上为什么要粘贴一些核糖体?高尔基体为什么放在内质网和细胞质膜之间比较合适?中心体这个名称是不是意味着应该把它放在细胞中央呢?

所以合作不只是动手制作,更是指思维的交流和碰撞,而学科观念在交流中起到了聚拢问题和梳理想法的指导作用。细胞建模的问题解决主要遵循的学科观念是结构与功能观。例如,解决"内质网一定要连着细胞核吗?"这个问题,可以从探讨内质网的功能开始。内质网与蛋白质的加工、运输以及脂质代谢有关,细胞核需要有物质进出来支持内部的代谢活动。因此,一般细胞核总是与内质网相连接。基于结构与功能观,问题的解决过程简洁明了,不容易走弯路,建模作品也经得起推敲。

3. 带着合作精神合作

合作精神并非虚指,必须有可对照可评价的具体内容供学生自查或评价。这里提供一份同伴品质检查表(表 7 - 4)供学生判断自己或同伴的合作品质。

表7-4　合作品质检查表

一级指标	二级指标	是	否
沟通能力	清晰表达:自己/同伴能否清晰、准确地表达自己的观点和想法?		
	倾听能力:自己/同伴是否愿意并善于倾听他人的意见和建议?		
	反馈技巧:自己/同伴是否能给予建设性的反馈,并接受他人的反馈?		
团队协作能力	合作精神:自己/同伴是否愿意与他人合作,共同完成任务?		
	分工意识:自己/同伴是否愿意承担自己的责任,并尊重他人的工作?		
	解决冲突:自己/同伴在面临冲突时是否能冷静处理,寻求共赢的解决方案?		
学习能力	学习态度:自己/同伴是否对学习充满热情,愿意投入时间和精力?		
	学习方法:自己/同伴是否掌握有效的学习方法,并能与他人分享?		
	自我提升:自己/同伴是否愿意不断学习和提升自己的能力?		
责任心	守时守信:自己/同伴是否能按时完成任务,并遵守承诺?		
	对待任务:自己/同伴是否认真对待每一项任务,追求卓越?		
	勇于担当:自己/同伴在出现问题时是否愿意承担责任,并寻求解决方案?		
适应性	适应变化:自己/同伴是否能快速适应新的学习环境或任务要求?		
	创新思维:自己/同伴是否具备创新思维,能提出新颖的想法和解决方案?		
	应对压力:自己/同伴在面临压力时是否能保持冷静,有效应对?		

量化合作精神,有利于合作中的每个个体准确评估自己的合作能力,找到自己在合作中的问题所在。

二、确定需要合作解决的学科问题

合作学习在改善课堂学习氛围以及提升学生学习兴趣上有积极的影响,是培养学生沟通交流、为他人着想等社会情感能力的重要途径。不可否认,独立思考问题和解决问题的能力同样非常重要。一般来说,团队合作首先基于个体的独立思考,个体思考和实践能解决的问题,就没有合作的必要。那么,哪些问题的解决需要合作呢?

1. 教材设计的学习活动

以沪科版高中生物学必修教材中的各类学习活动为例,问题解决的推荐途径如表7-5所示。

表7-5 沪科版高中生物学必修教材中的主要学习活动及推荐学习方式

学 习 活 动	问题解决途径
实验:用高倍镜观察动植物细胞	独立实验,合作分析
实验:观察叶绿体和细胞质流动	独立实验,合作分析
建模:制作真核细胞的结构模型	小组(4—6人)合作
实验:检测生物组织中的还原糖、脂肪和蛋白质	可以独立或合作实验
实验:观察外界溶液对植物细胞质壁分离和复原的影响	独立实验、两人讨论
实验:探究温度对淀粉酶活性的影响	小组(4—6人)合作
实验:叶绿体色素的提取分离及叶绿素含量的测定	小组(2—4人)合作
设计:探究影响光合作用强度的环境条件	小组(4—6人)合作
实验:观察植物根尖细胞有丝分裂	独立实验,合作分析
活动:探讨DNA分子双螺旋结构的发现过程并制作模型	小组(2—4人)合作
建模:模拟减数分裂过程中染色体的变化	小组(2—4人)合作
建模:模拟植物花色性状分离	小组(2—4人)合作
活动:人类常见遗传病的调查分析和预防宣传	小组(4—6人)合作
活动:探讨细菌耐药性与抗生素使用的关系	小组(4—6人)合作
建模:模拟自然选择对种群基因频率的影响	独立模拟,合作分析

从表中可知,模型构建、调查访谈、实验操作、野外调查等生物学学习活动基本都离不开合作的形式。这类合作学习一般有规定课时作为时间支撑,有明确的"产品"产出作为评价内容,是学生锻炼合作技能,提高合作意识的基本途径。

2. 课堂活动中的合作学习

合作学习在课堂教学中常用来完成特定的学习任务,从而落实教学重点或突破教学难点。这类合作学习的具体内容一般由教师自行设计和组织,用以解决较高难度的学习任务。在以教室为主的课堂中,固定的学生座位很大程度上也固定了合作学习的小组成员,这对设计异质化分组造成了困难。但固定合作小组成员也能增进组内学生间的相互了解,使沟通交流更为顺畅。总体来说,这类合作学习一般用时在 10 分钟左右,形式短小精悍,问题解决的针对性强,有利于课堂学习目标的及时达成。

例如,在"蛋白质是重要的生物大分子"一课中,为说明蛋白质的结构组成,教师在学生认识氨基酸结构的基础上组织学生合作构建肽链模型。[①]

归纳氨基酸的结构特点:展示 PDB 数据库中某抗体的三维空间结构,认识抗体(蛋白质)是一种生物大分子,引发学生对其基本组成单位的好奇;展示抗体中的部分氨基酸,由学生比较氨基酸的结构特点(如表 7 - 6),归纳氨基酸的结构通式。

表 7 - 6　不同氨基酸的组成比较

比较不同的氨基酸组成		
	组成元素	原子或基团
相同点	C H O N	中心碳原子、氢原子、- COOH、- NH_2
不同点	S	侧链 R 基

回归境脉问题:蛋白质的结构是怎样形成的? 教师提供侧链 R 基分别为 R_1、R_2、R_3 的三种氨基酸磁贴各 3 个,学生自学教材图片"氨基酸分子脱水缩合形成二肽"后,小组合作构建一段肽链。由学生进行磁贴板演,解释肽链构建中的问题:氨基酸之间的连接发生在什么基团上? 具体怎么连接? 从而认识肽链、肽键、脱水缩合等细节知识。

以追问深化学习脉络:教师先展示两个小组的二肽模型(如图 7 - 1)引导学生进行比较,并鼓励学生向这两个小组的同学提问。有学生问:"这两个二肽一样吗?"问题引

---

① 节选自张燕. 社会境脉下的生物问题化学习活动设计——以"蛋白质是重要的生物大分子"为例[J]. 中学生物教学,2022(01):47—49.

起了学生对肽链的氨基端、羧基端的观察以及肽链是否具有方向性的讨论。接着每个小组展示不同的肽链，教师再追问："每个小组用现有的氨基酸磁贴，能排列出多少种不同的氨基酸序列？"促使学生通过计算理解氨基酸种类、数目及排列顺序的不同导致的肽链具有多样性。最后引导学生比较自己构建的线性多肽和抗体的三维空间结构的差异，描述蛋白质从氨基酸到肽链到空间结构的构建过程，从而理解蛋白质结构具有多样性。

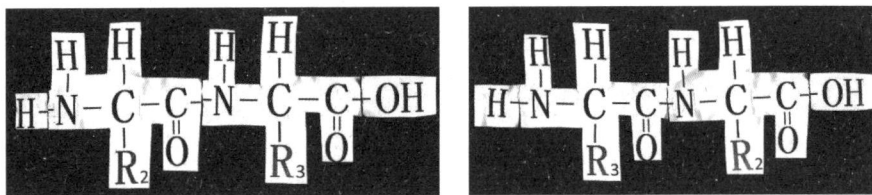

图 7-1　学生构建的两个二肽模型

三、利用与合作学习相关的学习场域

教育学中的教育场域，是指一种广泛存在于人们日常生活中并形成于特定的人及其行为实践的，以教育力构成意义或功能区分的时空构型。学校教育场域不同于日常生活中自然—教化之场，珍视和创建"学校"之外鲜活而丰富的教育场域类型，应作为未来教育变革与发展的重要取向。[①]

生物学作为一门与自然、生活、健康息息相关的学科，其学习场域除了传统学校中的教室和实验室外，还包括了自然观察、调查研究的户外场所、科学场馆、社区、网络等与学科实践场所。不同的学习场域，关联不同的合作学习内容和方式，学生在不同的时空构型中磨炼合作技能，孕育合作精神。

在沪科版必修教材的 15 个探究类学习活动中，14 个学习活动场所为教室或实验室。可见，学校是合作学习的最主要场域，是培养合作意识和合作基本技能的基本时空所在。

------

① 刘远杰.场域概念的教育学建构[J].教育学报,2018,14(06):21—33.

而在户外、科学场馆、社区、网络等场域的合作学习中,由于研究或调查对象的复杂性提高了,对学生合作设计和合作执行的能力也提出了更高的要求;又由于合作空间的扩大,教师的指导作用弱化,还对学生团队自主合作的能力形成了挑战。以选择性必修Ⅱ教材为例,教材中的探究类学习活动及合作学习场域如表7-7所示。

表7-7 沪科版高中生物学选择性必修教材Ⅱ中的学习活动场域

学 习 活 动	学 习 场 域
实验:探究培养液中酵母种群数量的变化规律	实验室
实验:探究土壤中动物类群的丰富度	实验室及公园、农田、居民区、工厂等
活动:调查城市常见鸟类生态位	小区、校园或公园
活动:调查本地一个生态系统的能量流动或物质循环	校园、公园、农田、森林、湿地或池塘
实验:设计并制作生态瓶	实验室
活动:设计保持和提高某个生态系统稳定性的方案	教室、不同校园中的池塘、不同住宅区的绿化带、不同区域的农田或郊野公园等
活动:调查身边的环境问题	化工厂、水域、社区、校园等
活动:探讨身边的生物多样性保护现状	网络、农林业和环保的管理单位、当地社区
活动:了解身边的人工生态系统	大棚蔬菜生产基地、生态农场、人工森林公园、植物园中的热带植物馆、城市河道绿化岸坡等

从必修教材主要以校内合作学习为主,到选择性必修教材中学习场域的多样化,体现了循序渐进学会合作学习的课程思路。关注合作学习的场域问题,其实质是关注不同合作空间中个体之间的合作方式。

第二节
把握合作过程中的人、事、场

一、根据合作形式进行学生分组

合作是群体行为,分组是必需的步骤。根据生物学学科教学的实际需要,我们介绍两种适合课堂学习的分组合作的具体实施方法。

1. 异质分组递进式合作

异质分组递进式合作适合问题链式的、任务递进的合作学习,如围绕某一重要问题的讨论。

这种合作学习的分组方式使小组成员有固定的角色任务和相同的学习任务。角色任务如维持发言秩序、记录交流内容、控制发言时间、观察联络其他小组、总结陈述等,做到一边发言一边各司其职。

学习中将任务按问题关系分解为 A1→A2→A3→……的递进式任务,2 至 3 个小组错时递进讨论。如甲组学生在 A1 问题讨论 3 分钟后记录要点,进入 A2 问题的讨论,乙组学生在 A1 问题讨论 3 分钟后,用 1 分钟时间查看甲组同学关于 A1 问题的讨论结果并进行综合记录,丙组同学在 A1 问题讨论 4 分钟后,用 1 分钟时间查看甲、乙组同学关于 A1 问题的综合记录并进行补充,标出相同观点和不同看法。

三个小组依次循环完成递进式任务(如表 7-8),最后由先完成合作任务的甲组同学查看综合结果,进行观点分享。

表 7-8　小组递进式合作表

	A1	A2	A3	回顾	观点分享
甲组	第 0—2 分钟	第 3—5 分钟	第 6—8 分钟	第 9—12 分钟	第 13—14 分钟
乙组	第 0—3 分钟	第 4—7 分钟	第 8—11 分钟	第 12 分钟	
丙组	第 0—4 分钟	第 5—8 分钟	第 9—12 分钟		

如探讨细菌耐药性与抗生素使用的关系(详见第五章第三节案例)时,由 A1"培养基③、⑥、⑨的作用是什么?"、A2"试管 D 中的菌群没有接触过链霉素,为什么菌群中抗链霉素的细菌比例提高了?"、A3"试管 D 中菌群的耐药性增强和自然选择学说有什么关系?"三个问题形成由浅入深的任务递进关系。

全班学生被分为六组,三组学生形成递进式合作关系,进行两次班级分享。递进讨论的设计,一方面充分展示了六个小组的想法,另一方面也在分享前实现了组间交流和组内再讨论,使合作学习的交流过程既充分又精简时间。

学生最终汇总的讨论结果见下表 7-9 所示。

表 7-9 "细菌耐药性与抗生素使用的关系"的小组讨论结果

	第 1—3 组	第 4—6 组
A1	筛选出对链霉素有抗性的大肠杆菌	作为人工选择,选出对链霉素有抗性的大肠杆菌
A2	细菌会发生各种变异,即使不接触链霉素,也可能具有抗链霉素的后代。选择的作用是使有抗药性细菌的比例增多了	没有链霉素的选择,细菌自身也可能产生抗药性的变异,并且把这种变异遗传给子代细菌链霉素杀死了没有抗药性的细菌,导致有抗药性细菌的比例提高
A3	细菌耐药性的产生就是自然选择的结果:细菌既能产生抗药性的可遗传变异,也能产生无抗药性的可遗传变异。由于抗生素对细菌抗药性的选择作用,抗性细菌所占的比例越来越高,细菌逐渐适应了现有的抗生素环境,具有了耐药性	由于抗生素对细菌抗药性的选择,抗性细菌所占的比例越来越高,即抗生素的效果在下降 为了提高抗生素的效果,只能加大抗生素的药量,于是只有抗性更强的细菌能活下来,如此反复,细菌的抗性越来越强,进而导致抗生素的用量越来越大

2. 单项任务分组后综合任务分组

单项任务分组后综合任务分组适合问题集式的、任务平行的合作学习,如野外调查、模型制作等学习活动。这类合作主要是为了避免注重分工大于合作的问题。如制作细胞模型时,任务彼此平行,导致分配到 A 任务的学生忙于自己的任务,没有时间和精力去关注其他任务,最后合作的结果是只见树木不见森林。对此,可以通过从单项任务向综合任务分组的模式改善这一情况。

以细胞模型制作为例,先将制作活动分为叶绿体、线粒体、核糖体、溶酶体……若干个单项任务组。每个小组分别负责一种细胞结构的资料收集和制作任务,探讨制作方法,借合作的力量使任务能更精细、更准确地完成。

接着从每个单项任务组中抽取一名学生形成综合任务组,综合任务组中的每个学生都需要承担向其他组员介绍特定细胞结构的任务,这有利于每个组员学习其他单项任务组的合作成果(如表7-10)。每个组员交流完毕后,进入到最后的任务磨合阶段,如讨论不同细胞结构的大小关系、空间位置、色彩协调等,从而对细胞模型产生整体认识。

表7-10 单项任务分组向综合任务分组表

综合任务组 \ 单项任务组	细胞质膜(共 A_1—A_5 五名学生)	细胞核(共 B_1—B_5 五名学生)	线粒体(共 C_1—C_5 五名学生)	高尔基体(共 D_1—D_5 五名学生)	内质网(共 E_1—E_5 五名学生)	……
细胞模型1	A_1	B_1	C_1	D_1	E_1	……
细胞模型2	A_2	B_2	C_2	D_2	E_2	……
细胞模型3	A_3	B_3	C_3	D_3	E_3	……
细胞模型4	A_4	B_4	C_4	D_4	E_4	……
细胞模型5	A_5	B_5	C_5	D_5	E_5	……

单项任务组通过同一任务的多信息综合,提高了各细胞结构模型的科学性,综合任务组则通过更多的协商和交流实现了各组模型创意的多样性(图7-2为学生作品)。

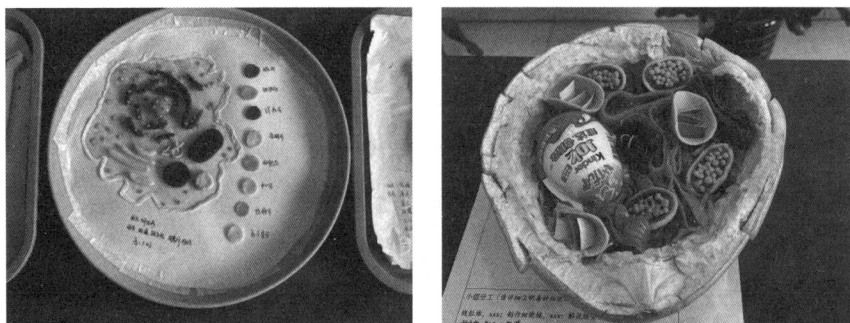

图7-2 小组合作制作的细胞模型

3. 以分组关注学习中的"人"

合作学习中对分组的设计,出发点是对学习中人的关注。

一方面,班级分组及组内分工形成了"人人有事做"的状态,确保了每个学生的学习过程全参与。合作小组将任务分解为不重叠的部分并分配给合适的组员完成。任务分配由小组成员主动认领,以发挥每个人所长,提高合作的效率和品质。当每个个体都是合作任务中不可或缺的环节时,他们对学习的参与度和关注度自然就提高了,并能以主人翁的姿态考虑学习将如何发生以及如何改进。因此科学合理的分组能促使学生意识到自己是境脉学习中的主体,而非问题解决的旁观者。

另一方面,小组合作时不仅要考虑谁来承担什么任务,多少人来承担共同的任务,还要重视分组后个体间的沟通、组与组之间的沟通。这样做的意义在于,语言表达是境脉中联结学习的内部世界和外部世界的主要途径。但是在整班学习中,教师很难顾及每个学习者心境的"打开"及"变化",分组合作有利于学生之间流露心声,真正融入具体境脉中。

二、顺应事件发展设计学习阶段

合作学习的设计阶段,强调的是对境脉事件的关注。

首先是关注情境事件中的问题。在问题化学习中,合作学习的设计是基于问题的组织形成的。问题系统的构建本身就是一种合作:由个体提出问题,集体进行追问来梳理和澄清问题,最终形成问题系统。学生在这一阶段的合作中应尊重他人的见解,倾听他人的问题,用追问等形式表达自己的想法,并基于交流达成对问题系统构建的统一认识。这样做能减少组内成员对合作任务"只见树木,不见森林"这类问题的出现。

其次是形成针对问题系统的解决办法。问题系统的构建已经完成了对境脉事件的解构,问题系统将境脉中的学习导向了多个有逻辑顺序的学习任务群。问题系统中问题间的逻辑关系反映了各任务间的联系,有助于明确和协调小组合作的具体内容。规划问题解决时,信息搜集类问题的解决需要学生掌握查阅资料的途径,具备信息处理的能力;操作技能类问题的解决需要学生有较强的实验操作能力;分析类问题的解决需要学生学会运用表格、思维导图等工具帮助意见和观点的呈现。

我们以"太湖水华"问题的研究为例,说明如何设计合作以顺应"事"的发展和"事"的解决。

学习情境:太湖水华引起水体中鱼类等生物大量死亡、造成水质污染。水体富营养化后,藻类会大量繁殖引起水华。这是由于生活污水及工农业废水中含有大量的氮和磷,排放进入自然水体后,引起藻类大量繁殖并使水体呈现蓝色或绿色。水华使水体透明度和溶解氧下降,水质恶化,鱼类及其他生物大量死亡。水华的发生会给人类和自然界带来损失或灾害。

学习任务:探索形成观测藻类繁殖的某一代谢指标,并实现藻类暴发前预警的装置系统。

实验器材:TI图形计算器与创新者系统、相关可选传感器(浑浊度传感器、pH传感器、溶解二氧化碳传感器、溶解氧传感器等)、恒温水箱等。

根据以上情境信息、实验器材和学习任务,教师和学生将合作学习分为三个阶段。

阶段①:全班头脑风暴提出问题。以下为学生提出的主要问题:

问题1:通过哪些方法可以检测淡水水体中的藻类数量的变化?

问题2:模拟实验时,需要哪些传感器?

问题3:如何确定选定观察指标的预警阈值? 怎样通过编程实现藻类暴发的预警?

问题4:藻类大量繁殖为什么会造成鱼类等生物死亡?

问题5:藻类代谢的产物是什么?

阶段②:小组合作,对问题进行分类后聚焦核心问题,并形成问题系统。

小组聚焦点1:探索形成观测藻类繁殖的某一代谢指标

需要解决的问题及顺序:藻类代谢的产物是什么? →藻类大量繁殖为什么会造成鱼类等生物死亡? →通过哪些方法可以检测淡水水体中藻类数量的变化?

小组聚焦点2:探索实现藻类暴发前预警的实验方案

需要解决的问题及顺序:模拟实验时,需要哪些传感器? →如何确定选定观察指标的预警阈值? →怎样通过编程实现藻类暴发的预警?

阶段③:依据问题系统形成小组合作活动的框架。

活动设计1:查阅资料,尽可能详细地列举藻类代谢的产物→从物质和能量两个角度分析鱼类死亡与藻类大量繁殖的关系→根据藻类的生长特点、代谢过程列举检测指标

活动设计2:借助物理、化学实验知识确定传感器类型→查阅水体保护方面的资料,确定检测指标的预警值→TI编程,形成检测控制程序→设备安装调试,进行检测试验

三、利用学习场域加强合作交流

合作解决问题的实施阶段有多种多样的形式。如制作"藻类暴发前实现预警的装置系统"的科技类作品,制作"一期关于保护生态系统多样性的海报"的宣传类作品,形成一份"常见遗传病的调查分析"的研究报告,更多的是课堂上对核心问题的论证、探究过程。这些合作学习的实施是学科实践的重要组成,是学科素养、跨学科素养及社会情感能力等各方面综合能力的体现。在合作解决任务的过程中,我们要关注合作的两个场。

一个是无形的"内场"——合作者之间相互影响、促进、鼓励提高学习效率的合作场。一个群体的合作场非一朝一夕能够形成,它是班级学习生态的一部分。作为学科教师,要从课程之初向学生渗透合作的意识,培养交流和互助的习惯,关注和记录不同学生的特点、特长以匹配合作中的不同角色,为合作活动的实施打下基础。

一个是有形的"外场"——不同的合作活动实施需要相对合适的活动场所。在教室中,我们关注座位排布形成的学习场,"秧田型"的座位适合两人一组的小型合作任务、"马蹄型"的座位适合5—6人一组的探究实验的开展、"圆桌型"的座位排布适合大型的辩论活动。在整个课程实施中,我们关注多样化的学习场域。从校园到社区,从公园到湿地,从种植园到农场,学习场域的多样性为合作解决问题提供了真实的环境,使问题解决转变为学科实践。

以"调查身边的环境问题"中,制作藻类暴发前的预警装置系统为例,活动记录如下。

聚焦点1:探索形成观测藻类繁殖的某一代谢指标

合作形式:6人一组进行讨论

学习场域:学科教师指导下的教室环境,布置"马蹄形"学生座位

解决问题1:藻类代谢的产物是什么?

组员应用学科知识解决问题:藻类的基本代谢是细胞呼吸和光合作用,呼吸作用吸收氧气释放二氧化碳,光合作用与之相反。

解决问题2:藻类大量繁殖为什么会造成鱼类等生物死亡?

组员基于科学思维推理:大量藻类浮于水体表面,隔绝氧气和阳光,使水体中氧气消耗后得不到补充,鱼类因缺氧或摄入有毒的微生物代谢产物而死亡。

解决问题3:通过哪些方法可以检测淡水水体中的藻类数量的变化?

组员运用网络设备查找资料:藻类细胞密度、pH、水体浑浊度、叶绿素a含量、水中的溶解氧含量等指标。

聚焦点2:探索实现藻类暴发前预警的实验方案

合作形式:6人一组分配任务

学习场域:多学科教师协助下的学校大环境(实验室、教师办公室、校园水池)

解决问题1:模拟实验时,需要哪些传感器?

组员通过分头请教物理、化学教师,认识各类传感器及其用途(表7-11)

表7-11 水体检测指标及检测设备

检 测 指 标	检 测 设 备
水体浑浊度	浑浊度传感器
pH	pH传感器
溶解二氧化碳	溶解二氧化碳传感器
溶解氧	溶解氧传感器
藻类细胞密度	光学显微镜
叶绿素a含量	分光光度计

解决问题2:如何确定选定观察指标的预警阈值?怎样通过编程实现藻类暴发的预警?

组员运用网络设备查找资料:获知水体中某一检测指标的正常值范围,从而确定预警阈值。由擅长编程的组员通过TI图形计算器编程并进行预备实验,测试并改进检测程序。

第三节
合作学习中发生境脉融合

一、依据境脉时序形成合作任务

时序在心理学中是指事件发生的先后顺序,人们对事件发生感知有两种情况,即有先有后的或者同时的。[①] 任何客观事物的存在都具有一定的次序性,其运动变化都是先后相随、连续更替,按照一定的时序发展的。

境脉包含了更替发展的情境,因此为学习者创造了根据事物发展的真实时序探索真实问题的条件。对时序的感知反映了学习者对时序中信息的加工过程,以及将客观信息组织、连贯起来的能力。境脉中的独立学习或合作学习,是探索知识在真实情境中发生发展的过程,能帮助学生构建和深刻理解生物学概念。

以自然选择学说这一概念的构建为例,探索自然选择学说的形成需要经历"找出事实、形成证据、逻辑推理、科学论证"这样一个复杂而缜密的思维过程,对高中学生来说更适合依靠合作学习中的集体智慧来完成。教师基于进化理论的发展过程(详见第5章第3节实践案例),创设倒叙式的时空境脉。

以 1862 年达尔文关于长口器昆虫的神奇预测为境脉引入:达尔文收到了一份来自马达加斯加岛的大彗星兰标本,通过对大彗星兰接近 30 厘米长的花距(储存花蜜)的观察,他预测当地应该有一种长口器传粉昆虫的存在。

学生基于情境和前认知作出解释:能适应大彗星兰的长花距,从中获得食物的传粉昆虫,应该具备与花距长度匹配的长口器。教师提炼学生解释中的生物学观点:结构和功能相适应、生物与生活环境相适应,引导学生深入科学史境脉:生活在 19 世纪的达尔文是如何认识到生物与环境相适应的?

学生通过回溯 1831 年至 1859 年达尔文提出自然选择学说、出版《物种起源》的历

---

① 郝爽.基于心理学的时间界面可用性研究[D].辽宁:沈阳建筑大学,2018.

程,形成科学史主线,最后回到现实——在细菌耐药性与抗生素使用的实验分析中实现自然选择学说的实证。

契合自然选择学说的发展历程,小组合作经历了以下问题任务:

继承与质疑:在达尔文之前,法国博物学家拉马克就提出了"用进废退""获得性遗传"等进化学说,提出了物种可变、生物与环境相适应的观点。你赞同拉马克的进化观吗? 理由是什么?

考察与实证:1831年,达尔文开始了为期五年的航海考察。在加拉帕戈斯群岛等地,他收集了数千种化石样本和标本,记录了大量生物的形态和习性。海岛大量生物与原陆地种的差别,证明了什么?

借鉴与推论:达尔文在航海考察期间阅读了大量著作。经济学家马尔萨斯的人口论中的观点(人口增长的速度要远远大于生活资料生产的速度),启发达尔文得出了自然界存在过度繁殖的观点。那么自然界物种个体数基本维持稳定的原因是什么?

实践与总结:达尔文在结束航海考察后,广泛阅读了农业和育种方面的书籍,并饲养鸽子、种植兰花。如何借鉴人工育种的过程来推导自然界生物的生存斗争?

实验与实证:如何运用现代微生物学技术实证"自然选择学说"?

融入时序的合作解决问题,帮助学生经历了达尔文探索生物进化理论的过程,自然而然地形成了适应和进化观;合作小组在学习境脉中不断涌现的问题及相互追问,促进了学生形成敢质疑、重实证、勤实践的科学精神和科学态度。

二、拓展学习场域满足合作需求

境脉中的学习有时会出现多个学习场域的转换。完全自主和孤立的场域是不存在的,不同的学习场域既有各自的特点优势,又相互联系,推动着学习的不断发展。因此,在不同场域中,合作小组的任务类型以及个体的角色任务需要有一定的调整,个体间的合作关系有时也需要重新定义,以适应合作时的场域特点。

在不同的学习境脉中,学习场域的组成应根据情境任务的需要、单元课时的容量来有机组合,以支持学习方式的多样化,并提升学生解决问题的能力。关注场域的多样化,实质是关注合作任务的多样化,鼓励学生拓宽解决问题的视野。合作不仅仅是课桌前的小组讨论,是实验室的探究活动,也可以发生在社区、家庭、野外、公园、科普场馆等不同场域。这些非学校场域中的合作学习,更接近于真实问题的发生与解决,更能满足完成多样化合作任务的需求。

当然,这也意味着异质分工的合作小组在不同场域中需要调整合作关系以提高合作效率。在学校中,合作的显性化成果一般是实验报告、实物模型以及教室板报等"产品"。在制作板报时,擅长板书及艺术创作的小组成员将成为合作任务的主要担当。在自然场馆、社区等场域中,合作的任务以调查访谈报告为主,如在调查居民对社区环境问题的态度时,善于沟通表达的小组成员是获取一手资料的主力军,因此他(她)在小组中的角色定位就发生了变化。

以沪科版"细胞的代谢"单元为例,细胞代谢的微观活动总是和生产生活中生物学原理的宏观运用密切相关。因此该单元的学习,既有教室、实验室这样适合理论学习和实验研究的场所,也有校园、农场温室、家庭等适合学科实践的场所。这些外部环境对合作学习的开展有着不同的作用(如图7-3)。

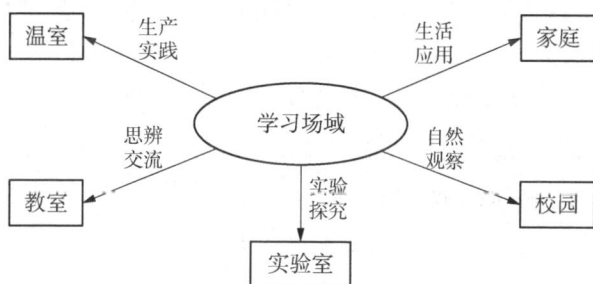

图7-3 "细胞的代谢"单元中的学习场域

由于"细胞的代谢"单元中有4个学生实验以及多个课前探究实验、教师演示实验,因此实验室是该单元中最为重要的合作学习场域。在学生实验中,既有质壁分离观察这样的独立实验,也有探究光合作用影响因素这样的合作实验,而这些实验都需要全班数据的汇总来支持科学结论的得出。而大合作后对实验结果的分析则需延伸至另一个学习场域——教室中,为课堂上的理论学习提供实验的论据。

学科实践类的合作学习任务,则有赖于更丰富广阔的学习场域。比如,通过校园中的植物观察发现不同植物应对低温的策略,适合3到4人一组的小组合作;调查家庭中酶的应用、绿植养护时，学生合作的对象是家庭成员，这是一种包含了劳动教育的家庭合作；又如到农场温室中调研温室调控设施，用细胞代谢的生物学原理说明这些设施的科学性，这一活动涉及的学习场域范围大，调研内容多，更适合 5 人以上的较大规模的合作学习。

三、发展合作中的社会情感能力

国际组织学业、社会与情感学习联合会（CASEL）在《推动社会情感学习：教育者指南》中提出了"社会情感学习（SEL）"的概念：儿童和成人学习知识、态度和技能以认识和管理他们的情感、设立和达成积极的目标，显示出对他人的关心，建立和保持积极的关系，做出负责任的决定，有效地处理人际关系的过程。

境脉中的学习，发展了学生两方面的情感。一方面是学科情感，另一方面是社会情感。生物学的特点赋予了生物学学习活动独特的情感体验，引导学生通过事实和证据，逻辑与推理，在情感上逐渐趋于理性。而合作活动带给学生的是社会情感能力的提升，合作学习的有效性不仅需要以学科素养为基础，也需要学习者的自我管理、合作交往能力等非认知因素的支撑。学习境脉的发展，促进了师生互动、生生互动中学生的正向行为，增强了学生学习的自主权与主动权，最终实现了学科学习和社会情感学习的互融共促，认知与情感的双向度发展。

例如，在学习"伴性遗传"时，色盲或色弱的学生表现出局促、尴尬的状态。这是教学中生成的真实境脉，包含了教育中不可忽视的学生的学习情感问题。为此，教师以遗传病问题及其社会影响为境脉延伸，以"个体存在缺陷基因是正常的现象吗？"为核心问题，通过对核心问题的辩论活动关注和引导学生的情感发展。

活动设置"认为正常"的正方和认为"不正常"的反方，以及不持有个人观点的评价者角色。要求学生在课后自行组队，自行规划任务分配，建议学生从缺陷基因的产生原因、危害、预防等角度为自己的观点或评价查阅资料、准备证据。

考虑课时限制，辩论利用周末时间在线上学习平台展开。辩论要求正方和反方轮流语音发言，每次发言时长不超过 5 分钟，可以由多名成员发言；允许播放音频、视频等资料作为双方观点的补充证据；双方都有一次申请暂停辩论、在团队内进行商讨的机会;评价者在听取辩论的过程中可以对双方的证据或观点提出疑问,在辩论结束后需要对双方的表述进行综合评论;双方均可在辩论过程中利用网络查阅资料,以支持自己的主张或作出合理评价。教师作为主持人和辅助评价者,负责维持辩论秩序,引导学生按照"事实和证据—分析和解释—观点和质疑"的表达形式展开辩论。

以问卷形式对参与主题辩论活动的学生进行社会情感学习的自评,量表评分根据符合程度由低到高设置1—5分(表7-12)。评价的目的是让社会情感学习从融于学科活动的隐性状态走向显性化,使学生明确意识到个人在主题活动中社会情感能力方面的收获。

表7-12　主题辩论活动中学习情感自评表

评价项目	评价内容	自评
自我意识	我认为因遗传引起的缺点或不足是正常的	
	我能接受这些缺点或不足对我学习、生活等方面的影响	
	我在活动中的表现决定了我是我们小组不可缺少的一员	
自我管理	我很少因为遗传因素造成的缺点或不足而感到心情沮丧	
	对上述缺点或不足,我会想办法尽量减小对我的影响	
	面对缺点或不足,我也会寻找并表现自己的优点或长处	
	我在活动中感到自己表现不够好时,会做出反思和调整	
社会意识	我不会对遗传病患者抱有异样的眼光	
	我愿意设身处地理解遗传病患者的痛苦	
	我在辩论活动中能听取别人的意见	
	被其他小组成员反驳时,我没有感到很大的压力	
人际关系技巧	我能向所在小组成员提供帮助	
	我在辩论活动中遇到困难时,会寻求同伴的帮助	
	我在辩论中会用证据和科学的解释辩驳对方	
	我在向同伴提出不同意见时,会尽量使他们愉快地接受	
负责任的决策	我认为需要更深入地研究遗传病预防和治疗	
	我希望通过相关知识的学习,具备帮助遗传病患者的能力	

辩论既是合作也是竞争,这对于学习者的社会情感能力是很大的考验。而要预防竞争中的冲突,促进良性合作,关键在于学习境脉主题的设计与实施。

在上述案例中,随着证据的不断补充和问题探讨的深入,两方小组都使用了暂停机会临时进行商讨,组内的分工合作和组间的良性竞争让个体清楚地意识到自己在团队中的作用。在学习如何和他人达成一致、如何协商矛盾以及包容不同观点的过程中,学生学会了在群体中建立并维持健康互赢的人际关系。经过三方思辨,学生对遗传病的产生有了更深刻的认识,对基因缺陷造成的困扰和痛苦更具同理心和同情心。学科境脉中的合作学习提升了学生的社会意识和人际关系意识。

此外,通过辩论和评价,学生对如何看待自身或他人存在的缺陷基因有了更辩证的认识:既要有悦纳自我、尊重不同的健康心态,也要认识到遗传病的危害,重视遗传病的预防。学生进一步认同了通过基因检测等方式预防遗传病发生的必要性:检测和预防既是生物技术进步的表现,也是人对自身进行探索的结果——我们希望每一个生命都能健康、有尊严地活着。

在"缺陷基因和遗传病"的主题辩论活动中,思辨和交流是本次活动主要的活动形式。但是,作为一门具有实验、实践特征的自然学科,需要根据各单元或课时的具体学习内容引导学生加强不同的社会情感能力。如在生物实验探究的小组合作中引导学生为他人着想,认可并欣赏个人和群体的相似性与不同性;在制作实物作品的合作中强调团队协作意识和能力,促进学生学会保持健康的合作关系,预防和解决人际冲突;在考察或实践学习中强调个体的社会角色意识,为学生提供做出负责任决策的机会。

案例:设计保持和提高某个生态系统稳定性的方案

"设计保持和提高某个生态系统稳定性的方案"是沪科版新教材选择性必修Ⅱ《生物与环境》中的探究活动。该活动的学习场域多样、合作学习的要求较高。在该探究活动中,基于真实境脉的合作学习促进了学生与社会、自然的现实联系,学生所处的外部环境以及学生对外部环境的内在感知和认识形成了学习的真实境脉,使合作解决问题具有了更积极的意义。

1. 分析活动目标,梳理学习问题确定学习方式

根据教材文本,学生了解到探究活动的目的是"通过对常见生态系统的各组分功能与营养结构的分析与比较,初步判断生态系统维持稳定性的能力;为常见生态系统稳定性的保持和提高提出合理的可行性建议"。在进一步阅读活动内容后,师生共同整理出了相关问题,并对问题进行了分类。

关于知识方面的问题:

生态系统包括哪些组分?

这些组分各自承担什么功能?

生态系统的营养结构如何表示?

什么是生态系统的稳定性?

生态系统的稳定性受到哪些因素的影响?

如何调节生态系统的稳定性?

关于实地调查的问题:

可以选择的生态系统有哪些?

如何辨识不同的生物种群?

如何调查一个种群的种群数量?

如何确定不同种群间的营养结构关系?

哪些因素的变化能说明生态系统的稳定性受到了影响?

关于方案设计的撰写和展示:

设计方案的内容包括哪些方面?

提高生态系统稳定性的依据是什么?

如何评价自己或他人的设计方案?

对上述三类问题,教师要求由学生来对问题进行评估。根据问题解决的复杂度和难度,最终确定将关于知识的问题作为独立学习的内容,关于实地调查和方案设计的问题则通过合作学习的方式解决。

2. 依循问题解决,进入合作探究的计划阶段

选择调查对象:列举可调查的对象,如不同校园中的池塘、不同绿化带等,最终选择两个环境相似的生态系统作为调查对象。

确定合作小组:学生将利用周末时间完成探究活动的实地考察,因此将家庭住址相近的 4—5 名学生分为一组,以利用学生熟悉的生活环境获得更多调查信息并节省交通出行时间。

准备调查工具:记录本、相机、望远镜等实地调查工具,形色、中国野鸟速查、生物记等动植物识别软件。

确定小组分工:组长1人,负责制定调查计划,包括时间安排、路线规划等,汇总小组调查结果,撰写最终报告。记录员1人,负责携带记录本,详细记录调查过程中的观察结果(包括绿化带的植被种类、数量、分布,动物种类、数量及活动情况等),以及调查时的天气、温度等环境因素,以评估其对生态系统稳定性的影响。摄影师1人,负责使用相机拍摄绿化带的整体景观和细节特写,捕捉动物活动、植被生长等动态画面,为报告提供直观证据(确保照片清晰、有代表性,能够准确反映两个绿化带特征)。动植物识别员1—2人,负责利用动植物识别软件,识别调查过程中遇到的动植物种类,记录识别结果,包括物种名称、生活习性、分布范围等,评估动植物多样性,分析其对生态系统稳定性的影响。

3. 融入学习境脉,进入合作探究的实施阶段

实地调查和记录:以绿化带调查为例,先后前往同一住宅区的两个不同绿化带进行实地调查;动植物识别员利用软件识别动植物种类,协助记录员详细记录观察结果,摄影师拍摄相应的照片。观察并记录的主要数据为两个生态系统中的各主要生物类群、人为或自然因素对生态系统稳定性的影响,如污染、气候变化、物种入侵等。

数据分析和讨论:分析绿化带生态系统中的生产者、消费者、分解者,绘制生态系统营养结构图,表示不同种群间的食物链和食物网关系。分析两个绿化带在植被种类、动物多样性等方面的差异,比较两个生态系统维持稳定性的能力,评估它们维持生态系统稳定性能力的强弱,探讨提高两个绿化带稳定性的可能方法。

总结并撰写报告:组长汇总小组调查结果,总结和提炼提高生态系统稳定性的建议,包括生物多样性保护、生态修复、环境管理等措施,撰写最终报告。

4. 解决真实问题,展示合作学习成果

保持和提高××小区绿化带生态系统稳定性设计方案

在现代城市化进程中,住宅区绿化带作为城市生态系统的重要组成部分,对于提升居民生活质量、维护生态平衡具有不可替代的作用。然而,随着人类活动的加剧,绿化带生态系统面临着诸多挑战,为了有效应对这些挑战,提高绿化带生态系统的稳定性,我们组织了一次合作调查活动,旨在通过对比分析两个环境相似的住宅区绿化带

生态系统,提出合理的可行性建议。

方案设计主题:

构建生态友好型住宅区绿化带,提升生态系统稳定性与居民生活质量。

绿化带生态系统结构与功能的分析:

两个绿化带的植物群落相似,乔木层都选择了具有空气净化、降噪功能的树种,主要为银杏和香樟,灌木层配置了观赏性强、易于管理的灌木,如红叶石楠、金森女贞等,草本与地被层:种植耐旱、耐阴、抗病虫害的草本植物和地被植物,如麦冬、鸢尾等。观察到的动物主要是麻雀、白头鹎和乌鸫等鸟类,有瓢虫和蜘蛛,但没有明显的病虫害问题。

没有看到特定的雨水收集装置,但是土壤质地松软,有利于减少地表径流。小区物业信息显示,会对绿化带土壤定期添加有机肥、微生物菌剂等。

从生态服务功能来看,绿化带有净化空气、降低小区噪声的效果,对保护城市生物多样性能起到一定的维护作用。由于绿化带生态系统的食物链比较单一,抵抗力稳定性不足,恢复力稳定性较高。

绿化带生态系统面临的干扰分析:

位于小区东侧的绿化带靠近居民休闲活动区,有废弃垃圾、人为践踏草木等问题。

位于小区西侧的绿化带靠近小区外马路,树叶、草叶上积灰较厚,受到汽车尾气、噪声等环境污染干扰,绿化带中的鸟类较少。

两个绿化带面临的共同问题是,经历夏季台风后有部分乔木倾倒后被砍伐,乔木数量减少而小区物业还没有增补的措施。

提高绿化带生态系统稳定性的建议:

制作宣传册并发放给居民,提高社区居民的生态保护意识,减少践踏绿化带植被的行为。

调整小区东侧绿化带植物种类配置,选用女贞、榆树等更耐灰尘的树种,为东侧绿化带配置人工鸟巢,吸引鸟类入住。

成立绿化带维护志愿者团队,在面对台风、严寒等极端天气时做好防护工作。

提高绿化带生态系统稳定性的预期成果:

绿化带植物群落结构更加稳定,生物多样性显著增加;使绿化带成为居民休闲、娱乐的好去处,提升居民幸福感。

5. 合作解决问题,提升境脉学习的意义

以问题解决的需求确定合作形式

在本次"设计保持和提高某个生态系统稳定性的方案"探究活动中,教师根据问题的复杂度和难度,巧妙地确定了合作形式。首先,对于知识性的问题,如生态系统组分的功能、营养结构的表示方法等,学生通过独立学习和回顾已学知识即可掌握,这为后续的合作探究打下了理论基础。而对于实地调查和方案设计这类需要实践探索的问题,教师则采用了合作学习的方式。通过组建合作小组,明确各成员分工,学生能够在实践中相互协作,共同解决问题。这种根据问题需求确定合作形式的方法,不仅提高了学习效率,还培养了学生的自主学习和团队合作能力。

在实际操作中,合作小组的选择也充分考虑了现实情况。家庭住址相近的学生被分为一组,这既便于学生利用课余时间进行实地调查,又能够让学生利用熟悉的环境获取更多信息。这种基于现实境脉的合作形式,使得学生在解决问题的过程中更加得心应手,合作效果也更加显著。

融入合作场域提升合作能力

合作探究的实施阶段是整个活动的核心部分,也是学生提升合作能力的重要环节。在本次活动中,学生融入了真实的生态系统——住宅区绿化带,进行了实地调查和记录。通过观察和记录两个生态系统中的生物类群、人为或自然因素对生态系统稳定性的影响等数据,学生不仅加深了对生态系统稳定性的理解,还锻炼了自己的观察能力和数据分析能力。这一过程中,学生需要充分交流意见,共同协商解决问题。这种基于真实问题的合作讨论,不仅促进了学生之间的交流与合作,还培养了学生的批判性思维和解决问题的能力。

此外,融入合作场域还让学生有机会接触到社会实际问题,了解生态系统的现状和挑战。这种现实体验使得学生对生态保护有了更加深刻的认识和责任感,也为他们未来参与社会事务、解决实际问题打下了良好的基础。

从问题解决中体悟社会责任

本次探究活动不仅是一次学科知识的实践,更是一次社会责任感的培育。通过实地调查和方案设计,学生深刻体会到了生态系统稳定性对于人类生活的重要性。他们

看到了住宅区绿化带在净化空气、降低噪声、维护生物多样性等方面的积极作用,也认识到了人类活动对生态系统造成的负面影响。

在提出提高生态系统稳定性的建议时,学生充分考虑了社区居民的实际需求和生态系统的保护需求。他们提出的建议如制作宣传册提高居民生态保护意识、调整植物种类配置吸引鸟类入住等,都体现了对社会责任的深刻体悟。这种从问题解决中体悟社会责任的过程,不仅让学生更加关注社会实际问题,还激发了他们参与社会事务的热情和动力。

本章小结

◎ 合作学习在课堂教学中常用来完成特定的学习任务,从而落实教学重点或突破教学难点。模型构建、调查访谈、实验操作、野外调查等生物学学习活动一般都会选择以合作学习的方式开展。

◎ 合作学习包括分组阶段、设计阶段和实施阶段。分组阶段是对境脉中"人"的关注,要求合作学习中人人有事做、相互有交流,以此打开学习的"心境"。设计阶段以问题系统为依托,关注境脉中"事"的发生和发展。实施阶段则是学科实践的重要组成,也是解决问题的阶段,合作小组依据问题系统将任务分解为不重叠的部分并分配给合适的组员完成,这一阶段要关注境脉中学生间的合作场以及学习场域对合作活动的支持作用。

◎ 境脉包含了更替发展的情境,形成了境脉的时序。基于境脉时序,学生能探索知识在真实情境中发生发展的过程,构建并深刻理解生物学概念。在不同的学习场域中,合作小组的任务类型以及个体在扮演的角色会有一定的调整,关注场域的多样化,实质是关注合作任务的多元化。境脉中的合作学习一方面引导学生经历事实和证据,逻辑与推理,情感逐渐趋于理性,另一方面师生互动、生生互动也促进了学生社会情感能力的提升。

第八章

学会在境脉中反思
——发展核心素养

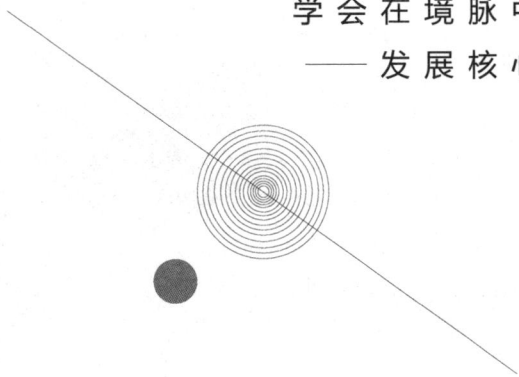

堂前燕问

◎ 如何对学习的结果进行反思?

◎ 如何在学习的过程中反思?

◎ 学会反思后应该怎样行动?

本章图示导读

评估知识储备
预估可用方法
考虑支持系统
预期学习收获
▲
促进境脉参与

规划未来
的学习

对结果
进行反思

在过程中
反思

领悟科学精神
▲
学会合理质疑
深化理性思维
适度自我批判

学会自主发展
▲
厘清学习起点
调整学习策略
加强自我管理

第一节
反思结果领悟科学精神

一、反思"问题"认识学习方式

反思学习结果是进一步发展自身学习能力的重要环节。基于学科特点,我们期望通过对学习结果的反思,发展更上位的学科素养,领悟科学精神。反思"问题",包括了反思自己是否有提问的意识和表达问题的能力,是否能清晰地意识到问题指向的学习方式和路径。

1. 反思问题意识和提问能力

在科学精神中,怀疑是审视的出发点。产生合理的怀疑和科学地表达怀疑,主要表现为问题意识和提问能力。

围绕核心问题的解决,学习者经历了提出问题、梳理问题、解决问题的学习过程。当解决了核心问题、完成了学习任务后,教师要结合具体的学习境脉引导学生反思自己的问题意识和提问能力。提出问题是问题化学习的第一步,因此学习者需要反思:"我是在怎样的学习境脉中提出问题的? 我是否充分利用了境脉中的资源?"比如:

是我的生活经验与生物学知识存在矛盾吗?

是同伴的问题激发了我的灵感吗?

是老师的鼓励给了我勇气吗?

是学习的情境吸引了我吗?

同时,教师还应当引导学生评估和反思问题的价值。如:

我的问题对同伴有启发吗?

追问对解决核心问题有作用吗?

解决这个问题借助了哪些科学思维方法?

反思境脉对自我的影响,目的在于帮助学习者评估自身产生问题的来源和意义,评价自己提出问题的能力。

2. 反思问题指向的学习方式

不同性质的问题需要用不同的思维方式来解答,因此反思和总结问题指向的学习方式是提高学生元认知能力的重要途径。

在意识到自己是如何产生问题之后,学习者需要回顾自己问题的类型,循证问题的质量,学生和教师都需要对此进行反思。比如,根据"五何"问题分类法反思提出的问题的类型。不同的学习者有着不同的提问偏好。反思自身的问题偏好有助于学习者更清楚地认识到自己的学习方式和学习思维类型。

关于"是何"的问题,学习的基本方式是信息搜集、记忆、理解,更关注学习中的概念。

关于"为何"的问题,学习的基本方式是反思、信息搜集、探究,更关注的是学习内容的意义。

关于"如何"的问题,学习的基本方式是做中学,也就是通过学习经历获得经验,更关注所学知识的应用。

关于"若何"的问题,学习的基本方式是基于猜想和假设进行创新性学习,更关注学习中的创造力。

关于"由何"的问题,学习的基本方式是探究和溯因,更关注学习中的反思。

通过反思,提问者才能认识到通用的"五何"问题指向了不同的学习方式,从而进一步认识到具体学习任务需要的、适合的学习思维类型。例如,在学习"结合植物进化史的光合作用过程"时,各小组提出的主要问题是:

植物是怎样具有了利用光的能力?(如何)

光能是怎样被植物存储的?(如何)

植物如何具备了吸收水的能力?(如何)

植物利用水做什么?(是何)

如何具备了吸收 CO_2 的能力?(如何)

植物怎样把 CO_2 转变成糖类?(如何)

从各小组提出的问题中,可以发现学生的思维方式多数偏向于"如何"的问题,也就是经历学习过程来获得知识和概念。这一方面是地球进化史这一境脉创设对学生学习方式的影响,另一方面也是学习"光合作用过程"这一课时基本问题决定的。而反思则让学生进一步明确了解决不同的学科问题时,需要侧重的问题类型及思维方式。

二、反思"行为"深化理性思维

教师要引导学生反思达成学习结果的行为,是因为支撑"行为"的是学生的思维。生物学的科学属性决定了学习行为需要以理性思维来支撑。因此反思学习结果,需要去反思哪些学习行为导致了学习结果的产生,使其中隐含的理性思维更加显性化。

1. 反思学习方式的选择

毫无疑问,独立解决问题和合作解决问题这两项学习能力都是很重要的。因此,面对学习结果回顾核心问题的解决过程时,学习者需要问自己一句:"这次学习中,我有没有发展自己的独立学习能力,有没有发展合作学习能力?"——这就是引导学习者反思问题解决能力的两个维度。

反思独立学习能力时,我们可以从以下几个方面入手:

是否能独立地、正确地理解问题?

是否在回答问题的过程中人云亦云?

能否清楚说出自己在问题解决过程中运用了哪些科学思维?

是否能独立运用已有的概念去解释问题?

能否坚持自己的见解?

与他人相比我有没有独创解决问题的方法?

反思合作学习能力,可以从以下几方面入手:

同伴的方法有没有给我启示和借鉴?

是否积极地参与交流分享?

是否认真倾听同伴的想法?

是否能在与同伴的比较中发现自己的优势与不足?

是否能完成自己的任务并协助同伴完成他人的任务?

通过反思来提高学生独立学习和合作学习的兼容性,既能避免个体独立学习时思维的单一发展,也能减少合作学习时对同伴的依赖,使学习达到个性化发展和协作互利的平衡。而通过问题与学习方式的匹配体验，能使学生更清晰地意识到什么样的任务需要合作学习，从而在后续的学习中作出理性选择。

2. 反思问题解决的路径

学习收获是学习者智慧和教师智慧的共同产出，但是具体到每个个体的学习时，如何判断自身在理解学科概念、获得学习方法等方面的收获呢？与其反思自己知道了多少概念、背出了多少定律，不如反思和归纳出解决问题的路径，以及获得解决问题的路径的策略。

反思"行为"，目的在于帮助学生在结束阶段性的学习后，客观地衡量和评价自身的思维发展。这种反思也有助于培养学生的自主学习能力和创新精神，为未来的学习和职业发展打下坚实的基础。结合生物学学习来反思问题解决路径时，具体可以反思以下几个方面：

问题识别与转化：是否能够准确识别生物学问题，并将其转化为具体的、可操作的研究或学习任务？

信息搜集与整合：是否能有效地搜集、整合相关的生物学知识、实验数据和文献资源？

假设形成与验证：是否能根据已有信息提出合理的假设，并设计实验来验证这些假设？验证假设的过程中实验的设计和实施是否合理、严谨？

逻辑推理与批判性思维：在解决问题时是否运用了逻辑推理，从已知信息推导出新的结论？在面对不同观点或数据时，是否能够保持冷静，不盲目接受或拒绝？

跨学科整合与应用：在解决生物学问题时是否能够将其他学科的知识和方法融入其中，形成跨学科的综合解决方案？

三、比较"他评"适度自我批判

反思是一种元认知能力，学习者对此类"认知的认知"是否正确很难在短时间内进行自我测量。所以，当学习者还不能清晰、准确地形成反思时，我们可以比较不同的学习评价来提高反思能力。具体来说，就是在学习结果的评价量表中设置同伴评价和教师评价，通过比较自评与他评的不同观点尝试修正自己的反思。

因此,对不同来源的"他评"要有辩证的认识。教师评价是基于全体学习者水平形成的评价,评价视野更全面,相对更为客观,它的缺点在于教师很难在课堂上关注到每个学生的学习细节,因此评价可能笼统一些,针对个体学习的评价不够细致。比如在小组合作的学习活动中,教师通过比较发现某小组的学习活动过程、结果都达到了预期的学习目标,整个小组中的每一位成员会被统一评价为"有较好的意识""有较强的合作能力"等。同伴的评价视野虽然较小,但是作为学习活动的共同完成者,同伴更能关注到学习任务细节的处理方式,更清楚彼此在学习活动中扮演的角色和贡献,相互的评价就会更为具体。这种评价的缺点在于同伴往往是以相互对照作为评价标准的,评价中就会有更多的主观因素。

对于他人的评价,学习者可以对几类评价进行横向比较,找到自评和他评之间的差距,发现自我认识中的片面性,通过适度的自我批判来改进学习行为。

案例:主题辩论活动的结果反思

1. 主题辩论的问题起源

在"性别决定和伴性遗传"的教学中多次发现,讲到红绿色盲的遗传时,小部分学生对班级中色盲或色弱的学生有嘲笑、揶揄的表现,而被嘲笑的学生一般表现出局促、尴尬的状态。从学科学习角度分析,受到嘲笑的学生很可能因此回避本节内容的学习,而嘲笑他人的学生,即便理解了遗传规律,但是缺乏正向的生命感悟,依然达不到学习生物学的根本目的。从社会情感能力的角度分析,嘲笑他人的行为与个体缺乏尊重同伴的意识有关,而被嘲笑者也因此容易对自我认知产生错误的定位,造成自卑感。

如何看待个体差异,需要从遗传的"为什么"这个角度去深入思考学科知识。进化是不完美的,然而每个有缺陷的生物都是亿万年进化的产物,生命来之不易,值得自我爱惜,值得相互尊重。为促进学生对该问题的深入理解,教学中以"个体存在缺陷基因是正常的现象吗?"为议题,对缺陷基因及遗传病进行思辨,增强他们对现实的关注,将产生遗传病的根本原因与相关社会问题、伦理问题真实境脉问题联系起来,从进化的角度思考缺陷基因的客观存在,进一步认识自我、悦纳自我并学会尊重他人。

2. 辩论活动过程

线下确立议题,分配任务

在"人类遗传病和遗传病的预防"一课结束后,教师给学生展示了一只灌木丛中的斑斓猛虎,提示学生从视觉感受的角度提出问题。学生立刻想到:"老虎色彩斑斓,怎么还能埋伏起来等待猎物而不被发现呢?"待学生议论一阵后再揭晓答案并提问:"大多数的哺乳动物,都存在不同程度的色盲,分辨不了鲜艳的颜色。我们看作遗传问题的色盲基因,在哺乳动物中是很常见的。你们是如何看待个体中的缺陷基因的? 由此造成的遗传病我们又应该如何对待?"

就此以"个体存在缺陷基因是正常的现象吗?"为议题,开展小组辩论。(辩论规则和合作要求详见第七章第三节内容。)

查阅资料,线上合作辩论

按照"事实和证据—分析和解释—观点和质疑"将正方与反方的交流内容整理如表8-1所示。

表8-1 "个体存在缺陷基因是正常的现象吗?"辩论内容摘要

顺序	事实和证据	分析和解释	观点与质疑
①正方	目前测算到人类的基因数量超过了两万,碱基对数量超过 30 亿对。DNA 在复制时有很小概率出错。	在碱基对基数巨大的前提下,每个人的两万多个基因都有可能因为遗传或自身复制出错而有缺陷基因。	有缺陷基因并非异类,我们应该尊重这种不同。缺陷基因的普遍存在难道不能说明个体存在缺陷基因是正常现象吗?
②反方	色盲患者选择工作会有专业限制,生活中也会带来如过马路时不能识别红绿灯的困扰。	缺陷基因的表达会导致个体功能的缺陷,会对生活和工作造成不良的影响。	个体有缺陷基因并非正常现象。难道可以视而不见,逃避这些问题吗?
③正方	物理学家霍金是"渐冻人",他因疾病生活不能自理,但是他在物理学研究上有黑洞理论、量子宇宙论等杰出的成就。	缺陷基因及相关的遗传病虽然对生活、工作有影响,但和一个人的学习、工作成就没有必然联系,关键在于我们怎么看待自己的"缺陷"。	人无完人,应该接受自己基因不完美的事实,更多地欣赏自己的优点,保持健康积极的心态。
④反方	绿色植物基因突变形成的白化苗,会因不能光合作用而死亡;部分严重的白化病病人也会死于并发症。	根据优胜劣汰的自然法则,很多有缺陷基因的生物会因为无法生存而被逐渐淘汰。	遗传病不仅危害健康,还有致死的可能,保持乐观能解决基因缺陷问题吗?

顺序	事实和证据	分析和解释	观点与质疑
⑤正方	很多夜行动物都是色盲，亿万年来这些带有色盲基因的动物并没有被自然淘汰。	夜行动物的生存环境并不需要它们精细地分辨颜色，所以"色盲基因"并不是缺陷基因。	缺陷基因的存在是相对的，让"缺陷"适应环境是不是一个更好的选择？
⑥反方	我国法律规定应当通过产前诊断阻止严重遗传病患儿出生；科学家也在尝试通过转基因、基因编辑等方法治疗遗传病。	如果有缺陷基因是正常现象的话，就没有预防和治疗的必要了。	与其适应缺陷基因，视其为正常，不如积极预防和治疗。

理性评价，达成共识

评价者的过程意见：①对正方的提议：资料检索显示基因遗传只是造成"渐冻人"的原因之一，引起"渐冻人"的病因未必是基因缺陷，正方将其作为证据并不充分；建议举例：道尔顿是色盲，但这不影响他成为一个伟大的化学家；②对反方的质疑：反方认为不良的基因会被淘汰，那现存生物的基因组都是完美的吗？

评价者的最终评论：正方在举证时，对缺陷基因造成的缺陷，主要理解为对生活有一定的影响，但是通过积极应对能够规避和应对的基因问题，并对此提出了尊重他人的不同，接纳自己的不完美的主张；同意正方对缺陷基因保持积极心态的主张；认同"基因的缺陷与否，与这种生物所处环境的生存需求有关"这一观点；但是正方回避了重大遗传病对个人、家庭和社会的危害问题。反方在举证时，对缺陷基因的认识，主要是指会造成严重危害健康和生命的遗传病基因，因此更需要做的是提前干预——比如在妊娠期通过基因检测等技术来淘汰有害的基因，而不是像自然界那样通过优胜劣汰来残酷地淘汰个体。综合两方观点认为，"缺陷基因"是客观存在的，我们应该保持一颗平常心看待自己或他人的"缺陷"，同时也要积极预防这些"缺陷基因"导致的遗传病。

3. 反思辩论收获

辩论活动圆满结束后，教师并未急于宣布胜负，而是以一种启发式的口吻追问学生们："在这场辩论的激烈交锋之后，相较于单纯追求辩论的输赢，你们内心更在意的是哪些方面的收获与成长呢?"这一问题如同一石激起千层浪,引导学生们对刚刚经历的辩论活动进行了反思。

有的学生回答道,他们在为辩论做准备的阶段,投入了大量时间深入探究缺陷基因的产生机制、对个体及社会的潜在影响,以及现有的预防措施。这一探究过程不仅极大地丰富和深化了他们对遗传学这一基础科学领域的理解,更重要的是,它促使他们跳出书本知识的局限,从更宽广的生物学、社会学乃至伦理学的视角去审视生命的复杂性和多样性,激发了他们对未知世界的好奇心与探索欲。

另一些学生则着眼于辩论本身对他们思维能力的塑造。他们表示,辩论不仅仅是一场言语的较量,更是对信息收集、分析、评估以及论证构建能力的全面考验。在搜集证据支持己方观点的同时,他们还必须学会如何有效地识别并反驳对方的论点,这一过程极大地锻炼了他们的批判性思维和逻辑推理能力,使他们在面对复杂问题时能够更加冷静、理性地分析并作出判断。

还有学生分享了辩论带给他们的情感与价值观上的转变。通过对缺陷基因的深入讨论,他们开始深刻体会到每个人因遗传差异而产生的独特性,学会了以更加包容和理解的心态去尊重他人,尤其是那些携带遗传缺陷、在生活中面临诸多挑战的人们。这种同理心的培养,不仅让他们的人格更加完善,也为构建更加和谐、包容的社会关系奠定了坚实的基础。

此外,不少学生还提到了团队合作在辩论活动中的重要性。他们强调,辩论不仅是个人智慧的展现,更是团队协作的结晶。从共同搜集资料、分析案例,到策划辩论策略、分工协作,每一个环节都考验着团队成员之间的默契与协作能力。通过这一过程,他们的团队协作能力、沟通技巧乃至领导力都得到了显著的提升,为未来的学习与生活积累了宝贵的经验。

最后,教师也对学生的表现给予了高度评价,并特别指出,在整个辩论过程中,许多学生都能够耐心地倾听对方的不同声音,展现出对多样性的尊重与包容。这种开放、鼓励探索的学习氛围,不仅促进了知识的交流与碰撞,更为学生们提供了一片健康成长的土壤。希望大家将这种宝贵的精神保持下去,让辩论不仅仅是一种学习活动,更成为推动个人成长、增进相互理解的动力。

第二节
过程反思促进自主发展

一、反思提问基础厘清学习起点

提出问题是研究"学问"的起点。但是对今天的学生来说,提不出问题却是常态。反思自己的问题起点在哪里,是问题化学习的必由之路。

柏拉图借"枚农与苏格拉底的问答"提出了学习悖论:对于根本不知道的事,怎么去寻求它? 依凭什么把不知道的东西提出来加以探究? 怎么知道这是你所不知道的那个东西?

大多数时候,教师会直接指出学生所不知道、看不到的事物是什么,从而开启学习之路。而反思问题的起点,正是想解决如何知道"什么是我不知道的"?

1. 反思"我所知道的"

在特定的情境中,首先要把握情境中"我知道的"。这包括了捕捉、获取和分析情境中的信息,然后将情境信息与自身认知联系起来,在特定情境下探寻问题的起点。

"探讨细菌耐药性与抗生素使用的关系"是沪科版高中生物学教材必修Ⅱ"生物的进化"章节中的探究活动。活动以两项资料引导学生思考讨论抗生素对细菌种群耐药性改变的作用:资料 1 为长期使用抗生素后耐药菌比例变化;资料 2 取材自 1952 年莱德伯格(J. Lederberg)夫妇的"影印平板培养法和细菌突变株的直接选择"实验,该实验证明了大肠杆菌的抗链霉素突变是自发产生的。

探究活动以资料分析的形式开展学习活动。在学习之初,教师需要引导学生先思考"我对细菌的抗生素耐药性知道多少?",进一步思考"我所认为的事实或观点与学习资料提供的信息一致吗?"。学生先整理自己的认识:使用抗生素越多,人体的耐药性越强,抗生素的治疗作用就越弱,所以我们要减少抗生素的使用。

在对学习主题进行分析之后,学生阅读资料 1。资料 1 以折线图的形式展示了五种抗生素随使用时间增加耐药菌比例的变化。学生逐一分析每种抗生素使用后的耐药菌比例:大多数抗生素从 2000 年使用至 2012 年后,相应的耐药菌从零逐步提升至 25% 及以上;多黏菌素类则在相同使用时间内耐药菌比例变化不明显。结合资料 1 的文字信息"17 种细菌感染已无法用标准的抗生素进行治疗",可归纳得出结论:大多数的抗生素使用时间越长,其出现耐药菌的比例越高。

学生对照资料 1 的结论反思和纠正自己的起点认识:原来对抗生素产生耐药性的是细菌,而不是人体。基于这样的认识,结合自然选择学说的学习主题,学生提出了问题:如何用自然选择学说来说明解释这一结论呢?

反思促使学生发现了原认知中的经验型错误知识,找到了自身的认知偏差,有效地探寻了问题的起点。

2. 反思"我可解释的"

知识的学习总是存在延续性,当我们引导学生寻根问底时,需要从知识及思维方法的延续上做文章,鼓励学生在学习之初反思已学知识对学习新的内容有何作用? 能否用已知来解释未知?

探究活动"探讨细菌耐药性与抗生素使用的关系"是对"'自然选择学说'解释了生物的适应性"这一教学内容的延续。从选用实验对象来看,细菌的耐药性问题与前文中达尔文有关进化的例证毫无关联。为什么要设计这样一个与之前的学习素材毫无关系的探究活动? 这就需要学生基于反思来理解和自我解释探究活动的目的、实验对象选择等要素。

回顾自然选择学说的产生,教师提出引导性问题:达尔文是如何形成进化理论的? 学生回顾后认识到:达尔文首先对自然界各种进化的事实进行了观察、收集并形成证据,再依据事实和证据进行推理和阐释,最终形成进化理论并解释生物的适应性。学生再反思自身学习:有效的生物学学习需要像科学家一样经历严密的思维推理和大量的探究活动。

这种学习活动前期的反思培养了学生的元认知能力——学会选择有效的学习方式,在学习前明白自己的学习目的。如以细菌耐药性与抗生素使用的实例分析为探究载体,目的在于经历自然选择的推理过程,养成尊重事实和证据的科学思维习惯。

关于实验对象的选择,教师引导学生基于原有知识共同探讨分析:

生物的进化是逐代积累的漫长过程,研究者一般需要长时间的观察或借助技术方法才能记录并研究某种生物的进化。哪种生物能让我们完整地观察、记录或探索生物具体的进化过程呢? 显然,教材选用微生物作为研究对象,优点在于微生物具有繁殖迅速、生长周期短、传代快等特点,可在较短时间内观察到种群中变异的发生。抗生素的使用能模拟自然选择的过程,观察到选择作用下细菌抗药性性状的定向积累。因此,微生物是模拟进化机制的较为理想的实验对象。

通过对实验对象的解释,学生展开了发散性反思:达尔文为什么不用微生物作为观察进化现象的实验材料呢? 显然是受到当时科学技术的局限性以及微生物知识的局限性。那么,随着生物学中各领域科学技术的发展,自然选择学说会不会得到补充和发展呢? 是否会有新的证据推翻达尔文的进化观点呢?

这部分的反思和推测虽然与探究活动没有直接关系,但是却为下一课时学习现代进化理论开启了问题化之路。可见"寻根问底"式的反思,还有助于单元内各课时之间学习脉络的延伸发展。

无论是反思自身"所知道的"还是"可解释的",都能促进学生在提出问题的时候,关注到不同维度的问题起点,包括问题与自身经验认识有哪些冲突和矛盾,如何基于已学知识生发出新的问题,怎样获得学习的方法和技巧等。

二、反思问题系统调整学习策略

高效的问题化学习必然是紧紧围绕学习目标展开的,其中问题系统承担着分解学习目标、落实学习任务的功能,而学习目标需要依据学生认知情况和学习心理来调整并分解。

学生的认知情况、学习心理等学习者心境是动态变化的,是教师无法完全探知的。因此通过反思来优化问题系统的引导者是教师,而实施者则是学生。学生对照学习目标反思内在认知,对问题系统进行个性化地修枝剪叶,是优化问题系统的重要途径。

1. 明确反思的主体与过程
一个好的问题系统中应该由许多主次分明、先后有序、功能各异的问题组成。问题化学习强调"三位一体"问题的提出,学习过程中的反思也是教师与学生的共同任务。

要学生学会反思问题系统,首先要从教师教的视角来探索教师是如何帮助学生在学习过程中对问题系统进行修正的。首先教师要关注学生是否能提炼出主要问题、重点问题,其次要对问题系统中的问题进行必要的属性定义,以便及时判断问题的不同类型,如比较、分解、递进、求证、引申、扩展等,力求使问题蕴含不同的思维方式,最后要关注问题系统是否有整体逻辑性,如知识或思维纵深发展的链状关系、上位概念与下位概念关系形成的树状关系等。

当我们想促进学生通过反思来自主优化问题系统时,必须使学生的反思与教师的反思形成互补,这样才能起到调节学习过程的作用。因此,学生需要在构建问题系统的过程中,反思以下问题:在目前形成的问题系统中,学习的大致范围是什么?解决核心问题需要哪些方法?哪些问题可以暂时边缘化,留待以后再探讨?哪些问题需要得到教师或同伴的帮助才能解决?问题间的逻辑关系是否正确?问题系统是否能推动学习持续进行?

2. 反思性思维在问题系统中的应用

反思性思维是在问题解决中或问题解决后对问题本身再审视、再认识。杜威在《我们如何思维》中提出,对于任何信念或假设性知识,按照其所依据的理由和进一步得出的结论,去进行主动的、持续的和周密的思考,就形成了反思性思维[1]。在问题化学习中,反思性思维为深化追问奠定了基础。

由于"三位一体"的问题系统本身已包含知识性问题、思维发展问题和科学探究问题,因此很难再承载对问题系统本身的反思性问题。反思性思维并非以问题的形式显性地呈现在问题系统中,而是通过学生对核心问题的深入追问和对问题系统的调整来体现。

反思提问的合理性

在提出问题后,具有反思性思维的学生不会立即投入解答,而是会先对问题进行一番审视。他们会问自己:这个问题是否直接指向了学习的核心目标?它是否有助于

---

① [美]约翰·杜威. 我们怎样思维[M]. 姜文闵,译. 北京:人民教育出版社,2005:16.

深化对核心概念的理解或解决主要的学习难题？如果问题偏离了学习的主旨，即使它看似有趣或新颖，也会被学生视为无关问题并舍弃。此外，学生还会考虑提出的问题是否能启发或帮助解决之前遇到的老问题。这种对问题的"再审视"过程，能够促使学生从更高的角度审视自己的学习需求，从而提出更加精准、有效的问题。这种反思不仅减少了无效问题的产生，还提高了学习效率，确保每一分精力都投入到有价值的学习中。

检视解决问题的过程

在解决一个问题后，具有反思性思维的学生不会急于奔向下一个挑战，而是会停下来，对自己的解题过程进行一番审视。他们会检查解题步骤是否严谨、逻辑是否清晰、答案是否准确。这种对解题过程的"监视"，有助于确保问题解决的准确性，避免因为疏忽或误解而导致的错误。同时，学生还会从解决问题的过程中提取有效信息，如关键概念、解题思路、推理技巧等，这些信息将成为他们解决后续问题的重要资源。值得注意的是，反思并非无休止的自我怀疑，而是适度的、建设性的自我审视。过度反思可能会削弱学习自信心，降低学习效率，因此，学生需要学会在反思与自信之间找到平衡。

反思问题解决的方法

反思问题解决的方法，意味着学生不仅要关注问题的直接答案，更要关注解决问题的策略与过程。面对相同的问题，不同的学习者可能会采用不同的解决方法，这些方法各有优劣。具有反思性思维的学生会主动对比不同学习者的问题解决策略，分析各自的优点与不足。他们会思考：为什么这个方法有效？那个方法为什么行不通？我的问题解决策略有哪些可以改进的地方？通过参照性反思，学生不仅能够发现他人的优点和特色，还能够更加清晰地认识自己的优点与不足。在此基础上，他们能够吸纳他人的长处，弥补自己的短处，从而创造出新的、更加完善的问题解决方案。这种反思不仅提升了学生的问题解决能力，还促进了他们之间的交流与合作，共同推动学习进程。

三、反思情感变化增强自我管理

反思情感变化增强自我管理是指学生能在学习中察觉自身情感的变化，如喜爱、厌恶、畏惧、淡漠等,并清晰地意识到学习情感对学习过程产生了哪些影响,进而调节和改变学习时的情绪和状态。

1. 体会自己的学习情感和态度

学生都是带着感情投入学习的,如"喜欢学习遗传的内容,觉得有意思""讨厌细胞分裂的过程,觉得很枯燥""不想去记住各种细胞器的功能,觉得厌烦"……每个学生都会有个性化的情感投入。

反思学习情感,意味着要让学生在学习生物学的过程中,意识到自己的学习情感是需要加以正视的。也就是说,当教师发现学生近阶段的学习效果不理想时,要引导学生从学习情感的角度进行分析。例如,在学习"细胞通过分裂实现增殖"时,教师发现学生出现了上课打瞌睡、作业质量降低的问题。对此,教师并没有直接批评这些学生,而是通过三个问题引导学生体察自己的学习情感。第一、是不想学生物还是不想学习? 第二、是不想学细胞分裂还是不想上所有的生物课? 第三、导致自己不想学的原因在哪里?

这三个问题引导学生反思,并正确识别、准确评价自己的情感和想法。学生经过问题引导,意识到临近期末,各学科学习任务加重后自己产生了学习的疲惫感和抗拒感,就在一些学科上放松了。

2. 教师在学生反思中的作用

在学生发现自身学习态度问题以后,教师需要及时帮助学生重新找到学习的动力。作为学科教师,一味地说教是无法打动学生的,最有效的方法是结合学科学习的内容,以学科情境唤起学生积极的情感体验。这样做既可以渗透社会情感学习,也可以加强学科学习效果。

如在上述的案例中,学生由于临近期末学习压力增大,逐渐产生了学习倦怠感,同时缺乏自我调整能力导致了学习行为的偏差。

教师通过三个问题先让学生有了学习情感上的自我认知和评价。接着,在学习细胞周期时,以细胞周期中间期和分裂期所占时间长短为情感渗透点,向学生提问:"为什么在细胞周期中,间期所占的时间要占到了整个细胞周期的 90%—95%?"

学生回答:"因为间期中的 G1、S、G2 期都在为分裂期做物质准备,只有一步步做好了物质准备,细胞才能开始分裂。"

教师启发："同学们,你们有没有觉得,我们的学习和细胞周期很相似。高中三年就像是间期的三个时期,要有充分的知识储备就需要漫长的时间准备;高考几天就像是分裂期短短的一瞬,看似短暂,但是背后却离不开间期持续接力的准备。我们身体里的细胞都是如此有规划、有行动,这对我们的高中生涯是否有所启发?"

生命现象中特有的哲理感染了学生,他们由此反思自己的学习情感变化,正视自己存在学习懈怠的原因,并及时进行了学习状态调整和学习时间规划。

案例:神经和体液共同调节体温平衡

1. 过程反思对生物学学习的意义

在生物学的学习过程中,过程反思扮演着至关重要的角色。

过程反思鼓励学生质疑自己的假设和结论,从而培养他们的批判性思维。在生物学学习中,学生经常需要面对各种实验数据、理论模型和观察结果。通过反思这些数据和结果,学生可以学会从不同角度审视问题,发现其中的不足和错误,进而提出更加准确和科学的结论。这种批判性思维有助于学生今后在真实境脉中更加审慎地分析和解决问题。

过程反思要求学生不断回顾和审视自己的学习过程和成果。在构建体温调节模型的过程中,学生通过反思自己构建的模型是否准确、完整,从而不断修正和完善自己的理解。这种反思过程有助于学生深化对体温调节机制的认识,理解神经调节和体液调节在维持体温稳态中的重要作用。

2. 学习目标及教学重难点

"神经和体液共同调节体温平衡"归属于重要概念"内分泌系统产生的多种类型的激素,通过体液传送而发挥调节作用,实现机体稳态",用以说明次位概念"神经调节与体液调节相互协调共同维持机体的稳态"。人体的体温调节是维持内环境稳态的一部分,体温调节的本质是生物为适应外界环境变化、维持自身体温形成的动态平衡。本节教学的设计思路为:以马拉松运动失温事故的情境引发思考,通过问卷星搜集和整理学生问题并分类整理。聚焦核心问题"健康人的体温是如何维持的?体温是怎么调节的?",形成"提出问题—合作探究—反思改进"的学习环节,通过建模阐明体温调节的机制,认识体温的相对稳定是神经调节和体液调节共同调节维持的结果。

设计学习目标及教学重难点如下：

学习目标：经历马拉松运动失温的情境分析，提出与体温稳态有关的问题，说出参与体温调节的主要器官及其作用；通过对体温调节过程的不断追问，合作构建神经调节和体液调节共同参与的体温调节模型，解释在寒冷环境和炎热环境中人体体温调节的机制，形成稳态与平衡观；列举体温调节失衡引起的疾病，认识健康生活方式的重要性。

教学重点：建构体温调节的模型，解释在寒冷环境和炎热环境中人体体温调节的机制；解释体温的稳态由神经调节与体液调节相互协调、共同维持。

教学难点：解释在寒冷环境和炎热环境中人体体温调节的机制。

3. 教学过程

表 8 - 2 教学过程记录表

教学内容	教师行为	学生活动
情境引入	情境：2021 年夏季，一场马拉松赛事遭遇冰雹等极端天气，21 名运动员因运动失温遇难，失去了宝贵的生命。 教师问题：对比自己的运动经验和体会，对于运动失温有何疑问？ 收集学生问题。	提出问题： 马拉松运动应该使运动员感到热，体温上升，为什么会体温下降？ 我们平时的运动也有失温的风险吗？ 身体是如何保持体温的？ 失温后应该怎么抢救？
	引导学生澄清问题并将问题分为两类：维持体温的问题及体温失衡后补救的问题。	聚焦情境中的核心问题：运动时人体的体温会如何变化？如何调节？ 形成问题系统：马拉松运动应该使运动员感到热，体温上升，为什么会体温下降？→身体是如何调节体温的？→失温后应该怎么抢救？
合作探究体温变化	初步探究：运动对体温的影响是什么？ 组织探究活动：测量运动对体温的影响。 要求学生预测运动对体温的影响。	预测：运动会导致体温上升。 活动：六人一组，每组选择不同的运动项目（高抬腿、跳绳、仰卧起坐、俯卧撑等）。每个小组中，三人进行一分钟运动，三人负责测量运动前后的体温。 活动结束后统计体温变化的平均值。 各小组汇报测量结果和结论：各类运动后，人体体温没有发生显著的变化。

教学内容	教师行为	学生活动
	引导学生："马拉松运动应该使运动员感到热，体温上升，为什么会体温下降？"这一问题中有什么认识错误？	**学生反思问题**：感到热不等于体温上升，原来的认识是错误的。感到热应该是神经系统接收信息后产生的感觉。问题应该分为两部分 1. 运动时人感到热，为什么体温不明显上升？ 2. 马拉松事故中，运动员为什么会失温？
	引导学生在反思后重构问题系统： ①身体是如何调节体温的？→②运动时人感到热，为什么体温不明显上升？→③马拉松事故中，运动员为什么会失温？→④失温后应该怎么抢救？	**学生反思问题系统：** 应该先研究"身体是如何调节体温的？"
体温的神经调节的基本路径	**解决学生问题①：** 温度的维持是产热和散热平衡的结果，如何通过神经调节来解释产热和散热？ 教师引导学生形成神经调节的框架： 感受器→传入神经→神经中枢→传出神经→效应器	**学生回顾已有知识：**神经调节的基本方式是反射，反射的基本结构是反射弧，可按照反射弧来推测体温调节过程。 正确使用反射弧概念和教师一起构建产热、散热的神经调节模型 **要点：**温度感受器（包括温感受器和冷感受器）、下丘脑的体温调节中枢、效应器（如皮肤、骨骼肌、肾上腺等）
炎热刺激和寒冷刺激下的体温调节过程	**解决学生问题②：** 运动时人感到热，为什么体温不明显上升？ **追问：**炎热时散热量会一直增加吗？ 根据学生回答提出体温调节属于反馈调节	**学生活动：** 合作建模：4人一组，构建运动后感到热时的体温调节模型 **交流讨论：**各小组交流构建的概念模型，组间进行讨论和评价，完善炎热时的体温调节： 热刺激→温感受器→传入神经→下丘脑体温调节中枢→传出神经→皮肤血管舒张，血流量增加，汗液分泌增加，立毛肌舒张→散热量增加 **反思改进：**以其他小组的模型为对照，反思自己的建模结果，对不正确的地方进行修正

教学内容	教师行为	学生活动
	教师追问：马拉松事故中，因冰雹等极端天气气温骤降，此时机体应该如何调节体温？ 根据学生学习进程，给出以下提示： 应对寒冷情况，除减少散热外还有什么途径？ 能促进产热的激素是什么？产生这些激素的内分泌腺在反射弧中属于哪一环节？ 细胞能产热的根本途径是什么？ 组合学生寒冷刺激和炎热刺激形成的两个体温调节模型，启发学生发现神经调节和体液调节的结果：体温一般处于动态平衡、相对稳定的状态	合作建模：根据炎热时的体温调节模型，构建寒冷时的体温调节模型 **反思补充**：根据教师提示，反思已有模型的不足，进行修改更正 交流讨论：展示学习结果，通过相互评价完善概念模型
体温调节的概念应用	解决学生问题③： 马拉松事故中，运动员为什么会失温？ 教师追问： 天气突然变冷时体温将如何调节？ 长时间运动对此时的体温调节有什么影响？ 解决学生问题④：失温后应如何抢救？	小组讨论： 根据寒冷刺激时的体温调节模型，阐述气温骤降时运动员的体温调节过程 下雨、刮风等天气状况造成皮肤散热增加，马拉松运动时，运动员已经消耗了很多体内的能源物质。体温的激素调节主要方式是促进新陈代谢，而当身体中能源物质储备不足时，无法通过加强新陈代谢来增加产热 根据体温调节的过程提出抢救措施：摄入糖类含量高的食物及时补充能量；添加衣物以减少散热
小结应用	回顾神经调节和体液调节在调节人体体温时的协作过程 提出问题：在平时的运动前后，应做好哪些准备以维持体温恒定？	参与课堂知识的总结 反思生活习惯、运动习惯，应用所学知识进行解释或改进

4. 分析过程反思

反思认知起点

从学生问题来看，学生对人体的体温调节是存在认知误区的——认为"感到热"就等同于"体温上升"。这一认知误区以学生问题的形式暴露了出来。教师并没有选择直接告诉学生"你的问题不成立",而是基于马拉松运动失温的社会热点问题,创设了课堂学习的境脉,让学生通过运动后的体温测量结果认识到问题的谬误。通过具体境脉中的活动,学生能自然而然地反思"我所知道的"是否正确,通过顺应的方式澄清问题,重新确定境脉学习的起点。

反思问题系统

由于研究的客体"体温的稳态"是每个研究主体(学生)自身的生理属性,主客体交织的境脉使学生因熟悉感而很快地构建了问题系统,形成了研究运动失温的思路。但是,经历了探究活动后,学生发现"问题"本身需要澄清和修正。此时,教师及时介入学习过程,鼓励学生反思已有的问题系统,通过重构问题系统,调整关于运动失温的研究思路。这种过程中的反思蕴含了工程思维,即在解决问题的过程中,应该不断地调整和优化既有方案,使学习更为灵活有效。

反思生活习惯

马拉松运动失温死亡事件的发生虽然是比较罕见和极端的,但是在探究这一问题的过程中,学生也反思了自身的生活方式,如运动习惯是否健康科学以及如何改善等。教师也鼓励学生向他人宣传和讲解体温相关的健康问题,把课堂境脉延伸到生活、社会的大境脉去,让学生成为健康中国的促进者和实践者。

总之,在学习过程中进行反思,目的在于实现学习的自我监控,从而调节学习过程。相对于对学习结果的反思,学习过程中的反思自主性更强,对学生的学习能力要求更高,更关注各学习环节中的关键问题和细节问题。学会过程性反思,有助于学生在学习的自我调节中建立流畅的学习脉络,减少学习途径和学习方法"误入歧途"的可能。

第三节
规划学习加强境脉参与

一、认识学习规划如何发生

学习中的反思行为是在学习中回头看,回溯学习的起点、过程和结果,搞明白学习从哪里开始,走了多远的路,是如何走过来的。而学习反思的目的是往后看,规划将来的学习路径和方式,搞明白自己将去向何方以及如何实现。在"学习—反思—迁移—规划"的过程中,反思是先行学习对后续学习形成积极影响的基础,迁移是桥梁,规划是新学习的开端。

1. 实现学习的迁移

学习迁移强调一种学习对另一种学习的影响,将反思的心得体会迁移到新的境脉中开展问题化学习,是实现自主学习的途径。迁移发生的基础是先行学习与后续学习有着相同的要素。因此在设计课堂境脉时,尤其要关注学习要素的显性化处理。

学习的共同要素包括知识的要素和学习方法的要素,知识和学习方法都是可迁移的对象。

生物学的学习中有相当多的事实性知识,由这些知识相互联系、提炼构成的概念性知识构成了学科的知识框架。反思概念性知识是如何构成的,由此形成的程序性知识可作为学习要素迁移使用,这既达到了深度理解概念的目的,又有助于在今后的学习中以同样的方式从事实性知识中逐步抽象形成同质概念,为后续的概念学习做好规划,使所习得的知识具有超出知识本身的迁移应用价值。

学习方法的迁移更具有广泛性。如本书的主题问题化学习,培养学生以提出问题为学习开端,以聚焦的问题明确学习核心任务,以合作解决问题为结果,以发现更多问题为学习的延伸,这就是学习方法的习得。迁移问题化学习的方式,能从根本上改变学生被动学习的状态,让学习主动、持续发生。

2. 制定学习的规划

长远期的学习规划是指学生有目的地制定比较全面、长远、系统性的学习计划，如大学生对自己的学涯规划，高中学生的选科规划。

短期的学习规划是指提出和解决核心问题的规划，包括评估自己的知识储备、预估可用以迁移的学习方法和科学思维方法、需要的支持系统、面临的问题和挑战、预期的学习收获等。

限于学生缺乏对高中教材的整体把握和教师集体授课的模式，学生个体直接规划课时学习暂时不具有可操作性。因此对学生如何自我规划学习的尝试，目前主要集中于解决境脉问题、学习具体知识的规划上。

二、实施学习规划的过程

学会反思，最终意味着当学生身处新的学习境脉时，能够背着智慧的行囊、带着自己的学习规划出发。以下我们将从光合作用的学习中，感受学习者是如何通过反思掌握学习方法，并将反思的结果迁移到新的课堂境脉中去的。反思后形成并实施学习规划同第六章中的"学生自主构建问题系统"一样，是形成学习自组织的重要途径。

1. 学习课堂新知

学习内容：恩格曼的光合作用光谱实验（选自沪科版高中生物学必修Ⅰ）

1883 年，德国科学家恩格曼（T. Engelmann）利用水绵和需氧的运动细菌，对光合作用的有效光源进行了探索。恩格曼把一束丝状的水绵放在显微镜的载玻片上，同时在水绵周边滴加含有需氧细菌的溶液。通过调整棱镜，将照射在水绵上的可见光束分成不同颜色的光，就像彩虹一样穿过这束丝状的水绵。然后，在显微镜下观察细菌的运动。不久便观察到，细菌在水绵两边的蓝紫光和红光区域聚集成群，而绿光区域却很少。恩格曼的结论是：蓝紫光和红光是水绵光合作用中最有效的光源。

核心问题：为什么可以从需氧细菌的分布推论出水绵光合作用的有效光源？

该问题的解决需要经历对实验结论的深入分析，是学生学习演绎推理的良好素材。学习本节内容时，演绎推理的科学思维方法在高中生物学中是第一次出现，因此教师进行了脚手架式的示范分析：需氧细菌聚集在氧气多的地方，蓝紫光和红光照射的水绵上聚集的需氧细菌多,所以蓝紫光和红光照射的水绵上产生的氧气多。

学生仿照教师的思维方式进一步推理:水绵在光照下能发生光合作用产生氧气,蓝紫光和红光照射的水绵上产生的氧气最多,所以蓝紫光和红光是水绵光合作用中最有效的光源。

2. 反思问题解决的关键

在完成问题解决后,教师引导学生通过反思推理过程,分析演绎推理这一思维方法的构成。首先,"需氧细菌聚集在氧气多的地方""水绵在光照下能发生光合作用产生氧气"是公认的事实,是推理的大前提;"蓝紫光和红光照射的水绵上聚集的需氧细菌多""蓝紫光和红光照射的水绵上产生的氧气最多"是实验中出现的特殊现象,是推理的小前提;"蓝紫光和红光照射的水绵上产生的氧气多""蓝紫光和红光是水绵光合作用中最有效的光源"是教师和学生分别根据大前提和小前提推出的结论。

3. 提炼迁移的对象

在"恩格曼的光合作用光谱实验"的学习中,实验结论所包含的知识并不复杂,不具有可迁移的知识框架。但是,得出实验结论过程中运用的演绎推理是极为重要的科学思维方法,对核心问题"为什么可以从需氧细菌的分布推论出水绵光合作用的有效光源?"的解决起到了最为关键的作用。

因此,上述学习内容中最具有迁移价值的是在新情境的"为何"问题中,迁移演绎推理方法,提炼大前提、小前提和结论这三个要素,实现问题解决。学生从具体的学习问题中认识到:一般、共性的表述或是已知的原理是演绎推理的大前提,特殊情况的研究和呈现是小前提,结论是根据一般原理(大前提)对特殊情况作出的判断。

4. 规划新的学习

评估知识储备

新知的学习离不开旧知的基础,因此在规划新的学习时,首先需要评估自己已有的知识储备。

如学习"光合作用受环境因素影响"时,教师提供了温室种植蔬菜的"植物工厂控制系统"(图 8 - 1)作为学习情境。学生主要围绕"什么环境因素会影响光合作用?怎样影响光合作用?"开展学习。

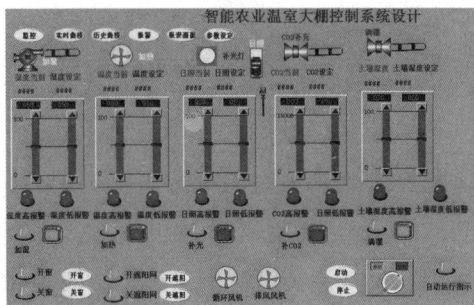

图 8-1　植物工厂控制系统

学生先通过回顾老问题进行自我评估:什么是光合作用? 光合作用需要哪些条件? 光合作用的过程是怎样的? 光合作用的产物是什么?

解决老问题实现了对个体、对旧知的自我检测,奠定学习基础。

预估可迁移的方法

是否能找到合适的学习方法、思路来完成新知学习,是实现自主规划学习的重要环节。

在本例中,学生刚刚学习并反思总结了演绎推理这一解释问题的方法,因此面对新的核心问题时,也试图通过演绎推理的方法去解释问题。

例如,在解释智能温室中人工补充 CO_2 的问题时,学生进行了这样的演绎: CO_2 是农作物光合作用的反应物,补充 CO_2 能加快光合作用的反应速度,加速糖类等有机物的合成; CO_2 也是植物呼吸作用的产物,补充 CO_2 会抑制呼吸作用,降低细胞分解有机物的速度,最终提高植物体内有机物的积累,实现作物增产。

考虑需要的支持系统

规划学习的支持系统时,学生可以全面考虑境脉中不同学习环境的作用,例如新课学习时是否能得到教师的帮助? 是否可以使用网络? 是否可以小组合作? 是否有实验仪器供实验验证? 是否有文献资料供参考?

在本例中,通过演绎推理认识了影响光合作用的因素后,学生可以向教师提出要求:能否提供实验设备来实验验证推理的正确性,或通过资料信息证实自己的推论。这些支持系统的预先规划能有效减少问题解决过程中的误差,是学习规划中不可缺少的一步。

预期的学习收获

学习规划同样要预期学习收获,即学习目标最终的落实点和落实程度。学生如果能在规划中预先认识到自己的学习"终点"所在,以此倒推如何在学习过程中"走到"学习目标,就能减少很多无效的学习行为。

本章小结

◎ 对问题化学习的结果进行反思,目的在于领悟科学精神。反思自己的问题意识和提问能力,从而学会合理质疑;反思解决问题时学习方式的选择和问题解决的路径,能清晰地意识到自身思维的发展,深化理性思维;比较和理解他人的评价立场,找到自评和他评之间的差距,能更准确地判断自身反思的准确性,在适度的自我批判中改进学习行为。

◎ 过程反思在促进学生自主发展中具有重要作用。首先,学生通过反思提问的基础厘清自身学习起点,通过反思"我所知道的"和"我可解释的",找到自身认知偏差或错误,有效探寻问题起点。其次,在构建问题系统的过程中不断反思,反思提问的合理性,检视解决问题的过程,反思问题解决的方法,以此调整学习策略。此外,还应反思学习中的情感变化,以积极的学习态度来增强学习中自我管理的动力。

◎ 学习反思的目的是规划将来的学习路径和方式,明确学习将去向何方以及如何实现。基于反思的学习规划,包括评估自己的知识储备、可用以迁移的学习方法、需要准备的学习支持系统、面临的问题和挑战、预期的学习收获等。

第三部分

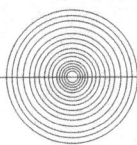

课程视野

第九章

单元的问题化学习
——深化境脉意义

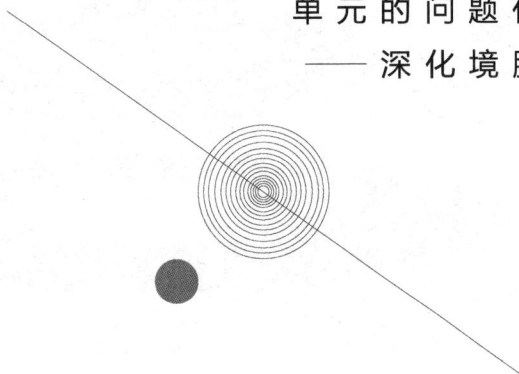

堂前燕问

◎ 如何融合境脉形成问题化学习的单元教学框架?

◎ 如何基于问题系统形成单元学习任务群?

本章图示导读

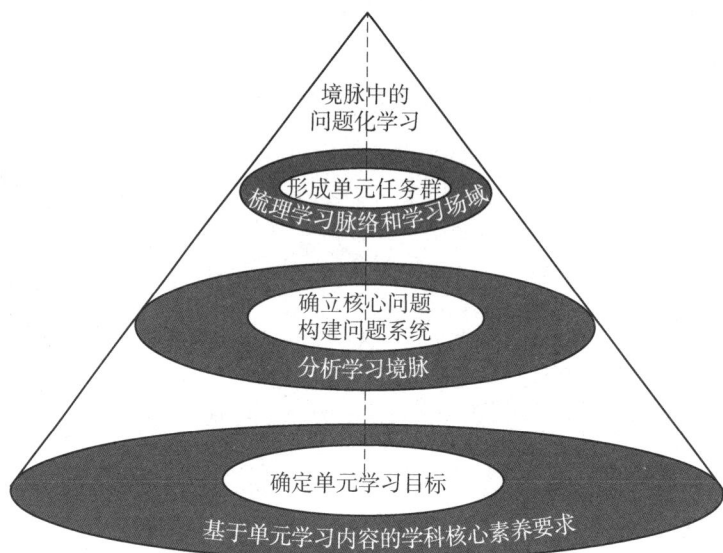

境脉中的
问题化学习

形成单元任务群
梳理学习脉络和学习场域

确立核心问题
构建问题系统

分析学习境脉

确定单元学习目标

基于单元学习内容的学科核心素养要求

第一节
从课时走向单元的境脉发展

一、设计更易沉浸的单元情境

单元整体情境是指以贯穿整个单元教学的事件作为学习持续发生的背景。有了具体的学习情境，才有真实问题的发生，而探寻问题答案又进一步推动了情境中学习任务的开展。情境使学科知识与问题解决发生了有机融合，使学科学习从课本教材走向真实世界。

境脉视域下的单元情境设计追求学习经历的系统性。

课堂教学受到课时容量的限制，情境的选择往往是某个事件的片段对应次位概念的学习，是知识体系构建中的一个环节。而单元学习中，学习时长容许教学中选择较为完整的情境，使学生更系统地经历大概念或重要概念的学习，最大限度地接近了社会和生活的实际。这样，学习者在未来遇到问题时，能迁移学校中的学习模式，自主独立地探索陌生情境并解决问题。当然，在具有中观性的单元教学中设计整体情境并不容易，因为情境需要涵盖单元知识结构并加以应用和创新。因此，单元整体情境往往是主题式的、可发散的。例如，学习"细胞的分子组成"时，可以以食物营养为主题，囊括细胞中各类有机物及无机物与营养的关系；学习"激素的调节"时，内分泌系统中信息如何传递是单元核心问题，而通过医生、患者、科研人员等角色导向的情境设计，能促进学生形成对激素本质及作用的认识。

境脉视域下的单元情境设计追求学习经历的"求真"。

在课堂情境设计中，情境可能是真实的，也可能是虚拟的，但"虚拟的真实"并不适用于连贯的单元情境。例如在学习遗传病时，情境设计为某家庭夫妻双方没有白化病，而女儿却是白化病患者，请通过遗传病的原理解释这一情形的发生，并推测该夫妻又生了两个白化病的孩子的概率。这一情境虽然是虚拟的，但是符合遗传学原理。然而细想一下，我们就会知道，现实生活中几乎不太可能发生这样的情形。学习遗传病的目的之一就是优生优育，减少遗传病患儿的出生。在已有白化病患儿的情况下，现代医学可以通过基因检测的方法避免同样的情况再发生，连生三个患儿的情形几乎不存在。因此，使用这样的情境会与单元中"遗传病的预防"的学习主题相矛盾，其原因就是情境不真实。单元情境追求学习经历的真实性，目的在于最大程度地尊重生物学原理及其应用，从而促进学生亲历求知过程。因此，关于遗传病的单元学习，我们不妨换一种思路，以真实的遗传病病例研究为情境，经历如何判断遗传病类型、如何绘制家族系谱图、如何预防等过程，使学生的学习"求知"与"求真"并重。

境脉视域下的情境设计追求学习者情感的持续激发。

我们已经在上文中强调过境脉中学习者情感的重要性。因为脑的发展和运作、需要学习者从主观上所感知、从情感上所体验。因此，境脉视域下的单元整体情境创设应该能够持续激发学生的情感体验，使学习者的心境在外部境脉的引导下不断发生变化和重构。只有外部情境能持续激发学生的情感变化，学生才能真正投入到对情境问题的研究和学习中去。一般而言，我们更倾向于能促进学生产生积极情感体验的情境。如以早餐的营养食谱为情境研究细胞的分子组成，在对糖类、脂质、蛋白质等物质的生活化认识中，逐步引起学生对生活的热爱、对家人的关爱；在学习"生态环境的保护"这一单元时，通过调查所在社区的生态环境、探讨周边生物多样性保护现状等连续情境及情境中的活动，促使学生在对各类生态环境的比较中，慢慢体会到生态环境保护对人民美好生活的重要性，从而对"人与自然和谐相处"的理念产生强烈的共鸣。

二、获得更为多样的学习支持

单元学习任务是围绕单元问题系统进行问题解决的实践过程，自主学习、合作学习、探究性学习是主要的学习方式。

单元问题系统的结构化设计为自主学习的规划提供了保障。

自主学习是学生基于学科知识和技能，相对独立地完成从提问到问题解决的过程，但他们的学习目标和学习内容受到了课程标准中学习要求的限制。所以自主学习不能等同于自由学习，而需要进行科学地规划。有层次、结构化、可扩展、可持续的问题系统能帮助学生实现知识的整体建构和学习的有效迁移,因此问题系统引领下的单元学习任务具有结构化的特征,规划了自主学习的内容、任务之间的关系。

单元学习任务的实践逻辑为合作学习的持续性奠定了基础。

单元教学的中观性决定了问题系统中的问题难以通过个体简单地回应或判断完成,而是需要合作型的学科实践。学习者因此会经历关注合作伙伴、协商学习冲突、学会共克时艰等方面能力的逐步提升。在课时学习中,小组内成员磨合、熟悉合作环境、澄清合作任务占用了合作学习的不少时间,学习时间限制了任务的复杂性和创造性,合作能力目标常常止步于参与合作和关注他人。而在单元教学中,问题系统对单元主题的挖掘是连贯深入的,由问题系统主导下的学习任务呈现出由简到繁、先易后难的实践逻辑。这使得合作学习从简单基础的内容开始,并随着学科实践的不断深入持续开展,每一次合作学习活动转而成为了下一次活动的基础,合作学习的能力培养目标随任务深入而得以落实。

单元学习任务的场域变化为探究性学习的多样化提供了外部条件。

生物学学习离不开实验、自然观察、模型制作等学科特有的活动方式,开展这些活动的主要形式是探究性学习。而事实上,生物学教学中的探究活动常常是停留在黑板、PPT以及学生的纸和笔上的,探究活动中的思维发展常常与社会实践脱节,以“纸上谈兵”来发展探究能力无法解决学生今后遇到的实际问题。我们强调境脉中的单元学习是多场域的,其背后既有单元安排上的时间支持,也有现代社会对学习需求的场域支持。单元教学设计应鼓励学生走出课堂、走出学校,在更广大的天地中探究学科知识,促进探究性学习的多样化。

以生态学部分的学习为例,学习任务具有明显的自主性、合作性和探究性的特征。在学习“生态系统的结构与功能”时,以苏州河为调查地点,向学生介绍上海“一江一河”岸线贯通工程,通过资料收集和访谈等形式,了解20世纪七八十年代苏州河污染情况以及苏州河环境治理的方法和过程,用生态系统中的相关原理解释治理苏州河的生物方法;学习“种群和群落”的内容,运用探究活动“调查城市常见鸟类生态位”中学到的鸟类观察技能,组织学生进行崇明东滩湿地的鸟类观察;针对互花米草对崇明东滩潮间带植物群落的影响,结合“生态系统的相对稳定性”的探究活动,设计保持和提高崇明潮间带生态系统稳定性的方案;学习“生态环境的保护”时,选择不同区域进行环境问题调查,如某区域固体废弃物的处置、周边水域的水质状况、不同区域的空气质量,某化工厂三废处理等,并针对调查获得的结果,提出保护建议或行动计划;以小组的形式,通过查阅书籍、报刊、网络等资料,访问林业、农业和环保的管理单位或对当地居民进行访谈,了解当地生物多样性的变化和保护行动的状况,在调查后讨论生物多样性与人类的关系,提出有效的保护行动及人与环境和谐相处的合理化建议。

三、形成更富意义的心境变化

单元学习的时空拓展丰富了学习者的内部境脉,从而使学生的心境发生了更有意义的变化。

从"情感卷入"到"情感交流",这一过程增强了学生的学习主体意识。

单元的起点情境因社会性、自然性或切身性等特征,往往会带给学生很高的情绪体验,学生带着自己的各种问题,在惊奇、疑惑、不安、兴奋等各种强烈的情感中,不由自主地被卷入到学习境脉中去。而随着单元情境的持续发展以及单元学习活动的开展,学生心中的疑惑被一一解开,取而代之的是解决问题时的喜悦、增长见闻时的满足、对社会现状的担忧、对自然力量的敬畏……因此单元学习活动的设计应通过统筹安排课时,留给学生主题演讲、撰写报告、作品展示等促进心境外显的机会,以抒发内心情感。学生能在情感交流中感受到学习带来的多重收获,形成"我要学"的学习心理,从而确立自己的学习主体地位。

从"感性参与"到"理性决策",这一过程明确了学生的学习行为导向。

单元学习的长周期性为教师提供了洞察学生情感态度的充足时间和空间,比如,学生问题中往往带有个体不同的价值倾向,反映了学生感性的一面。尊重学生的"初心",挖掘并传递其中的正能量,同时有效疏导负面情绪,这是境脉中学科教学的重要任务。教师可以通过科学家故事、生物学研究成果的发展史等内容,引导学生情感从感性逐渐走向理性。学科实践中获得的知识能消除空谈和言论鼓吹对头脑的影响,人的情感在理性的支撑下,才能培养出合理怀疑的态度、批判精神以及创新精神,科学教育才能向着精神自由和人格独立的目标前进。

从"关注小我"到"关注大我",提升学习的价值认识。

在一个主题单元下,学习者的内部经验是复杂多样的,知识的原认知水平、单元主题的主观情感、相关的生活经验既有接近的起点,又有各自不同的体验,这就是学习中的"小我"。单元学习能将学习活动延伸到学校、家庭、社区以及更广阔境脉中,让学生的内部世界和外部客观世界发生更多的联结,引发学生对"小我"和"大我"之间价值联系、价值冲突的关注和反思,从而将目光从教室中扩展出去,关注世界的变化、社会的发展……无论学生"小我"的起点如何,宏大的单元境脉能引导他们以更敞亮的心态、更宽广的胸怀、更睿智的眼光去关注并思考"大我",认识生物学学习的社会价值。

例如,关于"传染病防控"的单元复习是以学生对传染病防控、疫苗接种的理解和疑问为真实背景进行学习的。这一过程中,学生需要综合运用微生物传染病的传播机制与预防措施、人工免疫与天然免疫的原理、遗传与变异的基础知识等,来完成模拟传染病传播过程、对比分析不同免疫策略、探讨疫苗效果等学习任务。学生对疫苗的使用是有一些疑惑和不安的。然而,通过模拟传染病传播的实验,他们逐渐掌握了阻断病原体传播的科学方法,情绪也慢慢稳定下来,变得更加积极乐观,更愿意与老师、同学分享和交流。当疫苗接种成为保护周围人群健康和安全的关键问题时,学生内心深处的善良被深深触动,对疫苗研发等生物科技领域的认同感显著增强。他们认识到,科学是推动技术发展的强大动力,合理利用科技手段能够减轻疾病带来的痛苦,保障我们的安全,促进社会的交流与发展。这为他们今后在面对类似问题时做出理性决策提供了坚实的基础。此外,通过了解人类与传染病斗争的悠久历史,学生意识到传染病预防工作不仅是个人责任,更是全社会的共同使命,体现了生物学中的群体协作思想。单元学习引导学生将更多的关注投向群体中的弱势群体,如老人和儿童等易感人群,实现了从关注"小我"到关注"大我"的情感升华。

第二节
单元境脉中的问题化学习设计

　　基于单元的中观性和学生对学科的既有认知基础,我们设计了以系统化的学科知识为基础,紧密围绕学科重要概念展开的单元教学模式。该教学设计旨在帮助学生构建学科大概念体系。通过以重要概念为学习焦点,以学科大概念为指引,既实现了学科内容的纵向深入,又拓宽了学科视野的横向广度。同时,单元内的境脉设计,使得单元学习成为一个相对完整且逻辑清晰的教学事件。接下来,我们将依据图9-1所示的单元设计框架,详细阐述境脉视角下的单元教学设计。

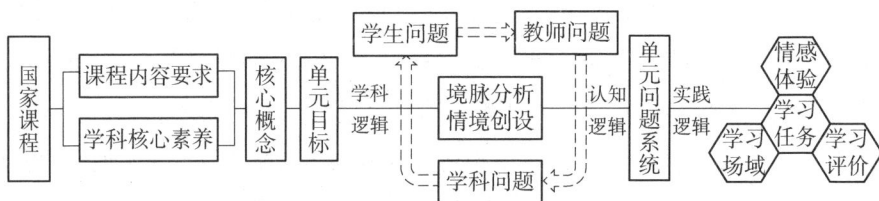

图9-1　境脉视域下的单元教学设计框架

一、确立单元目标和核心概念

　　单元设计中核心概念的确立,主要基于学科课程内容这一基本出发点。在分析学科核心素养与单元学习内容的关系后,提炼出本单元的重要概念(即单元核心概念),这是从学科角度抽象出的核心概念,随后再将核心概念转化成学生学习中要解决的问题(即单元核心问题)。从问题化学习的角度来看,对于"以学生问题为起点、以学科问题为基础、以教师问题为引导"的三位一体的课堂而言,聚焦核心问题既是面对混乱局面的自然选择过程,也是课堂集体学习的价值体现。[1] 核心概念(核心问题)作为单元

---

[1] 王天蓉,顾雅冶,王达.学会追问[M].上海:华东师范大学出版社,2020:3.

教学的顶层设计,能促进学生和学生、学生与教师之间基于核心素养的对话,形成学习共同体,引领学生在学习过程中逐步深化对学科概念的理解,培育学科核心素养。

同样,从学科角度来看,单元学习目标的设定需以国家课程标准为依据,这包括对课程内容要求的准确解读和学科核心素养的深入分析。而依据问题化学习原理制定的单元学习目标,则涵盖了落实学科核心素养的学习目标和提升问题化学习能力的目标。问题化学习能力的达成,对学科学习方式起到了重要的指导和优化作用;而学科素养目标的达成,则体现在学生从发现问题到解决问题的全过程之中。两者相互促进,共同构成了学习者的学习目标体系。

以沪科版高中生物学必修Ⅰ第二章"细胞的分子组成"为例,该单元依据高中生物学课程标准中的重要概念"细胞由多种多样的分子组成,包括水、无机盐、糖类、脂质、蛋白质和核酸等,其中蛋白质和核酸是两类最重要的生物大分子"组织形成,是"细胞是生物体结构与生命活动的基本单位"这一核心概念的重要支撑。"细胞的分子组成"不仅是后续学习细胞结构、细胞各项生命活动的基础,更有助于学生从微观水平上深入理解生命的物质性,并初步形成结构与功能相统一的生命观念。聚焦单元概念,形成如图9-2所示的单元内容结构。

在此基础上,梳理和提炼单元层级知识的核心素养要求,形成单元目标;将单元所涉及的次位概念转化为学科问题,形成单元中的主要课时问题;关联单元目标和学科问题,形成单元教学导航(图9-3)。

二、解读学习活动的境脉起点

1. 调查并了解学习者的内部经验和认识

学习者的原有认知是学习的起点,认识和利用好原有认知中的经验,激发和调动起学生原认知中存在的尚未解决的问题,就可以延伸出学习脉络。

例如,我们可以借助数据平台信息来把握学生的认知起点。在学习酶的特性时,由于酶的催化功能的专一性取决于蛋白质结构,因此学生对蛋白质部分的掌握情况是学习酶的起点。我们通过高木智适应平台,调查了某个班级学生对蛋白质学

核心概念	细胞是生物体结构与生命活动的基本单位						
重要概念	细胞由多种多样的分子组成，包括水、无机盐、糖类、脂质、蛋白质和核酸等，其中蛋白质和核酸是两类最重要的生物大分子						
次位概念	说出细胞主要由C、H、O、N、P、S等元素构成，它们以碳链为骨架形成复杂的生物大分子	指出水大约占细胞重量的2/3，以自由水和结合水的形式存在，赋予了细胞许多特性，在生命中具有重要作用	举例说明无机盐在细胞内含量虽少，但与生命活动密切相关	概述糖类有多种类型，它们既是细胞的重要结构成分，又是生命活动的主要能源物质	举例说出不同种类的脂质对维持细胞结构和功能有重要作用	阐明蛋白质通常由20种氨基酸分子组成，它的功能取决于氨基酸序列及其形成的空间结构，细胞的功能主要由蛋白质完成	概述核酸由核苷酸聚合而成，是储存与传递遗传信息的生物大分子
生物学事实	蛋白质、核酸、糖类脂质等生物分子主要由C、H、O、N、P、S等元素组成；生物分子中，碳原子之间通过化学键形成相对稳定的碳骨架；葡萄糖、氨基酸等分子由碳骨架周边链接其他基团形成	水分子具有极性，细胞中的大部分化学反应在水环境中进行；水是细胞的内外环境，有维持细胞相对温度运输物质等作用；自由水是细胞内良好的溶剂，结合水是细胞结构的重要组成；自由水所占比例越高，细胞的代谢越旺盛	Fe：构成血红蛋白的必需元素；Mg：构成叶绿素分子的必需元素；血液中Ca^{2+}降低会引发肌肉抽搐，HCO_3等离子可调节细胞内外溶液pH变化	糖类包括单糖、双糖和多糖；葡萄糖是细胞生命活动的主要能源物质；核糖、脱氧核糖是核酸的重要成分；淀粉和糖原是动植物体内糖类能源的储存形式；纤维素是植物细胞壁的主要成分	脂肪是细胞中储能效率最高的物质；磷脂参与细胞质膜的组成；固醇主要包括胆固醇、植物固醇和酵母固醇等，参与细胞质膜的构成	质膜上的受体蛋白、绝大多数酶、血红蛋白、免疫球蛋白等在生命活动中承担重要功能；组成蛋白质的常见氨基酸有20种，氨基酸之间通过肽键连接形成肽键，肽键通过折叠形成蛋白质的特定空间结构；血红蛋白中一个氨基酸被替换后导致空间结构改变，引发镰状细胞贫血	DNA由4种脱氧核苷酸组成，RNA由4种核糖核苷酸组成；DNA分子的脱氧核苷酸序列中蕴含遗传信息；RNA参与遗传信息的传递与表达

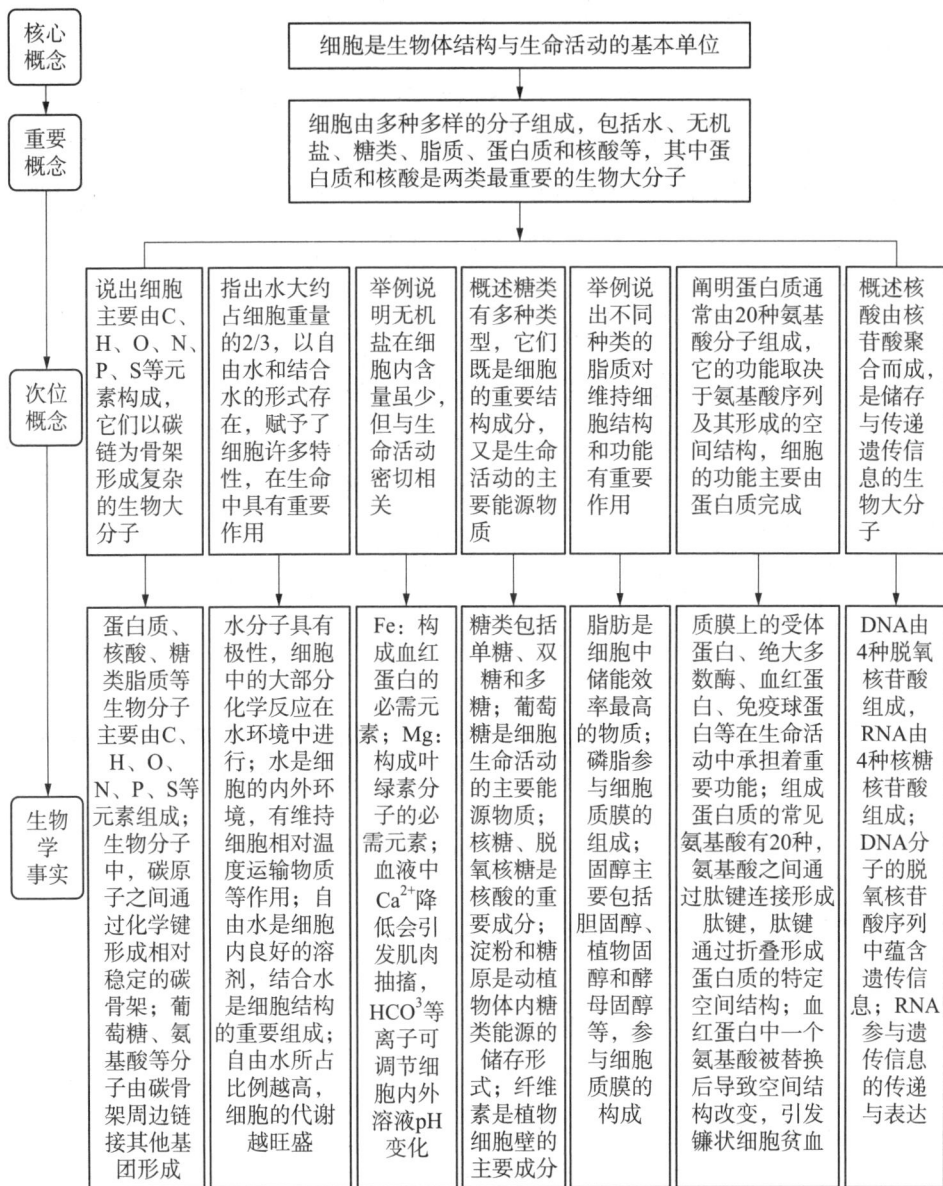

图 9-2　概念聚焦下的"细胞的分子组成"单元知识层级结构图

核心素养　　　　　　　　单元学习目标　　　　　　　　　　课时学科问题

获知细胞分子组成的实验方法？

生命观念　　通过实验探究和自然观察中问题的提出和合作解决问题，学会从实证中认识细胞的分子组成，形成生命的物质观；通过生活体验中的问题提出，认识糖类和脂质的类型及重要作用、核酸的基本组成单位和主要功能、蛋白质的结构与功能，形成结构与功能观，并以结构与功能观来解释食物摄入的合理需求

糖类的类型和作用？

脂质的种类和作用？

科学思维　　经历读图、读表、举例说明、列表复习等合作解决问题的过程，运用比较、分析和归纳等科学思维，明确细胞中各有机物的分类和作用，总结氨基酸的结构特点、细胞的主要组成元素等，并运用比较、分析和归纳等方法解决新情境中的问题

蛋白质的结构与功能？

核酸的结构和功能？

科学探究　　通过小组合作，完成检测生物组织中有机物的探究实验、观察大米烘干及稻杆燃烧的演示实验，学会选择不同的取样方法检测生物组织中的物质、设计表格记录实验现象、对实验结果进行分析

细胞的元素组成？

社会责任　　基于对单元问题系统的构建和问题解决，认识细胞中的分子组成及功能，形成健康饮食等良好的生活习惯，并能对食品安全与健康等相关议题提出自己的见解；认识稻谷储存、秸秆还田等农业实践中水和无机盐等生物学知识的应用，感悟生物学知识对农业生产的指导作用

水的存在形式及作用？

无机盐的含量及作用？

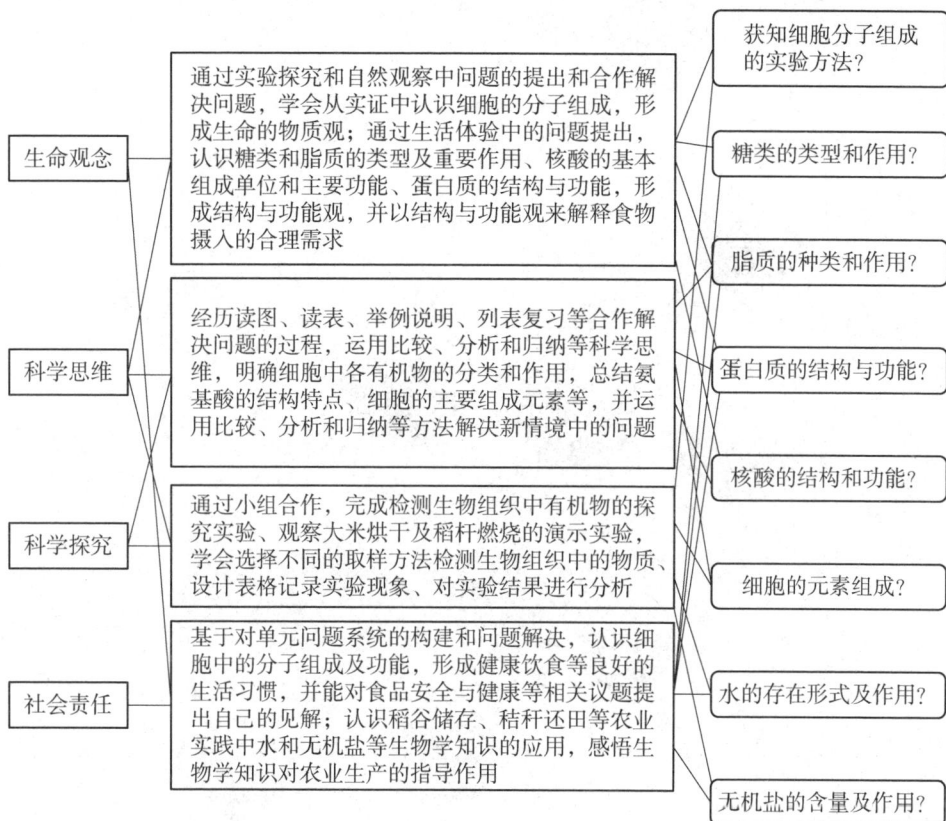

图 9 - 3　细胞的分子组成单元教学导航

习内容的掌握情况(图9-4)。从图中可以看到学生对肽键、多肽的结构掌握得较好，但是对蛋白质的空间结构掌握情况一般，与空间结构相关的蛋白质功能的学习效果更不理想。这带给教学的启示是，从学生的内部经验来看，有一小半的学生对蛋白质的结构和功能有所遗忘，因此在小组合作开展问题研究时，可根据这一数据安排合作小组的学生组成，通过组内"小先生"的帮助来解决基础知识薄弱的问题。

这些学生问题中隐含着多方面的学习内容。前一单元所学内容之所以能成为下一单元学习的境脉起点，原因在于老问题解决后总有新问题的产生。如果学生只满足于已有的学习结果，其批判、质疑和创新能力将很难得到发展。反之，教师不仅要关注

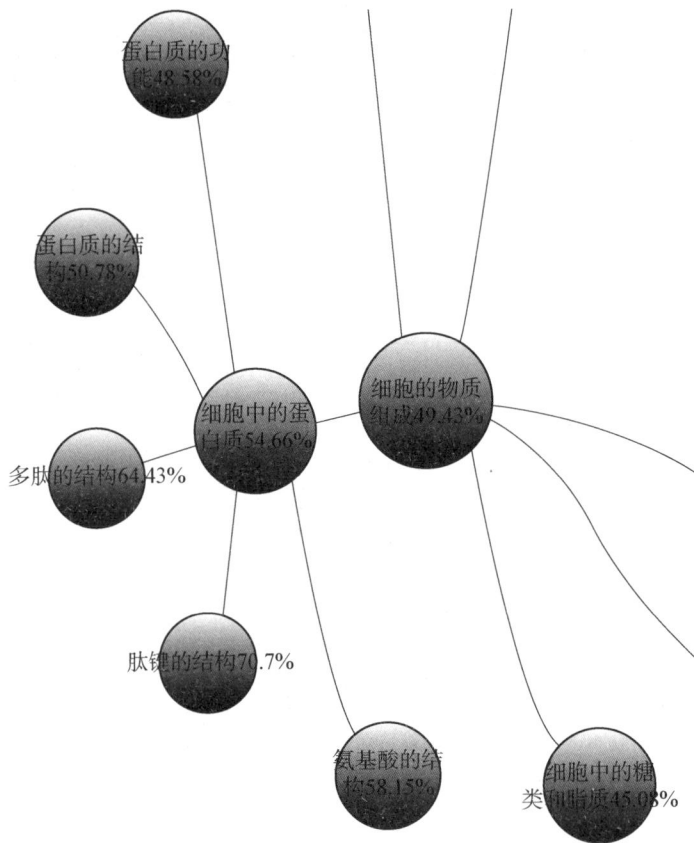

图 9-4 某班级"细胞中的蛋白质"学习达成度

学生的学习结果是什么,更要关心不同的班级、不同的学生是如何产生这些学习结果的。对学习经历的关注将会为学生起到良好的示范和引导作用,促使学生反思学习过程,从而发现自身的问题,使学习成为不断持续的过程,并形成立体的学习脉络。

2. 分析单元教学与外部世界的关联

单元主题所反映的社会现象、文化习俗以及学校、家庭和社区中的问题,蕴含着单元教学中联结内外境脉的途径,如可供学生参与的活动、调查访谈的对象、支持教学的材料等。这些联结有助于实现从以学科为中心转向以学生为中心的单元教学实践,促进学科教学从情境设计走向境脉设计,从适合知识传授的教学走向适应学生发展的教学。单元设计重视学生个体生长环境与外部世界之间的内在联系,本质上是重视学生个体的生长起点和社会实际的关系,鼓励学生从教室里的学习走向社会中的学习,自觉将国家、社会的需要与自身潜能相结合,从而促进学生在社会化进程中的自主发展。

例如,在"细胞的分子组成"的单元境脉中,学生学习活动涉及的外部环境包括了网络、AI智适应平台、教室、实验室、田间、家庭等。这些不同的学习环境各自发挥着学习实践的不同功能(如图9-5)。

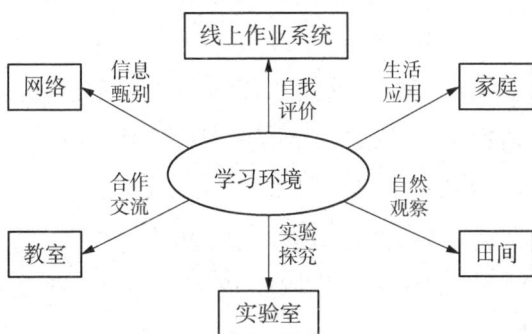

图9-5 "细胞的分子组成"单元中的外部环境①

网络环境作为本单元真实境脉的起始环境,学生的学习行为主要是对网络传言"早上不许喝粥"进行搜索、浏览和判断,并在教师发起的网络小调查中表达自己的观点,这有助于教师了解学生的先验认知;教室作为学习活动的主要场所,学生的学习行为主要是合作学习和交流,如一起解读大米和燕麦的营养成分,概括氨基酸的结构特点,列举蛋白质的不同功能与其空间结构、氨基酸序列之间的关系等;实验室作为生物学科特征性的学习环境,在本单元中承担着检测生物组织有机物、探索生物体中的水和无机盐等一系列操作性实践任务;农场和田间是学生室外实践的环境,这满足了生物学学习从自然和人类生产中获得新知的基本属性;家庭是学生将学科知识进行生活实践的环境,如经过单元学习后学生为家人准备营养早餐的活动,就体现了学科与生

① 本章中"细胞的分子组成"部分的案例,选自张燕.高中生物学单元学习活动中的境脉设计及实践研究[J].上海课程教学研究.2022(01):45—49.

活密不可分的联系和应用价值；而各种智慧平台的作业评价系统，为学生提供了通过及时反馈评价自己的学习效果、调整学习方法的智能化途径。

三、建构单元问题系统的逻辑

基于核心问题形成的问题系统及问题系统下的学习任务，是将核心问题分解为真实情境中要解决的具体问题并据此开展学习活动的过程。因此，问题系统统领了学生的单元学习过程。问题系统的形成和解决，具有思维的进阶性，体现了学习脉络的延伸和扩展，这反映了学习者从个人学习维度到合作学习维度上学习能力的提升。问题化学习能力的提升，反映到学科核心素养上，既是对核心概念的进阶式理解，也是科学思维、科学探究能力的螺旋式上升，还包括了学习情感的获得。

真实境脉下的问题系统的形成需要三个方面的支撑。一是单元目标和单元核心概念的支撑，它们为问题系统提供了"知识骨架"；二是学生问题、学科问题和教师问题的支撑，"三位一体"为问题系统聚焦了核心问题；三是境脉主题的支撑，它为问题系统的构建提供了联结现实世界的途径。后两者是问题系统的"血肉"，也是实现学习自适应和自组织的必由之路。

1. 以学科逻辑为基础构建问题系统

需要强调的是，学习的自适应和自组织是不能脱离学科逻辑而存在的，课程内容要求和素养目标的双轨道为学习的方向性提供了保障。从图 9-1 中可以获知，单元问题系统来源于单元主题境脉的分析及相关情境的创设，而境脉主题是围绕单元目标确定的，单元目标则是从单元核心概念中分析形成的，确定单元核心概念、制定单元目标的依据则是学科课程内容和学科核心素养。也可以说，单元知识体系从根本上决定了单元问题系统的类型。

如果单元知识体系为层层扩展的层级结构，那么适合以"核心问题—专题问题—具体问题"形成问题树，呈现树状或金字塔形的问题集合。结构清晰的问题树，能对核心概念进行恰当分解，也能有效综合不同的知识内容。如"组成细胞的结构"这一单元，是以对质膜、细胞核及细胞质的探究作为核心问题下的主干问题，再拓展出细节知识的树形结构。

如果单元知识体系是层次关系、递进关系或延伸关系，知识间呈现"解决老问题——解决新问题——解决疑难题——发现新问题"的模式，则可以形成线性的问题链。问题链有助于促进单元学习中思维的不断进阶，推动深度学习的发生。如"生物的进化"单元，就是从进化的证据到进化的规律，再探索进化的原因，形成递进的知识结构。

由此可见，学科课程及课程中的素养要求是形成问题系统的基础，问题系统的构建必须体现生物学的学科逻辑。

2. 以学生的认知逻辑决定问题系统的功能

问题系统的学习逻辑依据的是学习中问题的发生和发展。在问题化学习中，我们强调以学生的问题为起点，学科的问题为基础，教师的问题为引导。学科问题主要对接的是单元知识体系和核心概念下的学科逻辑，而学生问题和教师问题中，学生问题无疑体现了认知逻辑的发展。作为学习的主体，从个体学习到合作学习，学生都会对单元主题产生"破题"的驱动性问题以及对接核心概念的核心问题。从"破题"到触碰到核心问题，呈现的就是学习者的认知逻辑，本质是学习者思维的脉络呈现。单元教学需要尊重学生的认知逻辑，根据学的逻辑设计课时顺序或学习任务，才能真正解决学生真正想要解决的问题，实现以"学"为中心的教学理念。

在"细胞的分子组成"单元中，依据单元境脉中对"粥"的营养成分的自然认知顺序进行学习脉络的调整：从读取食品营养成分表信息到实验鉴定有机物成分；从推测蛋白质结构到明确遗传物质决定营养成分的作用；从归纳各种有机物的组成元素到认识生物大分子的统一性；从干谷粒和鲜谷粒的比较和实验到认识水和无机盐的作用。基于以上探索"早餐营养"的实践逻辑和认知逻辑，将单元教学中的课时顺序调整如表9-1所示。

表9-1 "细胞的分子组成"单元的课时安排

课时序列	课 时 内 容
1	检测生物组织中的还原糖、脂肪和蛋白质
2	糖类和脂质是细胞的结构成分和能源物质

课时序列	课 时 内 容
3	蛋白质是重要的生物大分子
4	核酸是重要的生物大分子
5	C、H、O、N、P、S 等元素组成复杂的生物分子
6	水和无机盐是生命活动的必需物质

3. 以实践逻辑促成问题解决的具体行动

如果说学生的认知逻辑是问题系统构建的"因"，那么学科的实践逻辑就是问题系统导向的"果"。在单元教学中如何依循问题系统形成具体的学习任务呢？问题系统的实践逻辑是细化到课时的微观学习，问题如何解决、学习活动如何开展主要取决于境脉中的整体情境设计和可供选择的学习场域。

以"细胞的代谢"为例，如果教师选择以"细胞的分子组成"为内部境脉线，教学中可选择"人体需要的物质从哪里来、到哪里去？生命活动所需的能量如何转化？"作为核心问题形成问题系统，以学生生活背景为外部境脉，选择一种食物（如大米饭）的产生和利用作为整体情境开展学习。具体的学习任务可围绕"米饭中的淀粉如何合成？""摄入的淀粉如何被分解成小分子的葡萄糖？""我们如何利用葡萄糖中的能量？"等问题形成物质与能量的问题链。根据问题链，学生可以以观察水稻种植为任务载体学习光合作用，以唾液淀粉酶的催化实验学习酶的性质，以酵母菌的细胞呼吸实验认识有机物的氧化分解。

如果教师选择以"细胞的结构"中观察叶绿体和细胞质流动的实验为学习"细胞的代谢"的内部境脉，就需要换一种思路去设计问题系统支持下的学科实践。这是因为"细胞的结构"单元的学习，从生命观念的角度来说，主要建立的是生命的结构与功能观。因此学习应遵循先认识细胞结构后解释细胞结构相关功能的学习顺序。如果以"碳中和"的国家低碳环保决策为外部境脉，学习实践将直接以"叶绿体和线粒体的结构与功能，以及两者如何相互联系形成微观的碳中和"为任务群。单元教学的实践逻辑显然与上一种境脉下的设计截然不同。

综上，我们可以总结：在单元教学设计中，核心概念与问题系统中的核心问题相映射,而单元知识体系决定了问题系统的类型;"三位一体"的问题(尤其是学生问题)构成问题系统的主干问题脉络顺序,而在分解问题、步步追问中实现问题解决则与境脉中的学科实践密切相关。这就是我们期待的与真实世界相联结的、骨架清晰、血肉丰满的问题系统。

四、形成境脉化的单元任务群

基于境脉的单元学习任务设计,需要结合单元具体境脉来确定单元整体情境,基于学习脉络形成问题系统,综合学习场域等境脉要素形成单元任务群,进而开展学科实践,最后基于学习者在具体境脉中核心素养的发展进行学习评价。单元学习应结合单元境脉所呈现的教学内容,从整体上把握课堂教学的各项要素。而与境脉相结合的单元学习内容,可遵循"知识问题化,问题情境化"的呈现形式,以问题线索及问题系统形成整体学习脉络,构建单元任务群。

图 9-6 为"细胞的分子组成"单元境脉中的问题系统,问题系统着重关注如何

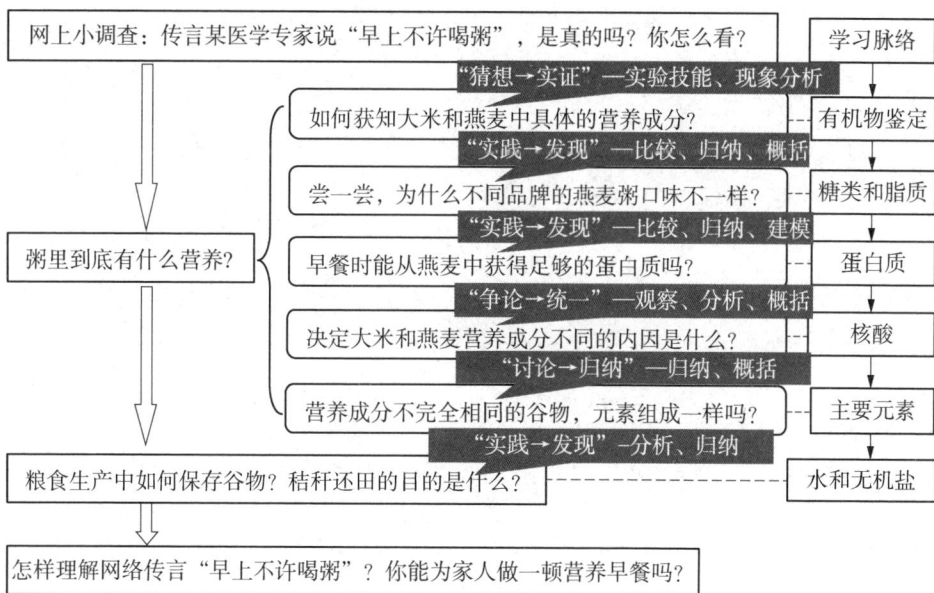

图 9-6 "细胞的分子组成"单元境脉中的问题系统

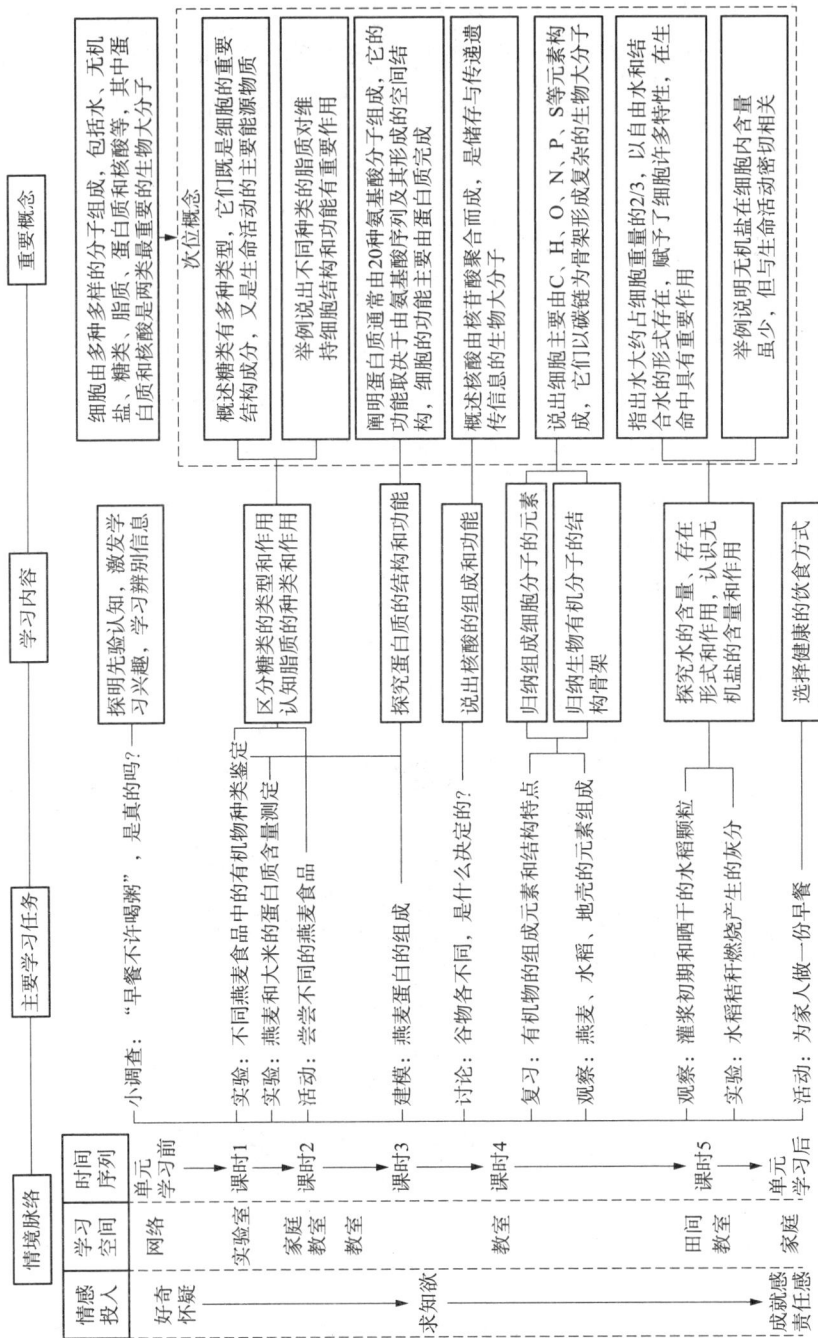

图 9-7 境脉中的单元学习任务组织

重要概念

- 细胞由多种多样的分子组成,包括水、无机盐、糖类、脂质、蛋白质和核酸等,其中蛋白质和核酸是两类最重要的生物大分子

（次位概念）

- 概述糖类有多种类型,它们既是细胞的重要结构成分,又是生命活动的主要能源物质
- 举例说出不同种类的脂质对维持细胞结构和功能有重要作用
- 阐明蛋白质通常由20种氨基酸分子组成,它的功能取决于由氨基酸序列及其形成的空间结构,细胞的功能主要由蛋白质完成
- 概述核酸由核苷酸聚合而成,是储存与传递信息的生物大分子
- 说出细胞主要由C、H、O、N、P、S等元素构成,它们以碳链为骨架形成复杂多样的生物大分子
- 指出水大约占细胞重量的2/3,以自由水和结合水的形式存在,赋予了细胞许多特性,在生命中具有重要作用
- 举例说明无机盐在细胞内含量虽少,但与生命活动密切相关

学习内容

- 探明先验认知,激发学习兴趣,学习辨别信息
- 区分糖类的类型和作用 认知脂质的种类和作用
- 探究蛋白质的结构和功能
- 说出核酸的组成和功能
- 归纳组成细胞分子的元素 归纳生物有机分子的结构骨架
- 探究水的含量、存在形式和作用,认识无机盐的含量和作用
- 选择健康的饮食方式

主要学习任务

- 小调查:"早餐不许喝粥",是真的吗?
- 实验:不同燕麦食品中的有机物种类鉴定
- 实验:燕麦和大米的蛋白质含量测定
- 活动:尝试不同的燕麦食品
- 建模:燕麦蛋白的组成
- 讨论:食物各不同,是什么决定的?
- 复习:有机物的组成元素和结构特点
- 观察:燕麦、水稻、地壳的元素组成
- 观察:灌浆初期和晒干的水稻颗粒
- 实验:水稻秸秆燃烧产生的灰分
- 活动:为家人做一份早餐

情境脉络

时间序列	学习空间	情感投入
单元学习前	网络	好奇怀疑
课时1	实验室	求知欲
课时2	家庭教室	
课时3	教室	
课时4	教室	
课时5	田间教室	
单元学习后	家庭	成就感责任感

在学科概念的形成中逐步培养学生的科学思维和科学探究能力。

该单元的问题系统及对应的单元任务群,首先以实践逻辑构建单元知识脉络,服务于单元核心概念的构建。单元学习围绕早餐营养问题,依据学习者的实践逻辑对学习内容进行了调整。以实验"做一做"、家里"尝一尝"、田间"看一看"有序引导课堂上的"想一想"与"比一比",促进课时之间思维的延展和课时内思维的逐步深入。由此形成学习的知识脉络,构成"探究实验→糖类和脂质→蛋白质和核酸→细胞的主要元素→水和无机盐"的课时顺序,在知识和思维的延展中构建"细胞由多种多样的分子组成"的单元核心概念。

其次,学习任务群通过多样的学习场域来强化单元学习价值,推进科学探究和提升科学思维能力。结合单元的长周期性特点,境脉设计为学生提供了多样的学习场域。本单元的学习由网络交流开始,主要在实验室、教室中进行,穿插了家庭活动和田间观察,而最后的单元学习评价又回归到网络和家庭中完成。学习场域的扩展体现了生物学学习的泛在性和学科知识的实用价值。以田间观察为例,本单元的教学时间恰逢当地水稻的成熟过程,粮食储存和秸秆还田等农业生产劳动为学生带来了真实的体验活动,加深了生物学知识与实际生产实践的联系。在不同的学习场域中,学生需要运用不同的科学探究或科学思维方法开展学习,如田间和家庭的信息获取能力、观察和比较能力、实验的基本技能和应用能力、课堂讨论的归纳分析能力等。这些不同的学习场域使学生的科学探究和科学思维训练摆脱了纸上谈兵的状态,促进了学和用的融合。

此外,基于学习任务群的学生活动以境脉线索来增强学习情感体验,提升学生的社会责任意识。真实境脉下的学习首先激发了学生持久的学习兴趣:例如,医学专家到底是如何建议早餐选择的?道理何在?真实境脉下的问题贯穿于单元学习的始终,增强了学生学习活动的主动性。而在线文档中的讨论和交流、在网络上以视频或图册展示劳动成果等交流方式,符合当今学生的社交习惯,贴近了学生的学习心理,促进了他们的学习投入。通过准备家庭早餐来解答单元的起始情境问题,把学习评价从学校扩大到家庭,提升了学生关注饮食健康、关注家人健康的意识,实现了对学生社会责任感和社会责任行动力的培养。

总之,单元境脉中的学习任务群设计,其目的是促进学习活动中学科知识与学生经验、生活实际、社会发展的联系,特别是将学科知识置于真实的学科情境之中,使知识变得鲜活,学习变得生动。基于情境任务的学习脉络,强化了学以致用的目的——知识是用来解决问题的,学生是学得真本领的。我们也期待在实践中提升教师自身教学设计能力,更合理地分配学习活动的时间和场域,挖掘和利用不同场域中生物学特有的学习资源,促进学科育人实效;更期待学生通过真实境脉中的学习活动,最终实现知行合一,学有用的知识,做有用的人,过健康的生活,有正确的人生观和价值观。

本章小结

◎ 在单元教学设计中,单元核心问题既是情境中的主要冲突或矛盾,也指向了单元核心概念。单元知识体系与问题系统的类型相呼应,问题系统中的主干问题构成了学习脉络,而问题解决则依赖于境脉中的学科实践。融合学习境脉的单元教学,通过问题化学习联结了真实世界,使学习骨架清晰、血肉丰满。

◎ 境脉下的单元情境设计追求情境的连贯性、真实性及情境中的情感激发。单元情境下,学习者的内部经验是复杂多样的,学习起点取决于学习者内部境脉与外部境脉的相互作用。单元学习任务群一般围绕单元问题系统展开,旨在实现问题解决,其中自主学习、合作学习、探究性学习是主要的单元学习方式。单元问题系统的结构化保障了单元自主学习具有规划性,单元学习任务的实践逻辑为合作学习的持续发生奠定了基础,单元学习任务的场域变化为多样化的探究性学习提供了条件。

第十章

问题化学习的评价
——导向素养落实

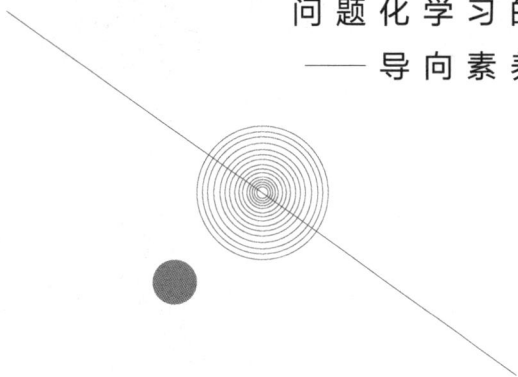

堂前燕问

◎ 如何形成学科核心素养导向下的问题化学习评价?

本章图示导读

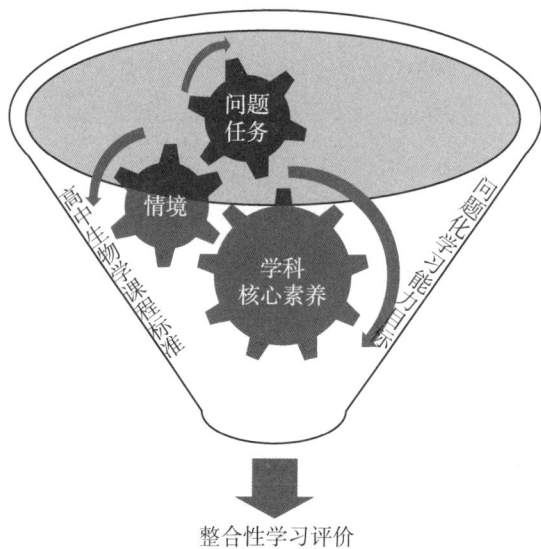

整合性学习评价

第一节
高中生物学问题化学习评价依据

一、依据高中生物学课程标准

科学合理的学习评价能让学生得到及时的学习反馈，促进学生不断反思，在反思中逐步形成个性化的学习方式，树立正确的学习动机，掌握适合于自己的学习策略，从而提高学习的质量与效果，增强学生学习的自信心。

1. 从课程基本理念中认识评价方式

高中生物学课程标准在课程理念中明确提出了"学业评价促发展"的指导思想，具体阐述如下："本课程重视以评价促进学生的学习与发展，重视评价的诊断作用、激励作用和促进作用。致力于创建一个主体多元、方法多样、既关注学业成就又重视个体进步和多方面发展的生物学课程评价体系。提倡在评价中关注学生的个体差异和发展需求，帮助学生认识自我、建立自信，改进学习方式，促进生物学学科核心素养的形成。"

课程理念指出，评价的作用不仅限于教学诊断，更重要的是激励和促进学生学习，使学习过程和结果形成相互促进的关系。接着，课程标准又对教师的评价实施提出了要求，主体多元是指教师、学生等学习的有关各方都可以参与到特定的评价中去，形成学生自评和互评、小组评价和教师评价相结合的评价形态，摆脱教师一言堂的评价模式；方法多样是指在课程评价体系中，除纸笔测试外，还可通过实验报告、实验设计、小论文、作业等多种评价方式，关注到学生课业成长的方方面面。

在各种评价中，学业成就主要依靠结果评价体现、个体进步主要通过过程评价和增值评价来反映，而学生的多方面发展则主要依靠综合评价。单一的结果评价显然并不能满足学生全面发展的需求，探索主体多元、方法多样、满足个性化发展需求的评价研究是学科教学的关键环节之一。

2. 从课程目标梳理评价内容

高中生物学课程目标提出了落实学科核心素养的任务,核心素养的落实又渗透在生物学课程的具体内容中,而课程内容则以大概念、重要概念和次位概念的形式编写。因此,从生物学概念中抽象凝练的生命观念、建立在生命观念基础上的社会责任、支撑生物学概念形成的科学思维和科学探究能力,是学业评价的主要内容。

以生命观念为例,高中阶段主要学习的生命观念有结构与功能观、物质与能量观、进化与适应观、稳态与平衡观、物质与能量观等。设计学业评价时,要高度重视特定生命观念在各个大概念及重要概念建构中的重要作用,并在各单元知识结构中对其进行充分地测量和评价。

3. 从学业质量标准中把握评价深度

高中生物学学业质量标准是依据生物学学科核心素养中的生命观念、科学思维、科学探究和社会责任四个维度形成的,结合课程内容分别划分为四个水平级,以此描述学生的核心素养水平和具体的学习结果表现。

学业质量的水平级是制定各类学业评价的具体依据,决定了不同学业要求下评价的深度。例如,质量标准中用描述学习行为的动词,如"说出""举例说明""阐释"等刻画学生的具体学习表现水平,用"简单情境""特定的情境问题""特定的问题情境""新的问题情境"等学习活动发生的条件,描述学生解决问题能力的水平。

二、依据问题化学习能力目标

课程标准指出,学科核心素养是学科育人价值的集中体现,是学生通过学科学习而逐步形成的正确的价值观念、必备品格和关键能力。[①] 而如何测量学科关键能力的学习表现,是目前仍在探索的问题。

我们将学科关键能力的培养融入问题化学习中,基于王天蓉老师的问题化学习能力目标(2020 修订版)中的"个体学习"维度,并结合高中生物学学业质量水平要求,制

---

① 中华人民共和国教育部.普通高中生物学课程标准(2017 年版 2020 年修订)[M].北京:人民教育出版社,2020:13.

定高中生物学问题化学习能力目标(如表10-1所示)。能力目标共五个一级指标,每个指标下设若干个二级指标,每个二级指标再设四个水平级。

表10-1　高中生物学问题化学习能力目标①

一级指标	二级指标	个体学习维度	水平
1. 问题的发现力	1.1　敢于提出自己的问题	1.1.1　能在与生物学有关的生产生活现象、社会事件及科学探究历程中发现自己感兴趣的问题	A
		1.1.2　敢于说出自己真实的困惑	A
		1.1.3　能够明确自己的困惑与哪些学科知识、概念的学习有关	B
		1.1.4　能提出自己的问题,依据单元或课时的学习内容判断问题的重要性	B
	1.2　能够提出有价值问题	1.2.1　能在帮助与指导下提出与生物学学习主题相关的问题	A
		1.2.2　能基于事实和证据,梳理并提出体现学科视角的问题	B
		1.2.3　能基于结构与功能观、物质与能量观、稳态与平衡观等观念生命观念,提出有探讨价值的问题	C
		1.2.4　能结合单元或课时核心概念,提出有核心价值的问题	C
		1.2.5　能提出有科学研究价值的、创新的问题,能提出有社会意义的、辩证的问题	D
	1.3　能够提出系列问题	1.3.1　面对生物学相关的情境或实验现象,能提出多个问题	B
		1.3.2　能从生命现象"是什么""怎么样""为什么"等视角提出多个问题,并对问题进行分类	C
		1.3.3　能基于探究的逻辑或论证的逻辑进行思考,提出问题	D
	1.4　能够清楚地表达问题	1.4.1　能运用生物学术语将自己的问题表达完整,让他人明白	A
		1.4.2　能基于生物学的知识逻辑,预判并说清楚问题间的关系	C
	1.5　能够理解倾听他人问题	1.5.1　倾听他人提出的问题,并基于生物学知识理解问题	A
		1.5.2　及时记录与分析他人的问题	B
		1.5.3　提炼生物学问题中的信息,通过列表、过程图或符号进一步表征描述问题,并在各种表征形式之间作转换	C

① "高中生物学问题化学习能力目标"基于"问题化学习能力目标指标体现"设计(王天蓉,徐谊.问题化学习[M].北京:教育科学出版社,2023:240—247.)

一级指标	二级指标	个体学习维度	水平
2. 问题的建构力	2.1 学会判断核心问题	2.1.1 能在他人引导或学习目标的指导下聚焦核心问题	A
		2.1.2 能在生物学的相关情境中判断出情境中的关键问题	B
		2.1.3 能学会用归纳的方法聚焦各种问题形成核心问题	C
		2.1.4 能学会用溯因的方法探索问题本质,找到问题的关键	D
	2.2 学会建构问题系统	2.2.1 能将多个问题进行分类梳理,形成与单元、课时的知识结构相对应的问题集	B
		2.2.2 能将各个问题按照学科逻辑进行排序,形成问题链,指向核心问题的解决	B
		2.2.3 能将不同的问题系统与不同的学习路径对应起来,如形成论证的思路、科学探究的设计方案等	C
		2.2.4 能运用发散性思维、辩证性思维等科学思维,扩充问题系统,形成问题网,指向学科大概念的学习	D
	2.3 能够完善问题系统	2.3.1 在老师的指导下修改完善问题系统	B
		2.3.2 结合他人不一样的问题系统,整合完善自己的问题系统	C
3. 问题的解决力	3.1 作出预测或假设	3.1.1 对要解决的问题作出一个方向的预测或假设	A
		3.1.2 能基于生物学原理,对解决的问题有多个方向的预测或符合基本逻辑的假设	B
		3.1.3 能基于生物学原理或概念,对解决的问题有较全面的预测或符合逻辑的假设	C
		3.1.4 能基于生物学原理或概念,对解决的问题有全面及独特灵活的预测或科学的假设	D
	3.2 寻找方法与路径	3.2.1 能基于已学的生物学原理和概念解决老问题	A
		3.2.2 能在老师指导下用归纳与比较、分析与综合等科学思维方法解决新问题	B
		3.2.3 能运用科学思维方法解决新问题,运用思维工具获取证据	C
		3.2.4 在解决问题的过程中独立寻找解决问题的方法与路径,产生新的策略	D
	3.3 持续追问与深究	3.3.1 能追问学科核心概念,用分解的思路理解概念	B
		3.3.2 能在生物学现象的比较中提出联系与区别的问题	B
		3.3.3 能基于证据提出问题,质疑已有结论,用推理的思维追问	C
		3.3.4 能运用概念对生物学现象进行举一反三的追问,学会迁移应用	D
		3.3.5 有辩证的思维,能从正反两方面思辨追问	D

一级指标	二级指标	个体学习维度	水平
4. 问题的反思力	3.4 形成结论或成果	3.4.1 能通过探究的特定步骤解决问题,或在老师的指导下运用分析、比较、归纳等思维方法形成结论	A
		3.4.2 能通过探究的多个步骤解决问题,或运用分析、比较、归纳等思维方法形成结论	B
		3.4.3 能系统地运用科学探究或科学思维方法解决问题,形成较全面的结论与成果	C
		3.4.4 能创造性地解决问题,形成创新的结论、成果	D
	3.5 学会交流与汇报	3.5.1 能基于信息组织表达自己的想法	A
		3.5.2 能提炼重要信息形成证据,表达自己的观点	B
		3.5.3 基于信息呈现,组织证据并进行分析,呈现自己的观点	C
		3.5.4 基于信息提炼呈现问题解决的证据链,运用生物学原理进行分析,逻辑清晰地表达观点	D
	4.1 反思过程总结方法	4.1.1 能够在老师的带领下反思自己的学习过程,归纳概念构建的方法及思维训练的策略	A
		4.1.2 独立反思自己的学习过程,发现、归纳概念构建的方法及思维训练的策略	B
		4.1.3 面对新的生物学现象和问题,能反思自己掌握的生物学原理和科学思维方法,并恰当运用到解决新问题中去	C
		4.1.4 反思并发现自己有创意的学习路径、方法及策略,升级自己认知的方式	D
	4.2 反思结果研究未来	4.2.1 依照课时或单元学习目标对结果进行反思,发现不足或不解之处	C
		4.2.2 能对不足或不解之处,明确信息、澄清内容,采取行动进行补救	D
		4.2.3 借鉴反思中的不足之处,规划和改进后续的学习	D
5. 问题化学习的设计力	5.1 设计学习任务	5.1.1 从学科的角度理解老师提问的意图	D
		5.1.2 面对生物学相关情境,有主动提炼情境信息,发现与聚焦核心问题的意识	D
		5.1.3 能够基于需要解决的问题,设计学习任务,能够分析与判断学习任务对解决问题及学习的意义	D
	5.2 自定学习步骤	5.2.1 基于指导与帮助,逐步解决问题,基于学科立场理解这样做的意图	B
		5.2.2 能独立分解需要完成的学习任务,制定与概念建构相适应的学习步骤	C

一级指标	二级指标	个体学习维度	水平
		5.2.3 能分析和判断完成任务需要的学习方式（实验、建模、调查等），对可能遇到的困难有所预判，作出预防性的应对	D
		5.2.4 能给自己的学习任务制定完整的计划	D
	5.3 调控学习过程	5.3.1 能够在指导与帮助下，学会评估与分析任务执行的过程，通过具体的工具（如统计表格、图示图表等）呈现问题解决或目标达成的情况	B
		5.3.2 掌握学习过程，经历"发现并厘清问题、聚焦核心问题、建构问题系统、寻找方法工具解决问题、反思修正提升"的完整过程	C
		5.3.3 能基于任务执行的过程性数据（阶段性目标、完成时间、完成质量、完成数量）进行独立的评估与分析，在解决问题的过程中，及时对学习方案进行有意义的调整，对随时发生的困难能有效应对	D

设计高中生物学问题化学习能力目标量表的目的是，通过学科情境中的问题认识、探索、分析及解决过程，测量和评价问题化学习的五力目标，进一步培养生物学核心素养。

第二节
基于境脉的问题化学习评价设计

一、境脉中学习评价的关注点

真正理解和掌握学科知识的学生,能表现出"学以致用"的能力。而所谓对"用"的评价,需要有或简单或复杂、或真实或虚拟的情境支持。学习能力是学科知识、技能与在真实情境下获取、甄别和运用信息的能力的综合,因此非真实的学习境脉不能形成真实的学习评价。学习境脉包含了学习发生的时间要素和空间要素,基于境脉的学习评价应考虑到是否能对持续的学习过程进行增值性评价、是否融入了情境要素,并考虑是否能对学科核心素养进行全面评价。

1. 学习境脉与评价的增值性

在连续的情境中学习,特定的学习表现既是结果也是过程。例如,一课时学习后的检测,是本课时的学习结果评价,但从单元视角来看,又是学习过程的评价。同样,一个单元的学习之于一个学期的学习,一个学期的学习之于必修模块的学习,必修模块的学习之于整个课程内容的学习,高中阶段的学习之于终身学习,都是过程和结果的转换衔接。将同一学习目标在学习各阶段的结果评价加以比较,则能形成增值性评价,反映学生学业进步的差异。

例如,在沪科版必修 I 新教材中,结构与功能观这一生命观念在各单元中反复出现,其学习水平的要求从"举例说明(一级水平)"逐渐提升到"解释(二级水平)"。

第 1 章第 3 节　举例说明细胞形态与功能的多样性

第 2 章第 1 节　举例说明蛋白质的功能与其空间结构、氨基酸序列之间的关系

第 3 章第 1 节　从结构与功能相适应的角度,解释质膜的结构特征

第 4 章第 1 节　从结构与功能相适应的角度,解释细胞质膜具有选择透过性

进入选择性必修教材的教学后,教材内容一方面不断地巩固和强化学生对结构与

功能观的认识,另一方面要求学生运用该生命观念阐释新问题、设计新实验,完成对生命观念的迁移运用。

选择性必修Ⅰ第2章第2节　从结构与功能相适应的角度,阐述静息电位和动作电位形成的原因

选择性必修Ⅱ第3章第1节　运用结构与功能观阐述生态系统处于相对稳定状态的特点

选择性必修Ⅲ第1章第1节　归纳和概括微生物所需营养物质和生长条件,进一步形成结构与功能等生命观念,并基于这些观念设计合适的培养基,选择合适的培养和计数方法,有目的地培养纯种微生物

可以看到,在发展结构与功能观的学习目标中,过程与结果的界限并不需要明确区分,阶段性的结果即是课程学习的过程。而在课程教学持续培养生命观念的过程中,我们还能从学习水平"举例说明(一级水平)""解释(二级水平)""阐述(三级水平)""运用(四级水平)"的学业要求变化中,找到进行增值评价的依据。

因此,基于境脉发展的评价,教师应确定一个重要的评价方向并进行长期的跟踪观察,以实现境脉中对学习的增值性评价。

2. 学业质量水平与评价要素

高中生物学学业质量标准依据生物学学科核心素养中的生命观念、科学思维、科学探究和社会责任的四个维度及其划分的水平,结合必修课程和选择性必修课程的重要概念、学科学习方法等,描述了不同水平学业成就表现的关键特征以及不同水平级学习结果的具体表现。因此学习评价可进一步依据学业质量水平来设定。表10-2是从课程标准的核心素养水平及学业质量水平中抽取的关于结构与功能观相关的四个水平级描述。

表10-2　高中生物学课程标准中结构与功能观的核心素养及学业质量水平描述①

二级分类	水平级	核心素养水平(高中)	学业质量水平(高中)
结构与功能观	水平一	初步具有结构与功能相适应的观念,能从分子与细胞水平认	能初步以结构与功能观,说出生物体组成结构和功能之间的关系、遗传与变异的物质基础和规律等;在给定的问题情境中,能以生命观念为指导,

① 中华人民共和国教育部.普通高中生物学课程标准(2017年版2020年修订)[M].北京:人民教育出版社,2020:51—54,74—76.

二级分类	水平级	核心素养水平(高中)	学业质量水平(高中)
		识生物体的结构与功能是相适应的	分析生命现象,探讨生命活动的规律,设计解决简单问题的方案。
	水平二	具有结构与功能相适应的观念,并能运用这些观念分析和解释简单情境中的生命现象	能运用结构与功能观,举例说明生物体组成结构和功能之间的关系、遗传与变异的物质基础和规律等;在特定的问题情境中,能以生命观念为指导,分析生命现象,探讨生命活动的规律,设计方案解决简单问题。
	水平三	具有结构与功能相适应的观念,并能运用这些观念分析和解释较为复杂情境中的生命现象	能运用结构与功能观,举例说明生物体组成结构和功能之间的关系、遗传与变异的物质基础;在特定的问题情境中,能以生命观念为指导,分析生命现象,探讨生命活动的规律;基于上述观念,能综合运用科学、技术、工程学和数学(STEM)知识和能力,设计方案,解决特定问题。
	水平四	具有结构与功能相适应的观念,并能基于这些观念识别身边的虚假宣传和无科学依据的传言	能运用结构与功能观,阐释生物体组成结构和功能之间的关系、遗传与变异的物质和结构基础等;在新的问题情境中,能以生命观念为指导,解释生命现象,探究生命活动的规律;基于上述观念,能够将科学、技术、工程学和数学(STEM)知识和能力综合运用在实践活动中,解决生活中的实际问题。

在表10-2结构与功能观的学业质量水平描述中,除了核心知识、概念外,不同的学业质量水平级出现了几个相同的、进阶式的关键因素:情境、问题、任务。情境促进了学习动机的产生,指向学习者对情境的解读和分析能力;问题是学习动机的显性化呈现,是学习者心境的反映;任务是达成学习目标的主要途径,而素养是最终的学习成就表现。也就是说,学业质量对预期学习结果的描述,呼应了其对核心素养的认识——核心素养是学生运用知识解决实际问题的关键能力,决定了学习评价必须考虑到情境因素、问题难度以及问题解决(任务)水平。

二、构建学习评价的三维模型

"情境·问题与任务·素养"的评价模型是对学生基于问题化学习落实高中生物

学核心素养的立体评价方式。运用问题化学习力评价发现问题和解决问题的过程,包括了问题的发现力、问题的建构力、问题的解决力、问题的反思力以及问题化学习的设计力。同时按照高中生物学学业质量水平要求,评价学生的核心素养发展(图 10-1)。

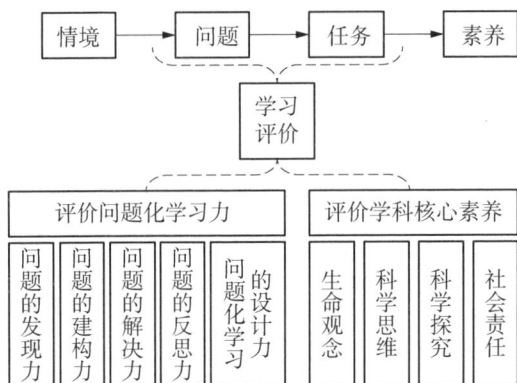

图 10-1 高中生物学问题化学习的过程评价内容

评价的主要目的之一是"促进学习",减少教和学之间的不匹配。比如说,教师简单地提出"学生需要在细胞的分子组成这一单元的测试中取得好成绩"——这显然是不够的,学生不知道自己该怎么做。而基于情境任务的评价给出了学生在这个单元中应该怎样做,以及如何才能做到的具体途径。

为更全面地呈现学生学习收获和能力的进阶,在高中生物学问题化学习的评价设计中,以孔春生老师的"基于生物学学科核心素养的三二四命题评价"[①]为基础,形成"情境·问题·任务·素养"的整合性评价。该模型与原模型的不同之处在于,由原来指向命题的评价变为既指向学习过程又指向学习结果的评价,评价实施时由分类评价变为整合性评价,以此测量学生学习过程中整体性发展,描述学习表现及学习结果的进步(图 10-2)。

在该模型中,情境维度由熟悉与陌生、简单与复杂两种分类进行组合。熟悉情境是指学生学习过或练习过的情境,如在教材中有类似的情境;陌生情境是指学生没有

---

① 孔春生.基于生物学学科核心素养的三二四命题评价模型的构建与应用[J].中学生物教学,2020(01):70—73.

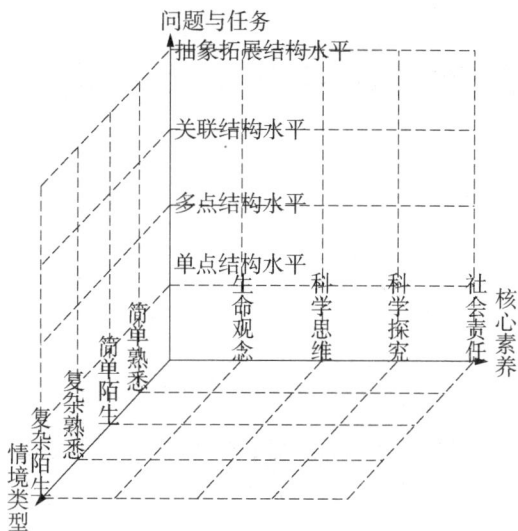

图 10 - 2　情境·问题·任务·素养的三维评价模型

学习过或练习过的情境,情境材料来源于社会生产生活实践或者科研探索实验。简单情境是指只涉及 1 个知识点或者信息点的情境;复杂情境一般涉及多个知识点或信息点,有的还有冗余信息。

问题与任务维度根据 SOLO 分类评价划分,形成单点结构水平、多点结构水平、关联结构水平及抽象拓展结构水平四个水平级。单点结构水平指向特定素养下一个内容的评价,多点结构水平指向特定素养下彼此独立的多个内容的评价,关联结构水平指向特定素养下相互关联、综合运用的多个内容的评价,抽象拓展结构水平指向与问题相关的多个内容的抽象认识和迁移应用。

核心素养维度指高中生物学课程标准中提出的生命观念、科学思维、科学探究及社会责任,其学习水平级的测量融入问题与任务维度中进行评价。

三维评价模型中情境维度的引入,强调的是学习者与学习情境的交互作用,即学习总是发生在特定的境脉中。在问题化学习中,学生的问题是在情境的发展中不断生成的,所以不仅要对活动内容进行预先规划与设计,更要强调随着情境的发展以及追问的深入,课堂会生成新的话题或开展新的学习活动,这需要学习评价紧随而至,体现评价的过程取向。

第三节
问题化学习评价模型的实践应用

一、课堂评价

基于教、学、评一致性的观念指导,我们将在过程评价和学习评价中尝试使用"情境·问题与任务·素养"的评价模型,测量学生解决真实问题的能力和学科核心素养的发展。

1. 评价课时问题

在问题化学习中,提出问题、判断问题价值、厘清问题间逻辑关系等能力都是学生构建问题系统,开展问题化学习的重要能力。如果教师和学生都具备一定的问题评价能力,就能及时修正问题、梳理问题系统,确保学习持续有效地进行。课堂评价内容包括:基于学科学习要求和情境内容,评价问题的价值;从问题间的逻辑出发,评价问题的分类和问题间的关系。评价主要以语言交流的方式即时进行,问题的评价者可以是教师也可以是学习同伴。

以本章第一节"高中生物学问题化学习能力目标"(表 10-1)中"能从生命现象'是什么''怎么样''为什么'等视角提出多个问题,并对问题进行分类"和"能基于生物学学科逻辑,说清楚问题间的关系"这两个学习目标为例,我们一起分析评价的发生。

在"蛋白质是重要的生物大分子"一课中,课时情境是单元大情境的发展:某位医学专家建议民众多摄入蛋白质以增强人体免疫力。学生主要提出了以下四个问题,并形成核心问题(图 10-3)。

学科本质是学习中对生物学的上位认识,因此相关评价主要由教师进行。教师指出了学生的问题分别是从生命现象"是什么""怎么样""为什么"等视角提出多个问题的。接着,学生对问题进行分类,如果能先研究人体中的蛋白质功能,再研究摄入充足

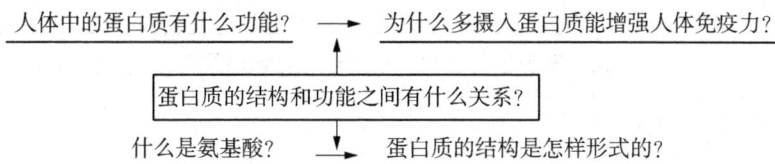

图 10 - 3 "蛋白质是重要的生物大分子"的问题系统

的蛋白质能增强人体免疫力的原因,说明学生遵循了从一般到特殊的学习逻辑;如果能选择先研究氨基酸的小分子组成,再研究蛋白质的生物大分子,说明学生有一定的学科逻辑。这些问题的提出和对问题的认识发生在课堂上,学生在发现问题和提出问题后,以边评价问题边梳理问题的方式,厘清了发现问题的一般方法,提升了问题发现力。

2. 评价学习任务

问题的解决一般以学习任务的开展为途径,因此课堂评价的另一个重点是对学习任务的评价。单个学习任务是解决具体问题的过程,它需要运用探究方法和科学思维以实现相关概念的构建和迁移运用。对学习任务的评价应充分关注和记录学习中的表现,以促进学习过程的优化和改进,并从任务完成的角度评价学科核心素养的达成。

在"蛋白质是重要的生物大分子"这节课上,围绕着情境问题,学生形成了问题系统。问题引导下的课堂学习又形成了四项学习任务,以及一项课后的拓展任务(表10-3)。课时情境和单元整体情境一方面是联动的,同时也根据蛋白质的结构与功能,形成了与提高人体免疫力相关的境脉发展,要求学生基于抗体结构与抗原识别来认识疫苗接种的问题。因此情境、问题、任务间形成了较强的学习逻辑。

表 10 - 3 "蛋白质是重要的生物大分子"的课时学习任务

课时学习任务(蛋白质是重要的生物大分子)
任务 1:找出医学专家强调"多摄入蛋白质能增强免疫力"的原因
阅读教材,结合生活经验和已学知识,交流不同蛋白质的同功能,归纳出蛋白质是生命活动的主要承担者,机体的免疫防御需要足够的蛋白质,为细胞合成抗体蛋白提供原料。
任务 2:概括组成燕麦蛋白的氨基酸在结构上的共同特点

课时学习任务(蛋白质是重要的生物大分子)
阅读燕麦蛋白成分表中几种氨基酸的结构式: ① 列表比较不同氨基酸的相同点和不同点 ② 总结氨基酸通式 ③ 运用氨基酸通式判断不同化学结构是否为氨基酸
任务 3:探讨只依靠摄入燕麦蛋白能否满足细胞合成抗体蛋白的需要
① 播放氨基酸形成二肽的动画,分析氨基酸之间的连接方式 ② 小组合作,利用三种氨基酸(各 3 个)构建肽链 ③ 展示小组作品,分析肽链结构多样性的原因 ④ 观看燕麦蛋白和抗体蛋白的三维结构动图,总结两种蛋白质结构不同的原因
任务 4:探究抗体蛋白的结构和功能的关系
① 观看血红蛋白氨基酸序列改变后引起的结构变化,预测血红蛋白及红细胞功能的改变。 ② 观看新冠疫苗宣传片片段"不同抗体有着识别不同病原体的功能区",分析抗体结构与识别抗原能力相适应的关系
任务拓展:做疫苗宣传志愿者
若你有一个身体健康的亲友不愿打疫苗,你如何从蛋白质结构和功能的角度为他(她)做好疫苗接种的宣传和建议?

据此,评价量表形成了进阶式的测量任务。评价任务的完成情况即评价学科概念的构建程度,学生在完成学习任务时需要运用不同的科学思维方法,承担相应的社会责任。因此评价表也隐含了对核心素养其他方面的测量(表 10 - 4)。

表 10 - 4 "蛋白质是重要的生物大分子"的课时学习评价

课时学习评价(蛋白质是重要的生物大分子)		
学习任务	评价内容	素养表现
任务 1	能举出一两个例子,说明蛋白质具有承担生命活动的功能	归纳与概括
	能举出多个例子,说明蛋白质具有承担多种多样的生命活动的功能	
	能从多个例子中归纳出"蛋白质是生命活动的主要承担者"	
	能用"蛋白质是生命活动的主要承担者"这一概念,解释摄入充足的蛋白质与增强免疫力的关系	概念运用

学习任务	评价内容	素养表现
任务 2	能指出不同氨基酸的相同点和不同点	比较与归纳
	能归纳出氨基酸的结构通式	
	能运用氨基酸结构特征进行分子结构判断	概念运用
任务 3	能描述氨基酸之间脱水缩合的过程	模型与建模
	能搭建出正确的三肽	
	能比较不同小组构建的三肽的不同点	
	能根据建模结果,说出蛋白质结构多样性的原因	
	能解释燕麦蛋白为何不能满足人体细胞对氨基酸及蛋白质的需求	分析与综合
任务 4	能依据血红蛋白结构的变化,说出红细胞可能的功能改变	分析和迁移
	能基于结构与功能观,分析抗体蛋白结构与识别抗原能力的关系	
拓展任务	能关心周围亲友的疫苗接种情况	关注社会议题
	能用通俗易懂的语言解释均衡摄入蛋白质的意义	
	能考虑对方的立场,提出关于疫苗接种的科学合理的建议	

3. 总结评价结果

为更加清晰地描述过程评价中学生基于情境问题的能力发展,在课时学习结束后,教师还应回顾课时学习过程和学习结果,将情境类型、问题与任务的难度以及对应的学科核心素养转化为三维模型,形成更为清晰、可量化的课堂评价结果。

我们将三维模型转换为图 10-4(上)所示的坐标轴序列(X 轴:核心素养;Y 轴:问题与任务;Z 轴:情境类型)。将图 10-3 所示的问题系统及相应任务归入评价模型后,获得图 10-4(下)所示的评价结果。

二、单元评价

单元评价是对单元学习任务的检测,也是衡量单元学习目标能否达成的依据。一

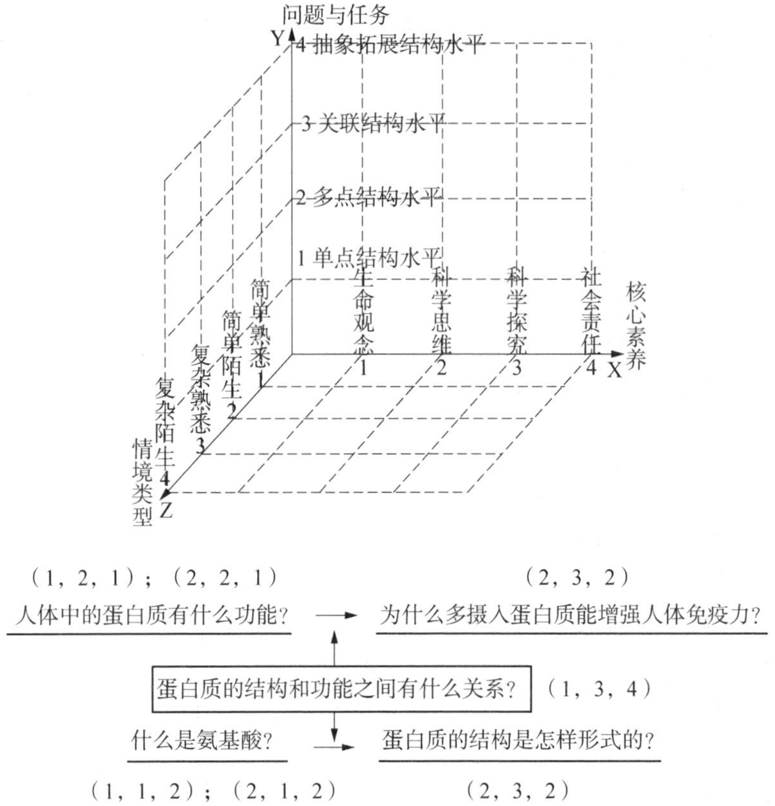

图 10-4 课时学习中过程评价的表现描述

般分为对单元中主要学习任务的过程性评价以及单元学习结束后的结果性评价。与课时学习评价相比,单元评价侧重于单元知识体系的综合理解和运用,更关注发展学生学习能力方面的评价。

以细胞的分子组成为例,根据单元情境,基于高中生物学问题化学习能力目标(表 10-1),将单元问题化学习力制成评价量表。如"问题的发现力"分为五个二级指标,每个二级指标中形成能力进阶的评价内容,可供学生进行自评、互评以及师评(表 10-5)。

表 10-5 "细胞的分子组成"单元问题发现力的评价内容

评价指标(二级)	评 价 内 容
敢于提出自己的问题	1. 能在早餐食物的选择中发现自己感兴趣的问题 2. 敢于说出关于早餐营养的真实困惑 3. 能够明确自己的困惑与哪些学科知识、概念的学习有关 4. 能提出自己的问题,依据"细胞的分子组成"的学习内容判断问题的重要性
能够提出有价值问题	1. 能基于事实和证据,厘清并提出体现学科视角的问题 2. 能基于结构与功能观,提出有探讨价值的问题 3. 能结合单元或课时核心概念,提出有核心价值的问题 4. 能提出有社会意义的、辩证的问题
能够提出系列问题	1. 面对饮食健康的情境或现象,能提出多个问题 2. 能从生命现象"是什么""怎么样""为什么"等视角提出多个问题,并对问题进行分类 3. 能基于探究的逻辑或论证的逻辑进行思考,提出问题
能够清楚地表达问题	1. 能运用生物学术语将自己的问题表达完整,让他人明白 2. 能基于生物学学科逻辑,说清楚问题间的关系
能够理解倾听他人问题	1. 能倾听他人提出的问题,并基于生物学知识理解问题 2. 能及时记录并基于生物学知识分析他人的问题 3. 能通过列表、关系图或符号等进一步表征描述问题,提炼问题中的信息

在单元学习结束后进行实践类的结果性评价,具体内容如下:

在周末为家人做一顿营养合理的早餐,制作包括照片、营养成分说明及家人评价的视频或图册上传到班级群;在班级群照片中根据评分评价说明(表 10-6)对同学的早餐制作任务进行评价。

表 10-6 "细胞的分子组成"单元的单元作业评价说明

内容	评价说明	得分	满分
早餐制作	早餐中营养成分合理,如有淀粉等糖类物质、纤维素、充足的蛋白质、水;各营养成分配比合适,不选择高糖高脂的食物,如高糖饮料、油炸食品等	40	40
	早餐中营养成分合理,如有淀粉等糖类物质、纤维素、充足的蛋白质、水;各营养成分配比不合适,某种营养成分的食物含量过高或过低,如以高糖饮料代替水	30	

内容	评价说明	得分	满分
	早餐中营养成分不足,如只有粥、馒头等淀粉类食物,缺少纤维素或缺少蛋白质;各营养成分配比不合适,某种营养成分的食物含量过高或过低,如以高糖饮料代替水	20	
营养成分说明	准确使用生物学术语进行营养成分说明,语言表达流畅、重点突出、逻辑清晰	40	40
	准确使用生物学术语说明营养成分,重点突出、逻辑清晰	35	
	能使用生物学术语说明营养成分,重点较突出、逻辑较清晰	30	
	能使用生物学术语进行营养成分说明	25	
早餐呈现	早餐照片能清晰反映早餐食物内容,并呈现家人评价或建议	20	20
	早餐照片能清晰反映早餐食物内容	15	
	早餐照片能反映早餐食物内容	10	

三、考试评价

以纸笔测试为主的结果评价,关注评价学生在完成学科任务过程中的核心素养表现,试题或者作业中的学科任务均基于不同水平的问题情境。以下为三维学习评价模型指导下的命题示例[①]。

玉米是重要的粮食产物,土壤氮量能作为化学信号,影响玉米的代谢和发育。低氮(NO_3^-)条件下玉米的根系生长较快,图 10-5 是 NO_3^- 对玉米根部细胞中生长素合成基因(M 基因)部分碱基序列的影响。

1. 植物细胞中需要氮元素的物质有:＿＿＿＿＿＿＿＿＿（编号选填）

A. 葡萄糖　　B. 脂肪　　C. 胆固醇　　D. ATP 合酶

2. 能说明生长素合成基因表达量变化的物质是（　　）

A. M 基因数量　　B. mRNA 数量　　C. tRNA 数量　　D. rRNA 数量

3. 土壤氮条件对玉米根部细胞的影响正确的是（　　）

---

① 试题为 2023 年上海市长宁区高中生物高三教学质量检测试题,作者原创

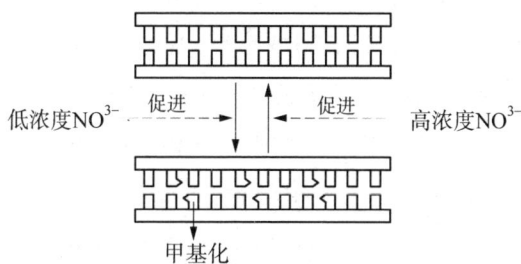

图 10 − 5　NO$_3^-$对玉米根部细胞中生长素合成基因部分碱基序列的影响

A. 土壤氮量改变了生长素合成基因的碱基序列

B. 低氮条件改变了生长素合成基因遗传信息的传递方向

C. 高氮条件抑制了生长素合成基因的转录

D. 低氮条件和生长素对根的生长具有协同作用

某研究小组通过大田试验,研究某玉米品种在不同种植密度及施氮条件下灌浆期的叶片光合作用能力。

种植密度:87 000 株/hm²(D1);99 000 株/hm²(D2);

施氮水平:不施氮(N0);360 kg/hm²(N360);

检测方法:在叶表面安装可检测 CO_2、CO、H_2O、N_2O、NH_3 气体量变化的仪器。

在晴朗天气条件下实验并处理数据,绘制玉米叶片的净光合速率(P_n)如图 10 − 6 所示。

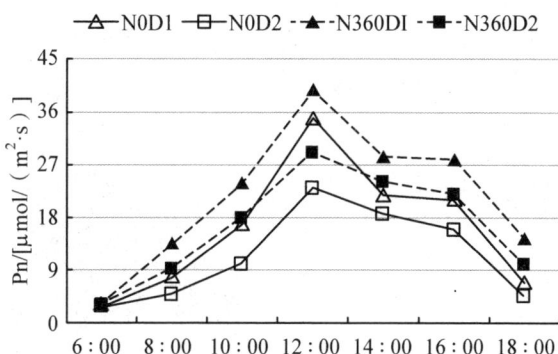

图 10 − 6

4. 根据实验检测方法,实验可获得的数据有(　　)(多选)

A. 检测白天 CO_2 的吸收速率,得到净光合作用速率的数据

B. 检测白天 CO_2 的吸收速率,得到总光合作用速率的数据

C. 检测夜间 CO_2 的释放速率,得到呼吸作用速率的数据

D. 检测白天 O_2 的释放速率,得到净光合作用量的数据

5. 研究者欲增加施氮水平为 $180\,kg/hm2$ 的低氮组(N180),以证明玉米对低氮环境的适应能力。请预测该组实验的结果,并分析产生该结果的原因。

分析上述的 5 个小问题,并在三维学习评价模型中找到对应的坐标点。从图 10-7

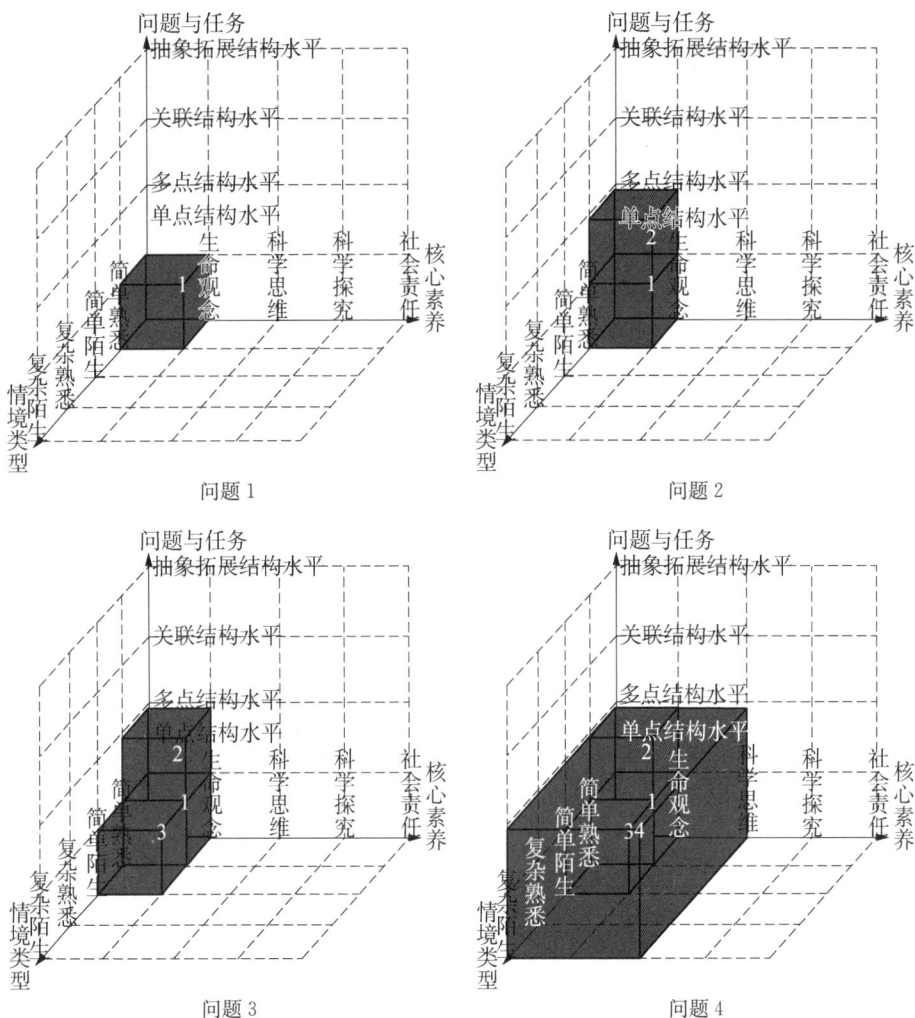

问题 1

问题 2

问题 3

问题 4

境脉课堂——高中生物学问题化学习

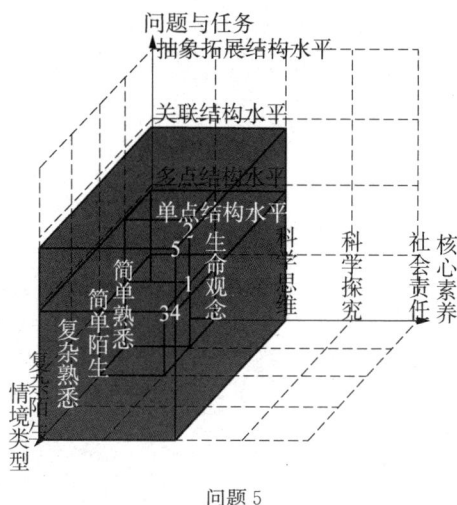

图 10-7 对一道综合试题的评价表现描述

的坐标点连续变化来看,试题能很好地反映问题情境从熟悉到陌生、从简单到复杂的要求,问题与任务主要指向了生命观念和科学思维的素养考查,其难度也呈现出三个水平级的梯度上升。

用该模型测量学生个体的答题情况,可具体评价学生个体的学科关键能力发展水平。学生学习结果的止步之处,正是后续境脉中学习活动及学习任务设计的起点位置。

本章小结

◎ 在实施以导向学科核心素养落实为目标的问题化学习评价时,可根据高中生物学课程标准的学业质量水平要求确定评价方式、评价内容和评价深度。针对学习要求的不同水平级,设计了简单熟悉、简单陌生、复杂熟悉、复杂陌生四个难度梯度的学习情境,依据问题化学习能力目标,形成问题及问题导向下的学习任务,并将评价嵌入和融合在发现问题和解决问题的过程中,从而形成"情境·问题与任务·素养"的整合性评价。

第十一章

境 脉 与 课 程 生 态
—— 适 应 未 来 社 会

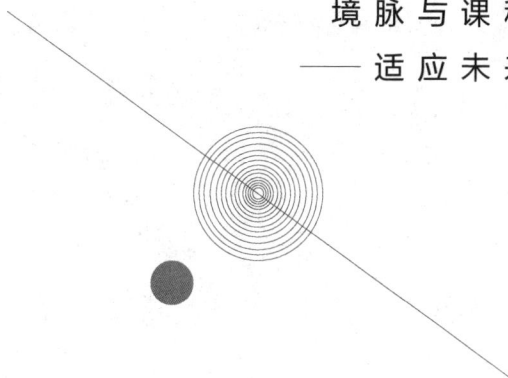

堂前燕问

◎ 如何基于具体境脉促进课程校本化?

◎ 如何依托境脉形成学科课程生态?

本章图示导读

在发生什么
要解决什么

目前有什么
能发展什么

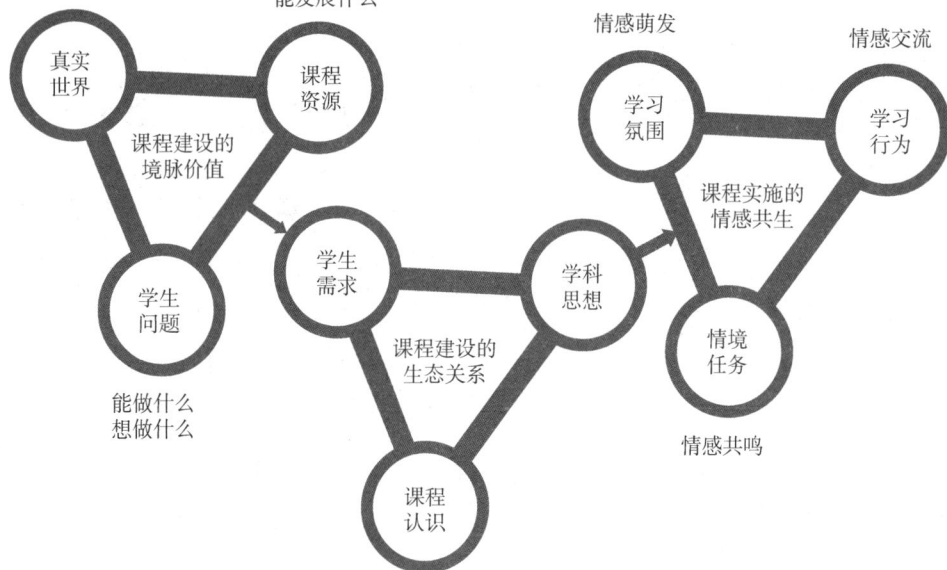

情感萌发

情感交流

真实
世界

课程
资源

学习
氛围

学习
行为

课程建设的
境脉价值

课程实施的
情感共生

学生
问题

学生
需求

学科
思想

情境
任务

能做什么
想做什么

课程建设的
生态关系

情感共鸣

课程
认识

第一节
课程建设中的境脉价值

一、应"境"整合课程资源

2019 年，国务院办公厅印发了《关于新时代推进普通高中育人方式改革的指导意见》，提出了"深入推进适应学生全面而有个性发展的教育教学改革"的要求。国家课程校本化实施正是在统一课程目标下，寻求育人方式多样化和学生个性化发展的必然路径。境脉视域下的课程建设，需以学生所处的社会、自然、科技、文化等多重因素为课程底蕴，使课程建设能够与时俱进，服务于学生的素养提升和全面发展。课程资源是课程设计、实施和评价等整个课程编制过程中可资利用的一切人力、物力以及自然资源的总和。[1] 课程建设离不开对课程资源的整合、优化和应用。

课程资源整合要"应教师专业之长"。教师不仅是学科课程资源的主要开发者，自身也是课程中最宝贵的资源。随着年轻教师的不断加入，高中生物学教师队伍呈现出教育程度高、专业领域多样化的特点。一批具有生物信息学、分子生物学、生态学等不同学科背景的教师，为课程资源建设提供了多样化的选择。教师专业之长在课程境脉中具有重要价值。

例如，在教育数字化转型的浪潮中，专业数据库已成为高中课程资源的重要组成部分，教学中对蛋白质结构数据库（PDB）等分子生物信息数据库的使用需求越来越多。在当前课程背景下，具有生物信息学背景的教师能在课程建设中提供专业建议和技能展示，这无疑将提高数字化技术在课程中的使用效率。

又如，沪科版新教材增加了生物技术与工程部分的实验课时，细化了 PCR 等实验操作要求。分子实验的相关技术更新快，操作要求高，相当一部分教师对此已经感到陌生，课程实施面临一定的困难。而有些学校能关注到这一问题，为课程实施配备了具有

---

[1] 继存,段兆兵,陈琼.论课程资源及其开发与利用.学科教育,2002(02):1—5+26.

分子生物学背景的教师,补足了课程所需的师资力量,为课程的顺利实施奠定了基础。

课程资源整合要"应校内课程资源之利"。校内的课程资源包括了生物学实验室、智慧教室等课内设施,以及校内展厅、教室板报、校园动植物等课外设施及环境,还有学工、学农等大型社会实践活动,校运动会、劳动教育等学校常规活动。这些硬件设备、学校环境及学生活动,是课程境脉中较为稳定的一部分。因此,教师可对这些课程资源做好中长期的使用规划。

例如,有的学校在开展劳动教育的过程中开辟了校内的微型种植园。作为生物教师,一方面要参与到劳动教育中去,提高学生科学劳动的能力;另一方面,可把种植园转化为课程资源,如植物的光合作用,细胞的分裂、分化、衰老和死亡,遗传规律,可遗传变异,植物生命活动的调节等内容的学习都可以就地取材,使课程融入校园、融入学生生活。

课程资源整合要"应校外课程资源之势"。在全社会高度关注教育的今天,对每个学科来说,校外课程资源都是极其丰富的,教师应根据课程规划做好梳理。

校外场所资源可以是学生日常所处的家庭及社区环境,也可以是生态公园、博物馆、科技馆、生物技术产业园区、现代化农场等设施。在单元长作业或假期学科实践中,可根据课程进度选择相应的场所开展课外学习,以此作为对课堂学习的有益补充。例如,在学习细胞的分子组成时,食物营养是典型的学习话题,学生可以把所学知识用到家中的厨房、餐桌上;在学习生物的进化时,利用周末时间参观自然博物馆中地球各时期的化石,更直观地认识漫长的进化历程;在学习生态系统时,从上海崇明东滩的鸟类保护区到城市社区的生境花园,都是认识生态系统和生物多样性的真实资源;在学习生物多样性时,上海市长宁区的社区书院中展出的汇集了非洲、南美洲等各地蝴蝶的"世界名蝶展"(图 11-1)[①],是

图 11-1 社区书院"世界名蝶展"

---

① 照片来源:上海长宁公众号。

非常珍贵的教学素材。

校外人力资源可以是家中的亲友长辈,也可以是科研机构的专家、技术人员。家中长辈口耳相传的生活经验为何有效?有何问题?在请教和辨识中,学生完成了对知识的真正应用;而全社会都在关注的一些生物学问题,如传染病防控、器官移植、食品安全等,可以通过相关学科专家的讲座和指导来开拓学生眼界,增强学生学习生物学的兴趣和信心。

课程资源整合要"应数字化资源之便"。网络已经使地球成为了"地球村",在课堂中学习的学生可以直接联网使用国外 PDF 蛋白质数据库、SWISS-MODEL 蛋白质在线建模工具。当然,丰富的社会信息资源存在良莠不齐的问题,可能对学生的课内学习产生误导。网络媒体环境的复杂性、信息资源的良莠不齐对学习过程和学习资料的使用都有一定的负面影响。因此,在引入数字化资源时需做好更充分的准备。

一方面,课程建设应储备一些权威学习网站或生物类专业网站,以简化媒体渠道,减少搜索引擎中广告等无关信息的干扰。例如,教材在"蛋白质和核酸是重要的生物大分子"的广角镜栏目中,提供了蛋白质数据库(Protein Data Bank)网站信息,供学生查询各种蛋白质的空间结构模型,这无疑为学生打开了国际专业性数据库的大门。教师可向学生推荐一些备用信息源,如适合自主学习的国家中小学智慧教育平台、用于学科专业查询的转基因生物查询数据库 ISAAA(国际农业生物技术应用服务组织)等。

另一方面,课程实施时应引导学生通过辨识网络媒体的学科专业性来区分信息源的可信度。以微信公众号为例,学生可查看公众号的认证类型及认证主体信息。公众号认证类型包括政府、事业单位、企业、媒体等,个人账号则无法认证;认证主体既有专业的科学组织、科研单位、期刊杂志,也有从事经营业务的公司等。例如,"科普中国"的认证类型是政府,认证主体是中国科学技术协会;"上海自然博物馆"的认证类型是事业单位,认证主体是上海科技馆;"梦飞科学艺术空间"是个人自媒体,可查得作者信息为复旦大学生命科学院卢宝荣教授。显然,这些公众号的信息源具有较高的专业性和可信度。

二、顺"脉"发展学科育人

我们提出国家课程的校本化实施,鼓励形成学科校本课程。何为"校本"?"校本"即以学校为本,学校以学生发展为本,而发展学生以学科育人为本。因此,无论是国家课程的校本化实施或是校本课程,其课程建设的目标都要符合当前社会对教育的期待,顺应社会境脉培育国家和社会需要的人才。学科育人的顺"脉"发展,即基于学生学情和境脉资源来实施国家课程。

实施校本化的学科课程能为学生今后的专业化发展和社会性实践提供初步体验。实施的重点不在于增加理论知识的学习,而在于实践中的知识活用。从学科学习的发展来看,选修课程、综合实践活动课程中的研究性学习以及劳动课程都可以从学科课程的境脉中延伸形成。

首先,课程建设应该关注社会对学习内容的需求,使课程建设与真实世界在"发生什么""关注什么""解决什么"这些外部境脉紧密联系起来。这样的课程内容既能激发学生的学习热情,也能起到价值观的引领和导向作用。例如,一些突发的公共卫生事件会引起全社会对传染病与防控的关注,社会、社区、家庭都需要科普一些相关的知识,校本课程可以据此进行课程规划与更新,并形成参观、宣讲、海报展示、社区服务等实践性质的学习活动。

其次,课程建设应充分利用学校资源中的"有什么""能发展什么",形成课程建设的内部境脉。校本课程的建设不是"空中楼阁",而是多样化学习空间、师资力量、文化传承等各类资源融汇的结果。系统地考虑这些内部境脉对课程建设的作用,才能内外联合、合理布局,形成具有区域特色的课程体系。比如,在学习活动中,要求学生收集关于"公众如何看待转基因食品"这一生物学议题的社会反响时,学生通常会通过网络检索新闻网站、评论类网站以获得不同的看法。但是,只有多渠道的调查才能听到不同立场的声音,形成批判性观点。教师应建议学生采访学校中的其他学科教师、社区邻里、家庭成员,使学习和研究发生在当前的社会境脉中,而非局限于特定人群的网络中。

最后,从学生的"能做什么""想做什么"出发,使课程与学生各方面的兴趣、爱好、需求相适应,贴合学生的"心境"。在"以学为中心"的课改理念的引导下,课程内容应趋向多元化,使各类学生在面对课程时都能有所选择、有所热爱;学习活动形式应趋向多样化,使不同学生都能有所作为、有所收获;学习评价应重视过程性评价、增值性评价,使评价在校本课程的实施中真正起到促进学生发展的作用。

第二节
依托境脉形成课程生态

一、课程各要素的生态关系

生态学思想是生物学发展中独特的思想。生态学思想关注个体与群体的关系、群体与环境的关系，重视生态系统的整体性发展和各种组分之间的相互作用。在基于问题化学习的课程实施中，课程、教材、教师、学生及学习环境之间也形成了相互作用、结构完整的生态组织。从境脉的视角看课程的生态建设，是教师、学生、环境、资源等学习全要素的交融，课程学习的目标是促进学习者在社会境脉、生活境脉中的持续发展、终身发展。

学科课程是围绕学科知识的学习和学科能力的发展来设计学习活动的。学习者基于"心境"和"学科情境"进行问题探索，建构概念、内化知识、解决问题。在课程建设中，可以通过区域、学校、学生的内部力量来支持课程的校本化实施，建设或完善区域或学校的学习环境、学习条件，以满足学生的内在需求，形成从内到外的、适切的外部境脉，助力学科课程目标的实现。同时，也可以借助生物学思想，如系统性、协调性、自组织等特征，来塑造学生的品格和学习生态。此外，拓宽课程实施者——教师的课程认识，也是提升课程品质的重要途径。

1. 基于课程目标厘清学生学习需求

现行的高中生物学课程标准提出了五个方面的课程目标：对生物学学科价值的认识和认同、探索生命规律的愿望和能力、面对生物学议题的思维方法、解决现实问题的探究方法以及生物学学科实践的意愿和责任感。这些课程目标贯彻了课程理念，注重学生的发展。而学生的发展离不开其内在的发展愿望和发展倾向。只有将课程目标转化为学生内在的学习需求，才能形成课程生态的底蕴。因此，教师必须将课程目标与学生学习的内在需求紧密联系起来，形成一份终点明确、路径清晰的学习地图。在思考如何达成课程目标时，必须以学生的内在需求为先，使课程目标得以转化、分解、形成学生的学习目标。

首先，学生有实验探究的需求。人类对未知事物总是有着天然的好奇心和探究欲望，这在生物学学科中表现得尤为明显——实验课总是最受学生欢迎的。教师在思考课程目标的落实时，应把学生对课程中实验学习的强烈需求和实践愿望作为助力，精心组织常规实验课的实施，并设计课外小实验，以满足学生需求，提高学生的探究能力。

其次，学生有健康生活的需求。在生物学的学习中，研究"自己"是常态，并且研究涉及衣食住行的方方面面。学生基于自身的生活经历，会关注到很多健康生活方面的问题，如科学饮食、运动健身、医学治疗等。教师需要发现和厘清学生的"心境"需求，通过情境设计使学生需求转变为运用生命观念来解释生命现象、探索生命问题的过程。

再次，学生有社会参与的需求。在网络条件下，信息传播速度加快，学校的围墙被打开，四面八方的信息是学生期望接收又不知如何处理的。在落实课程目标时要关注到学生的现实困境，提倡学生基于学科认识引用信息，辨别信息真伪。面对伪科学信息或公众认知误区等社会性议题的挑战时，学生要敢于用学科知识进行解释和澄清，在信息传递中承担公民责任。

最后，学生有审美的需求。生物学本身具有美的特征，如生命形态的精致之美、生命活动的和谐之美、生命规律的逻辑之美等。而科学研究则展现出了人的美德，如持之以恒、勤奋刻苦、谦逊坦荡等人格之美。课程学习不仅要帮助学生学会欣赏自然之美，更要鼓励他们崇尚科学精神之美。这样，学生才能在学习境脉中产生美的情感体验，面对学习困难时才能有坚定勇敢的品格，课程教学也才能达到立德树人的根本目标。

2. 基于学科思想建设群体学习生态

人教版高中生物学教材中有小诗云："威震山林也有衰亡时刻，群体共存才有生命长河。"生命不能脱离群体独立存在，生物学的学习中蕴含着对生态学思想的理解和认同。在课程实施时可从微观水平到宏观水平逐步培养学生的合作意识和群体意识，形成特有的学科学习生态。

从分子和细胞的微观水平看，细胞虽小，但其结构之复杂、功能之精巧是任何人造的机械不能及的。在必修I《分子与细胞》、必修II《遗传与进化》两大模块的课程实施中,应引导学生以类比等方式关注各细胞结构在执行功能时的分工与合作。如以快递员类比起到运输作用的囊泡,通过设想快递员因健康问题无法工作的后果,认识囊泡在细胞内蛋白质合成与分泌时的不可或缺。学生不仅能就此感悟到各细胞结构分工又合作的必要性,还能进一步意识到学习中每一项任务的完成都离不开群体内不同个体的分工协作,从而形成合作精神。

从个体水平来看,人体内环境稳态的维持需要不同系统共同发挥作用。可以让学生分组代表不同的人体系统,列举"自己"对内环境稳态的贡献,如免疫系统为内环境清除细菌病毒等异物,神经系统和内分泌系统为机体各组织和器官传递信息、调节各种代谢活动等。各组学生再谈一谈"自己"的受益之处,如稳定的血糖为各细胞提供了持续的能量来源,稳定的渗透压有助于维持细胞特定的形态。通过辩证地认识内环境稳态中各系统的共建和共享,学生可以理解学习的开展乃至社会的发展都需要共建共享才能实现持续和稳定。由此建设学习共同体,形成合作解决问题的学习形态。

从生态系统的角度看,生物间既有竞争淘汰也有包容共生。在学习种群时,可引导学生思考:"资源的有限性导致了个体间的种内竞争,那么独占资源是否对个体生存更有利呢?"在学习群落时,可形成议题:"要保护一个种群,是否应该除去对其有害的各种种间关系呢?"通过这些问题启发学生认识到生态系统中整体与部分、部分与部分、整体与环境间的协调统一,并进一步思考个体之间、群体之间存在竞争的合理性以及互相依存的必然性,从而认可并欣赏群体中的其他人,学会感恩群体、服务群体。

3. 提升教师课程认识,提高课程实施品质

课程实施的品质很大程度上取决于学科教师对课程的认识以及将宏观目标转化为微观实践的能力。学科教师的专业水平越高,对课程的认识越充分,课程推进的动力就越大。对于教师而言,如果课程只是由一节节的课时组成的,那么课程实施就好比走进了杂乱的树丛,教师和学生都有可能迷失方向。因此,教师应具有"一览众山小"的课程视野,把握国家课程与校本课程之间一般与特殊的关系、不同学科课程之间联结和渗透的关系,并根据具体的学习境脉调整课程的校本化实施方案。

教师需要将课程实施的环境从学校扩展到社会。课程实施者的目光必须从狭义的、基于学科学习的课堂境脉扩大到广义的、基于社会的区域境脉。课程校本化能给

予学生更多的机会参与社会实践,是将学习活动进一步融入社会境脉的途径。因此,教师要突出课程中的社会实践内容,形成境脉化的课程特色。

教师需要将课程实施的方式从学科学习扩展到跨学科学习。教师应关注课程实施中的两个要素:一是如何运用跨学科概念促进诸多问题间的横向联结,或以跨学科思维促进问题的纵向深入;二是如何促进学生在问题导向中逐渐独立于教师指导,进入自组织的学习状态。前者有助于学生形成多视角、多方法并存的思维方式,后者有助于学生更为独立地、辩证地看待和解决真实世界的问题。

二、课程实施促进情感共生

共生是一个生物学概念,原指不同生物间通过相互帮助形成的对彼此有利的关系。课程学习的最终结果指向了人的发展。而在人的发展中,知识、技能、思维等都会内化为个体独有的能力,唯有情感的发展,从产生到表达都需以特定环境下个体间的相互影响为背景。在课程实施中实现情感共生,能促进学习群体的社会责任意识和社会担当,这是课程育人的价值所在。在问题化学习的课程境脉中,我们关注了课程实施时学习氛围、学习行为、情境任务三个方面的学习要素,探索了生物学课程中的情感共生(图 11 - 2)。

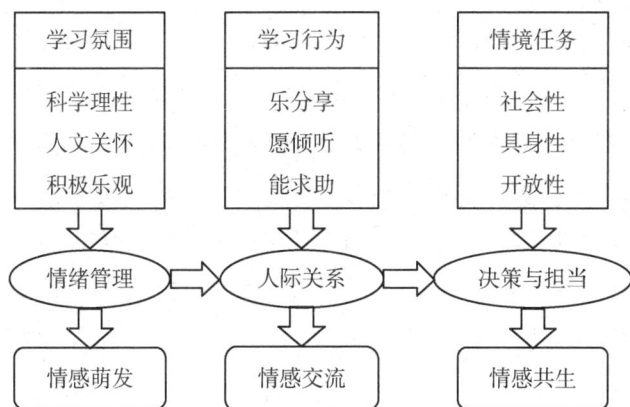

图 11 - 2　课程学习活动中的情感引导

1. 以学科学习氛围催化情感萌发，引导情绪察觉与管理

良好的学习氛围能引导学生调节自己的情绪，因此教学中应贴合生物学的学科特征进行氛围创设，促使学生在学习活动中投入恰当的情感，增强情绪的自我察觉和管理能力。

理性是科学的核心品质，科学理性是生物学学习的显性氛围。科学理性意味着学生能基于科学知识和科学方法认识事物，面对问题时保持冷静和客观的情感态度。例如，在学习进化论时，教师将当时社会环境下大多数人对达尔文进化理论的反驳和嘲讽作为科学史背景，详述达尔文坚持长期自然考察、寻找生物进化证据的历程，帮助学生感受科学家在遭遇质疑时实事求是的冷静态度，形成"基于事实和证据提出观点"的理性氛围。由此启发学生反思自己遇到挫折和质疑时的情绪变化和行为反应，将理性的心理品质逐渐烙印在学生的社会情感能力中。

科技发展的目的是服务于"人"，人文关怀是生物学学习的隐性氛围。人文关怀意味学生应关注人和其他生命的生存状况、生存条件，并对生命的价值和意义产生思考和关切。例如在学习免疫调节时，可以让学生回家找一找儿时的疫苗接种卡，查一查我国的儿童疫苗接种方案，听父母讲一讲自己童年接种疫苗时的趣事。在温馨的氛围中，学生可以感受到国家对人民生命健康的重视，以及父母在抚育子女过程中的辛劳。营造人文关怀的学习氛围，有助于改变部分学生冷漠自私的情感状态，涵育良善、友爱、感恩的情感品质。

积极乐观是生物学学习的氛围底色，它蕴含着蓬勃的生命力，并传递着积极的人生观。积极的情绪促使学生更愿意思考事物的积极面，而乐观的状态则促使学生对未来保持信心，愿意付出努力并勇于面对失败。例如，在学习"细胞的衰老和死亡"时，教师可以以秋天金黄色的森林为课引，虽然叶片衰老凋零，但课堂并未因此变得消极低迷，反而呈现出树木顺应时节变化的和谐之美。再展示来年春天绿意盎然的森林，学生便能感受到"春风吹又生"的蓬勃生命力。这样的学习氛围能让学生以辩证的思想和发展的眼光看待细胞的衰老和死亡，从而在情感迁移中形成积极乐观的情感状态和处事态度。

2. 以交互性学习行为促进情感交流，引导人际沟通与协作

集体学习中的学习行为兼具独立性和交互性，这为发展人际关系技能提供了机会。教师可以结合教学内容的实施，引导学生间良性互动的发生和发展。

表达自己的问题和观点是增强学生学科学习自信的重要途径。学生不敢表达的原因一般包括对表达内容的不自信以及缺乏表达技巧。表达是从思维组织到语言输出的过程，而思维组织能力与学科素养密切相关。因此，教师在引导学生表达观点时，应提供学科方法的指导。例如，在指导学生讨论"疫苗的有效性"时，教师可以给出两个提示：一是通过列举并归纳生物学事实来得出结论；二是运用结构与功能观来推测病毒结构与疫苗作用的关系。这些科学思维方法和生命观念构建的表述支架能够增强学生的表达逻辑性和科学性，而有理有据的陈述则能增强学生的生物学学习自信心以及分享交流的意愿。

倾听他人的观点是提高合作沟通效率的关键。"倾听"比"听"更包含了理解他人意思的能力和面对分歧时的耐心。评估活动方案、解决合作中的分歧等学习过程都需要学生能够听见并融汇同伴的想法。因此，教师可以根据学习活动的类型提出"倾听"的具体要求，让学生学会将别人的观点"入耳入心"。例如，在"制作真核细胞的结构模型"的展示交流环节，学生需要书面记录发言者的表述要点，以锻炼倾听时的理解能力；同时找出与自己相同的观点、分析不同的认识，以增强倾听时的耐心。有具体要求指向的"倾听"有助于在合作中建立共识、协商冲突，从而提高沟通效率。

求得他人的帮助是增强合作学习黏性的有效方法。学习倦怠感会导致学生在遇到困难时随波逐流、回避求助，而长期的网络虚拟环境也会增强学生的现实交际恐惧，导致他们不愿开口求助。因此，教师可以在发布合作任务时预设互助途径，让学生先适应接受帮助再学会主动求助。例如，在学习显微镜操作时，教师可以在每个实验组中指定一名操作相对熟练的学生为实验助理，负责询问同伴的操作进展并帮助解决技术问题。然后，在不同的实验中更换实验助理，使接受帮助和帮助别人成为课堂常态。这样一来，学生关系会变得更为融洽和谐。你来我往的互助形成了合作学习的情感基础，"求助"作为情感黏合剂，有效增进了学生间的相互了解，让他们学会在遇到学习困难时找到合适的同伴提出合理的请求。

3. 以真实情境任务促进情感共鸣，引导个人决策与担当

学习活动的情境应紧密联系当下的社会问题以形成真实的学习任务，以此促进学生情感发展与学科学习的融合，并以理性的认识和判断为基础作出对自身、对社会负责任的决策。

　　设计社会性学习情境是增强个体判断意识的有效手段。生物学相关的社会议题涉及身体健康、环境质量、农业生产、医疗技术等多个方面，而媒体形式的泛滥造成了伪科学观点的快速传播，因此教学中有必要联系社会实际创设情境以实现学科学习的现实价值。如在学习血糖平衡的调节时，教师以网络上流行的"抗糖饮食法"为情境引入，通过血糖的作用、血糖的平衡等内容的学习，引导学生探讨拒绝主食、水果等糖分摄入对人体健康的影响，提高学生对网上各种养生、减肥食谱功效的警惕和甄别能力。社会性情境为学生提供了运用生物学原理认识社会议题的学习环境，学科素养的落实则提高了学生判别真伪的意识和能力。

　　设计具身性学习任务是增强个体实践意识的重要途径。具身认知理论认为人的身体在认知过程中起到了非常关键的作用，认知是通过身体的体验及其行为活动方式而形成的。[①] 身心一体，情感体验才能付诸有意义的行动。因此，情境下的学习任务应提供学生具身实践的机会。例如，在学习"细胞的分子组成"时，教师布置了"为父母准备一顿营养早餐"的长周期作业，要求学生结合家人的健康状况准备家庭早餐，并说明早餐中的营养成分。学生既要了解家中长辈是否有食物忌口问题，又要查找不同食物中各种有机物的含量，还要形成食物搭配方案并选择合适的烹饪方式动手实践。具身性的学习活动使个体判断转化为个体行动，在行动中增强了学生的实践意识。

　　设计开放性决策问题是增强个体担当意识的有效策略。应试造成的"非此即彼"的决策思维往往是单一结构的，很难全面考虑到真实问题中各因素的相互关联。教学中应适当引入开放性决策问题，通过多方面、多层次地分析问题和解决问题来增强个体的责任担当意识。例如，在探究活动"调查身边的环境问题"中，无论是调查水质状况、空气质量或其他环境污染问题，都需要引导学生从居民个人、企业、政府管理部门等多方面溯因。在运用生态学知识提出缓解或解决环境问题的对策时，也要考虑决策对居民生活、企业经济等各方面的影响。开放性的决策问题能促使学生产生情感共鸣，认识到社会决策中蕴含着多方面的责任担当。

---

① 叶浩生.具身认知：认知心理学的新取向[J].心理科学进展,2010,18(05):705—710.

第三节
境脉学习的国际课程样例

一、课程目标发展

尽管不同国家及地区的学生共享着学科的基本知识和技能，但他们各自的学习背景和学习经历却大相径庭，从而形成了各具特色的学习境脉。诸如国家和地区的教育制度、文化传统、社会发展水平以及国际交流与合作等多重因素，均对学科课程目标的制定产生了深远的影响。

1. 培养全球化境脉下的学习能力

在经济发达的国家和地区，课程目标往往融入了全球一体化的社会境脉。这里所指的全球化境脉，并非仅仅传授不同国家的地理知识和国家概况，而是要求超越表面层次，掌握深厚知识、具备批判性评估能力和文化意识。罗克赫斯特大学的菲茨帕特里克等人（Fitzpatrick L E 等人）指出，为了在全球化的境脉学习中取得佳绩，课程目标设计的关键在于提升认知学习层次、培育批判性思维，并融合社会中心与非社会中心思维。这三个基本要素共同构成了全球化境脉学习的核心。[①]

例如，非社会中心思维强调在课程中培养学生的独立性和多元性思维，鼓励他们跳出社会框架的束缚，以更宽广和深入的视角去审视和解决问题。这种思维方式倾向于挑战现有的社会共识，探索新的可能性和解决方案，与批判性思维和创新思维的培养相辅相成。

2. 认同地区文化境脉的价值

在全球化浪潮的席卷下，教育同样致力于地区传统文化的传承与发展，并在课程设计中增添了认知、认同及尊重地区文化的目标。众多研究者试图通过境脉学习的途

---

① Fitzpatrick L E, Mcconnell C. Intentionally Evaluating Course and Project Design for Achieving Global Contextual Learning [J]. Journal of Instructional Pedagogies, 2012(07):n. pag.

径,引导学生深入思考地区文化的内涵与价值,理解其在社会发展中的重要意义和作用。将蕴含地方文化特色的日常生活境脉作为学习背景,激发学生的关注和探索热情,推动传统文化的繁荣发展。

例如,在面对同性恋、跨性别者等社会教育问题时,印度尼西亚的祖尔法(Zulfa)提出了一项基于当地米南卡保文化(Minangkabau Culture)的境脉学习方案。该方案以当地传统文化为学习的社会境脉,让学生通过家庭环境或米南卡保社区生活来独立识别生活价值及品格价值。通过参与合作任务或社区集会等实践活动,学生得以适应米南卡保文化习俗,强化文化认同,从而在传统文化境脉中塑造性格、认同身份。①

二、课程实施策略

在不同的国家和地区,基于学习境脉的课程实施有两个共通点:强调学习的有意义的发生——在真实的境脉中学习,强调问题在学习中的重要性——经常使用 PBL 等学习模型促进学生探索境脉问题。

1. 跨学科课程策略

为了使学生更好地适应未来社会,学校课程需要提供更真实的跨学科学习体验。以真实的社会境脉作为跨学科课程的学习背景,能激发学生的学习兴趣、提升学习效果——这一观点正在被越来越多的教育研究者所认同。

加拿大公立大学皇家山大学的研究者 Rathburn M K(2015)提出在科学和数学素养课程中,将课程内容与社会、全球问题以及日常生活联系起来,从而提高学生对知识的理解和应用能力。作者对课程中的每个主题进行了境脉化处理,以实例说明不同的科学方法、数学思维与技能的重要性。如利用福岛核灾难来教授关于核能运用的物理学、关于海啸的地理学、辐射对人类的影响以及放射性物质指数衰变的数学原理等。② 作者提

---

① Zulfa. Pembelajaran Kontekstual Nilai-Nilai Karakter Mata Kulih Budaya Minangkabau Sebagai Penguatan Identitas Kebangsaan [J]. Journal of Moral and Civic Education, 2019,3(1):38 - 47.

② Rathburn M K. Building Connections Through Contextualized Learning in an Undergraduate Course on Scientific and Mathematical Literacy [J]. International Journal for the Scholarship of Teaching and Learning, 2015,9(01):11.

出了通过境脉学习将知识和技能（通常是阅读、写作和数学）与对学生有意义、有价值的社会境脉、生活境脉联系起来，通过专注于学生感兴趣的特定境脉中的学科知识应用来进行教与学。

2. 以 PBL 促进境脉中的可持续学习

在课程中强调可持续学习，旨在培养学生的终身学习能力。可持续学习通过学习过程中的反思和改进，不断发掘学生的学习潜力，使他们逐渐具备自主学习的能力，从而更好地适应社会发展。适切的学习境脉能激发学生的学习兴趣，促进知识的内化和迁移。在"境脉"和"可持续学习"这两个要素间，国外许多学者都强调了"问题"在课程实施中的重要性。

丹麦奥尔堡大学奥尔堡工程科学和可持续性问题学习中心的两位教育研究者艾达·格拉（Aida Guerra）和杰特·E. 霍尔加德（Jette E. Holgaard）在课程实施中发现，尽管学科课程会概述领域内的理论和实践过程，但学生还需要通过识别和解决真实问题来获得课程学习中的个人经验。作者提出，以 PBL 作为促进可持续性的境脉学习的方式，能够让学生通过识别、分析、制定和解决真实问题激发他们的积极性，将理论与实践相结合，深化对专业知识的理解，并承担起更广泛的社会责任。[①]

三、课程评价要点

对学习境脉的关注也影响了对课程评价的认识，包括对评价理念的认识——强调评价学生在真实境脉中解决问题的能力；对课程评价工具的开发——设计评价学习全过程的学习量表等。

1. 实施真实性评价

学习境脉的社会性、生活性等特征要求基于学习境脉的课程采用一种真实的评价方式。这种课程评价要求学生执行完成真实的任务，用以证明课程对学生的知识、技能、思维能力产生了有意义的应用。

---

① Springer Nature Link. Contextual Learning for Sustainability [EB/OL]. [2019 - 03 - 01]. https://doi. org/10. 1007/978-3-319-63951-2_340-1.

以数学科学为例,在 2020 年第四届数学和数学教育创新国际研讨会上,萨迪达·哈桑娜(Sadida Hasanah)提出,数学学习无法与现实世界脱离,能够将数学内容与现实联系起来的课程才是境脉学习。境脉学习之所以有效,是因为它能够引导学生构建并理解数学概念。真实性评价是与境脉学习紧密相关的评价方式,它是境脉学习不可或缺的一部分。作者进一步指出,课程评价的目的在于评估学生在学习过程中的能力。在数学境脉学习中,真实性评价应包含以下要点:测试材料应与学生水平相匹配并反映真实世界情境;以简单调查或综合报告等形式形成学习任务;通过文件夹、演示报告、工作进度表等形式记录学生的学习活动或过程。境脉学习中的评价可以用于评估学生的认知和情感能力。[1]

2. 重视课程评价工具的开发

将基于问题的学习与境脉学习相结合,能使学生在与现实生活的联系中获得新的知识,从问题研究中找到解决问题的办法。如美国的教育者将以下要素作为每个教学主题的学习工具:1)教学大纲;2)课程计划;3)教学材料;4)学生任务表(可能是指某种特定的教学指南或标准);5)学习媒介(至少包括幻灯片);6)学习成果评估。

阿卜杜勒拉赫曼·乔马(Abdulrahman Djoul)就境脉学习和基于问题的学习在物理课程中的应用进行了研究,以高二年级学生为研究对象,测量了学习实施计划、学生工作表、学习成果等学习工具的有效性。研究采用 ADDIE 研究与发展模型,该模型包括分析、设计、开发、实施和评价五个阶段。验证测试在开发阶段进行,结果表明,测试结果的平均分数为 3.70 至 3.92,这表明学习工具非常有效且适合使用。这项研究为未来的物理教育提供了有益的参考,有助于推动教学方法的创新和学生学习效果的提升。[2]

本章小结

◎ 学科课程校本化要关注学科教师专业之长,校内课程资源之利、校外课程资源之势、数

---

[1] AIP Conference Proceedings. Assessment of contextual learning in mathematics education[EB/OL]. [2022 - 12 - 08]. https://doi.org/10.1063/5.0111142.

[2] E3S Wcb of Conferences 400. The Validity of Problem-Based Learning Model Learning Tools With A Contextual Learning Approach[EB/OL]. [2023 - 07 - 03]. https://www.e3s-conferences.org/articles/e3sconf/pdf/2023/37/e3sconf_icosmed2023_01022.pdf.

字化资源之便,应"境"整合课程资源。实施的重点在于实践中学科知识的"活用",突出课程中的社会实践环节,顺"脉"发展学科育人:课程建设要联系真实世界在"发生什么""关注什么""解决什么",利用学校资源中的"有什么""能发展什么",了解学生"能做什么""想做什么"的需求,联合学习的内外境脉,合理布局,形成有区域特色的课程体系。

◎ 从境脉的视角审视课程的生态建设,它涉及教师、学生、环境、资源等学习全要素的交融和统整。在发掘校本资源时,课程目标的设定应满足学生的内在需求,形成从内到外的、适切的外部境脉;以生物学思想助力于学生的品格塑造和学习生态的建设;提升教师对学科课程的认识,以提高课程实施品质。同时,应营造理性学习的氛围、增加交互性学习行为、创设真实情境任务,促进学习群体的社会责任意识和社会担当,加强课程中的学习情感建设。

后 记

2024年年末,《境脉课堂——高中生物学问题化学习》这本书的校对工作渐渐步入尾声。回首这段写作历程,我的内心可谓百感交集,既有满满的充实与幸福,也夹杂着一些惶恐与不安。

充实之处在于,这本书的写作过程其实就是一个不断学习充电的旅程。我一次又一次地惊觉,虽已从教二十年有余,可自己却依旧很"无知"。对于著书的写作要求全然不知,对学习科学的理论也只是略知一二,在课程实施方面更是缺乏深入的思考与认识。于是,我一边在问题化学习的教学实践中积累写作素材,形成个人观点,一边持续学习新的学习理论,反思实践的成效与改进的路径。这种实践研究与理论学习紧密结合的写作经历,让我在忙碌中感到无比充实。

幸福的是,在写作期间,我得到了安姐(王天蓉老师)的悉心指导与大力帮助。2021年5月,当我向安姐提出写书的想法时,她立刻给予了我鼓励和支持。在安姐的引领下,我用了三个月的时间对书稿内容进行了整体规划,随后便开启了三年多的写作征程。在此过程中,安姐对我进行了十余次的指导,时而高屋建瓴,帮我理清思路;时而细读文本,指出问题所在;时而畅谈实践,丰富我的写作内容。毫无疑问,安姐深刻地影响了我的教学理念,而这种影响也必将随着生物学问题化学习团队的教学实践,传递给更多的青年教师,促使他们的课堂发生令人欣喜的变化。这无疑就是实践与写作带给我的最大幸福。

然而,我也有许多惶恐不安,因为这本书还存在许多浅薄疏漏之处。书中的"原理概述"部分,是我对问题化学习理论、境脉学习理论以及如何在生物学课堂中运用这些理论的粗浅认知;"课堂行动"是我对如何创设境脉课堂,并通过问题化学习落实学科核心素养的实践总结;"课程视野"更多地是在激励自己提升教学研究的站位,力求从更宏观的角度去阐释对教与学的理解。在校对这本书时,我依旧觉得自己在很多地方思考得不够深入,部分内容存在交叉,难以做到毫无重复,还有一些内容因为是自己的实践记录,不舍得删减,所以显得有些赘述。倘若读者朋友们在阅读过程中发现问题或者有好的建议,欢迎来信(zxy312@126.com)指正赐教,在此深表感谢!

最后,我想借这个后记表达我的感激之情!感谢问题化学习研究所的安姐和徐院两位专家,谢谢你们的引领与指导!感谢问题化学习团队的王金玲老师和周斌老师,感谢问题化学习生物学科团队的老师们,是你们一路与我相伴同行!还要感谢本书的责编孙娟老师用无比的耐心,帮助我一次又一次地校对书稿!新年将至,愿每一位教育工作者在新的一年里,都能如璀璨星辰照亮学生前行的道路,收获满满的幸福与成就。

张 燕

2024 年 12 月 15 日